温暖之路

全国城市困难职工解困脱困先进事迹汇编

本书编写组◎编

图书在版编目（CIP）数据

温暖之路：全国城市困难职工解困脱困先进事迹汇编 /
《温暖之路——全国城市困难职工解困脱困先进事迹汇编》编写组编.
—北京：中国工人出版社，2021.12
ISBN 978-7-5008-7783-7

Ⅰ.①温… Ⅱ.①温… Ⅲ.①工会工作－先进事迹－中国 Ⅳ.①K828.1

中国版本图书馆CIP数据核字（2021）第237629号

温暖之路：全国城市困难职工解困脱困先进事迹汇编

出 版 人　王娇萍
责任编辑　李思妍　习艳群
责任印制　栾征宇
出版发行　中国工人出版社
地　　址　北京市东城区鼓楼外大街45号　邮编：100120
网　　址　http://www.wp-china.com
电　　话　（010）62005043（总编室）
　　　　　（010）62005039（印制管理中心）
　　　　　（010）82075935（职工教育分社）
发行热线　（010）82029051　62383056
经　　销　各地书店
印　　刷　北京美图印务有限公司
开　　本　710毫米×1000毫米　1/16
印　　张　23.5
字　　数　310千字
版　　次　2021年12月第1版　2021年12月第1次印刷
定　　价　98.00元

目录

全国五一劳动奖状获得集体事迹材料

王东明同志在城市困难职工解困脱困工作总结表彰会上的讲话

（2021年5月31日）

今天，我们召开城市困难职工解困脱困工作总结表彰会，主要任务是，以习近平新时代中国特色社会主义思想为指导，认真学习贯彻习近平总书记在全国脱贫攻坚总结表彰大会上的重要讲话精神和关于做好城市困难职工解困脱困工作的重要指示精神，系统总结5年来各级工会推进城市困难职工解困脱困工作取得的成效、积累的经验，表彰在城市困难职工解困脱困工作中作出重要贡献的先进集体和个人，分析当前面临的形势，对下一步重点任务和工作要求作出部署，进一步激励广大职工为实现“十四五”规划目标任务、全面建设社会主义现代化国家贡献智慧和力量。

刚才，魏地春同志宣读了全总关于表扬在城市困难职工解困脱困工作中作出重要贡献的集体和个人的通报，关于授予在城市困难职工解困脱困工作中作出突出贡献的集体和个人全国“五一”劳动奖状、奖章的决定，5位受表彰的单位代表和先进个人作了发言。大家讲得都很好，听后很受教育、很受鼓舞，也很受感动。对各级工会在工作中取得的成效、积累的经验，对在推进城市困难职工解困脱困过程中作出重要贡献集体和个人的先进事迹，要进一步加强宣传和交流。下面，围绕会议主题，我讲几点意见。

一、城市困难职工解困脱困工作取得重大成效

推动城市困难职工解困脱困是习近平总书记和党中央交给工会组织的一项重要政治任务。为贯彻落实 2015 年 11 月中央扶贫开发工作会议精神特别是习近平总书记重要讲话精神，2016 年 1 月召开的全总十六届四次执委会议，将城市困难职工解困脱困作为重点工作进行了全面部署，提出在参与打赢农村贫困人口脱贫攻坚战的同时，解决好城市困难职工问题，确保到 2020 年全体职工同步迈入全面小康社会。在党中央坚强领导下，在各级党委、政府大力支持下，在各级工会组织和广大工会干部共同努力下，经过 5 年来的奋斗，城市困难职工解困脱困工作目标如期实现，为全面建成小康社会、推动共同富裕作出了积极贡献。

（一）城市困难职工解困脱困目标任务全面完成。

全国 31 个省（区、市）和新疆生产建设兵团总工会，认真贯彻落实全总关于城市困难职工解困脱困的工作部署，按照就业创业解困脱困一批、社会保险制度覆盖一批、大病保险和医疗互助保险保障一批、社会救助兜底一批的“四个一批”脱困路径，对接困难职工需求，精准施策、靶向发力，

全面完成了城市困难职工解困脱困目标任务。2020年，全总委托6家社会专业机构，对城市困难职工解困脱困工作开展第三方评估，评估结果显示，全国32个省级总工会已全部完成解困脱困目标任务；工会建档立卡的549.87万户困难职工家庭全部如期实现解困脱困，其中，480.58万户实现根本脱困，涉及家庭人口1301万人；63.95万户因去世、精准识别和农民工返乡等因素退出档案；5.34万户重病、残疾困难职工家庭纳入政府兜底保障和工会常态化帮扶。

（二）城市困难职工生活水平明显提高。

在党委、政府的支持下，各级工会综合运用财政帮扶、社会保障、就业创业、社会救助等政策措施，构建起困难职工帮扶的多重保障线，有力提高了城市困难职工生活水平。据统计，2015年以来，各级各方面共投入帮扶资金185亿元，其中中央财政累计投入帮扶资金72.2亿元，地方财政投入55.1亿元，工会经费投入45.8亿元，募集社会捐助资金7.8亿元，使帮扶标准从2015年每户每年808元逐步提高到2020年底的9800元，共开展专项帮扶2449万人次。根据全总委托第三方机构对3.2万户困难职工家庭开展的入户调查显示，困难职工家庭可支配收入平均增长了19.6%，认为工会帮扶工作提升了自家生活水平的职工高达96.4%，99%的困难职工对工会帮扶工作表示满意。城市困难职工生活水平得到提高还体现在住房改善等方面，许多地方工会积极协调政府相关部门，帮助困难职工解决住房困难。

（三）城市困难职工发展能力不断增强。

各级工会针对有劳动能力的困难职工，通过技能培训、就业服务、教育帮扶等方式，使困难职工自我发展能力得到了提升。5 年来，通过就业创业帮助困难职工家庭解困脱困 122 万户，通过教育帮扶政策帮助 41 万名困难职工子女顺利完成学业并就业，实现了帮扶由“输血”向“造血”的转变，为巩固解困脱困成果提供了重要保障。

（四）党同职工群众的血肉联系更加紧密。

各级工会统筹发挥全国 3500 个县级以上帮扶中心和 16 万个基层帮扶站点的作用，有针对性地开展帮扶服务，使城市困难职工露出了真诚笑脸，获得感、幸福感、安全感大幅提升，进一步增强了对党和国家的热爱、对政府的信任、对工会的认可、对生活的信心、对社会公平的感知，有效架起了一座党和困难职工群众的“连心桥”，更加坚定了广大职工群众听党话、感党恩、跟党走的信心决心。根据全总委托的第三方评估，对抽样的 3.2 万户困难职工社会心理测试显示，城市困难职工对党和中国特色社会主义制度的信心值平均为 9.81 分（满分为 10 分，下同），对中国共产党关心人民群众的利益的认可度均值为 9.72 分，对社会公平感知均值为 9.61 分，对工会开展解困脱困工作的平均满意度为 9.54 分。

（五）城市困难职工精神风貌得到改变。

各级工会在帮扶过程中，坚持扶贫与扶志相结合、精神扶贫与物质扶贫相结合，使一大批困难职工增添了自立自强的信心勇气，增强了对自身价值的认同，激发了奋发向上的精气神，社会主义核心价值观得到广泛传播，工人阶级团结友爱、互帮互助的精神得到广泛弘扬，辛勤劳动、诚实劳动、创造性劳动的社会风气进一步形成。根据全总委托的第三方评估，对抽样的 3.2 万户困难职工社会心理测试显示，受访困难职工对自身价值的认同均值为 9.39 分（满分为 10 分，下同），职工认可“我能够通过努力获得成功”均值为 9.52 分，职工认可“生活将会越来越好”均值为 9.72 分。

这些成绩的取得，是以习近平同志为核心的党中央坚强领导的结果，是各级党委、政府和社会各界大力支持的结果，是全国各级工会组织和工会干部拼搏奉献的结果，是广大职工特别是城市困难职工积极参与、努力奋斗的结果。

二、认真总结城市困难职工解困脱困工作的有益经验

（一）坚持党的领导，为推进城市困难职工解困脱困提供坚强政治保证。

党的十八大以来，习近平总书记和党中央高度重视城市困难职工解困脱困问题，总书记作出一系列重要指示批示，为做好城市困难职工解困脱困工作提供了根本遵循和科学指引。2018 年 10 月 29 日，习近平总书记在同全总新一届领导班子成员集体谈话时指出：“我们提出全面建成小康社会一个

都不能少，也包括城市困难职工。要做好城市困难职工解困脱困工作，及时做好因各种原因返贫致困职工的帮扶救助，为广大职工提供具有工会特点的普惠性、常态性、精准性服务。”2020年11月24日，习近平总书记在全国劳动模范和先进工作者表彰大会上强调，“要建立健全困难群众帮扶工作机制，把党和政府的关怀送到困难群众心坎上，让他们感受到社会主义大家庭的温暖”。今年“五一”国际劳动节前夕，习近平总书记向全国广大劳动群众致以节日的祝贺和诚挚的慰问，强调各级党委和政府要充分调动广大劳动群众积极性、主动性、创造性，切实保障广大劳动群众合法权益，支持和激励广大劳动群众在新时代更好建功立业。中央政治局工作部署和国务院政府工作报告，都明确提出要加大城市困难职工解困脱困力度的要求。各级党委和政府认真贯彻习近平总书记重要指示精神和党中央决策部署，从全面建成小康社会的战略高度出发，把城市困难职工解困脱困工作作为重要政治任务，纳入脱贫攻坚总盘子共同部署和推进。

（二）坚持统筹谋划，把城市困难职工解困脱困工作摆在工会突出位置来抓。

全总和各级工会紧紧围绕全面建成小康社会和打赢脱贫攻坚战的战略目标，把城市困难职工解困脱困工作作为增强“四个意识”、坚定“四个自信”、做到“两个维护”的具体实践，作为实现职工对美好生活向往的重要任务，作为履行维护职工合法权益、竭诚服务职工群众基本职责的重要举措，加强组织领导，采取系列措施，组织实施了规模大、力度强、惠及职工面广的解困脱困攻坚战。2016 年 4 月，全总召开电视电话会议，就困难职工解困脱困工作进行动员部署，并印发《关于进一步做好困难职工解困脱困工作的实施意见》。2018 年 6 月，在全总十六届十六次主席会、全总集中调研督查情况汇报会上，对各级工会借鉴农村精准扶贫经验，强化精准帮扶举措，分类做好城市困难职工解困脱困工作作出部署、提出要求。2018 年 10 月中国工会十七大进一步对分类做好城市困难职工解困脱困工作、提高解困脱困工作质量作出了安排部署。2019 年 7 月，全总召开城市困难职工解困脱困工作座谈会，明确提出要坚决实现“一个总体目标”，即确保到 2020 年，现有建档困难职工全部实现解困脱困，同步迈入小康社会；同时要抓好“两项重点任务”，即确保到 2020 年，所有能够脱困的困难职工家庭人均收入连续 6 个月超过当地低保标准，全部实现脱困；因重病、残疾等因素无法脱困的，通过推动纳入政府兜底保障和工会常态化帮扶，使家庭生活水平达到当地低保标准，全部实现解困。2019 年 11 月全总十七届五次主席会议再次对城市困难职工解困脱困工作提出要求。2020 年，针对新冠肺炎疫情的影响，全总组织开展了解困脱困集中攻坚行动，着力建立工会预防相对困难职工返困预警和帮扶工作机制。32 个省级总工会均制定了详细工作规划，把任务分解到年、精准到人，确保如期实现解困脱困目标任务。

（三）坚持合力推进，发挥集中力量办大事的制度优势。

推动将城市困难职工解困脱困融入脱贫攻坚大局和社会救助体系。在全总和各级工会的主动作为、积极推进下，29个省级、411个地市级、2501个区县级党委、政府出台了困难职工解困脱困实施意见，把城市困难职工纳入脱贫攻坚统筹或民生项目考核；403个地市和2496个区县政府建立解困脱困工作专门机构，下发了做好困难职工帮扶的政策文件。各级工会积极参与政府社会救助联席会议制度，推动建立健全党委领导、政府主导、工会牵头、部门负责、社会参与的工作体制，形成政策引导、项目支撑、结对帮扶、社会保障的强大工作合力。

（四）坚持严格标准，把精准要求贯穿于城市困难职工解困脱困工作全过程。

准确把握城市困难职工解困脱困目标任务，制定了建档立卡、认定标准、解困脱困标准、家庭状况核查、信息化管理等10个方面标准和流程。32个省级总工会、438个地市级总工会、2708个区县级总工会按照全总要求，细化目标，分解任务，制定了解困脱困工作实施细则，突出工作重点，抓住关键环节，精准聚焦发力。全总与民政部共同下发了困难职工家庭数据比对和信息共享工作的通知，实现了与户籍、车辆、住房、金融、税务等部门数据比对。针对收入低、患病、失业、子女上学、受灾等五类困难职工群体，分别制定帮扶路径，并按照“进、看、算、议、评、示、核”七步工作法，严格脱困程序，杜绝了“假脱困”和“数字脱困”。第三方评估显示，全国32个省级总工会建档困难职工帮扶平均错评率、漏评率、错退率、漏退率分别为0.56%、1.05%、0.78%、1.50%，做到了精准识别、精准施策、精准脱困。

（五）坚持建章立制，有效构建帮扶城市困难职工的长效机制。

建立工会参与政府社会救助联席会议制度，31个省（区、市）总工会均按照全总和民政部要求，加入政府社会救助联席会议制度，30个省（区、市）总工会参与分层分类社会救助综合改革和制度建设，促进了工会困难职工帮扶与政府救助制度的有效衔接。全总专门建立了重大疾病、事故、意外致困职工专项帮扶制度，完善了中央财政专项帮扶资金使用管理办法，拓展资金使用对象，完善资金使用管理方式，对深度困难、相对困难、意外致困等不同类型的建档立卡困难职工家庭实施分层建档、分类施策。建立了监测预警机制、预防返困致困帮扶机制。学习借鉴贫困县退出专项评估、国家精准扶贫工作成效第三方评估的经验做法和指标体系，健全解困脱困考核评估制度，委托第三方机构开展工作成效评估，同时，全总及各省级工会共深入31万余户困难职工家庭开展大走访大调研，获得了大量第一手数据。认真梳理解困脱困政策落实、资源投入情况，总结经验、发现问题、完善措施，做到以评促效、以评促建。这次大调研不仅对总结工作成效和经验提供了帮助，而且对正确分析形势、明确下一步工作任务发挥了重要作用。

这些做法和经验，既是5年来城市困难职工解困脱困工作的实践结晶，也是下一步巩固拓展城市困难职工解困脱困成果、接续提升职工生活品质的重要遵循，要认真总结并不断完善。

三、深刻认识工会巩固拓展城市困难职工解困脱困成果、提升职工生活品质面临的新形势

习近平总书记在全国脱贫攻坚总结表彰大会上深刻指出："脱贫攻坚战的全面胜利，标志着我们党在团结带领人民创造美好生活、实现共同富裕的道路上迈出了坚实的一大步。同时，脱贫摘帽不是终点，而是新生活、新奋斗的起点。解决发展不平衡不充分问题、缩小城乡区域发展差距、实现人的全面发展和全体人民共同富裕仍然任重道远。"习近平总书记的重要讲话，对于我们做好城市困难职工解困脱困及后续各项工作，具有极其重要的现实指导意义。对于工会来说，完成城市困难职工解困脱困目标任务也不是终点，而是更好服务广大职工的新起点。在迈向全面建设社会主义现代化国家新征程中，我们还面临许多新情况新任务新挑战，要大力

弘扬“上下同心、尽锐出战、精准务实、开拓创新、攻坚克难、不负人民”的脱贫攻坚精神，把巩固拓展城市困难职工解困脱困成果、提升职工生活品质、促进实现共同富裕摆在工会工作更加重要的位置，脚踏实地、久久为功、积极作为，让广大职工群众获得感、幸福感、安全感更加充实、更有保障、更可持续。

（一）巩固拓展城市困难职工解困脱困成果、提升职工生活品质是践行党的初心使命的具体体现。

今年是中国共产党成立100周年。我们党从成立之日起，就坚持把为中国人民谋幸福、为中华民族谋复兴作为自己的初心使命，团结带领中国人民为创造美好生活进行了长期艰辛奋斗。决战决胜脱贫攻坚集中体现了中国共产党人的初心使命，集中体现了习近平总书记以人民为中心的发展思想和执政理念。党领导的工会自诞生之日起，就一直在为争取和维护职工的合法权益而努力奋斗。1925年中华全国总工会成立时，就把“救济工人”写入总章。工会作为党和政府联系职工群众的桥梁和纽带，实现广大职工对美好生活的向往是工会的奋斗目标，也是党的初心使命在工会的具体体现。这就要求各级工会必须坚持以职工为中心的工作导向，不断巩固拓展城市困难职工解困脱困成果，着力提升职工生活品质，共同促进职工的全面发展和社会全面进步。

（二）巩固拓展城市困难职工解困脱困成果、提升职工生活品质是推动实现共同富裕的内在要求。

党的十九届五中全会提出了全体人民共同富裕取得更为明显的实质性进展的要求。我国社会主义现代化建设之所以得到广大人民支持、取得辉煌成就，一个重要原因是我们坚定不移走共同富裕道路。实现共同富裕是一个历史过程，打赢脱贫攻坚战包括实现城市困难职工解困脱困，是我们党在团结带领人民创造美好生活、实现共同富裕的道路上迈出的重要一步。但我国发展不平衡不充分问题仍然突出，职工对美好生活的向往日益增强，必须把深化帮扶服务作为坚持以人民为中心的发展思想和全心全意依靠工人阶级方针的具体实践，以帮扶服务职工的务实举措，推进解困脱困职工生活持续改善、生活品质不断提高，让社会主义制度的优越性得到更充分体现，为实现共同富裕打牢坚实基础。

（三）巩固拓展城市困难职工解困脱困成果、提升职工生活品质是工会促进社会和谐稳定的重要举措。

当前我国劳动关系总体和谐稳定，职工权益得到有效保障。党的十九届五中全会站在“两个一百年”历史交汇点上，对未来 5 年和 2035 年的远景目标作出规划和展望，特别是作出进入新发展阶段、贯彻新发展理念、构建新发展格局、推动高质量发展的重大判断和部署，这为推动经济社会持续健康发展、实现第二个百年奋斗目标指明了方向，也为构建和谐劳动关系提供了有利条件、提出了更高要求。与此同时，面对当今世界百年未有之大变局，新一轮科技革命和产业变革深入发展，新冠肺炎疫情影响广泛深远，经济全球化遭遇逆流，劳动力市场及社会环境等发生深刻变化，构建和谐劳动关系面临新的挑战。随着数字经济、共享经济等新技术新业态新模式蓬勃发展，以货车司机、快递员、网约配送员等为代表的新业态就业人员大量涌现，其劳动权益保障问题也日益引起广泛关注。这些都迫切要求大力构建和谐劳动关系，维护职工特别是农民工、新业态就业人员等群体的合法权益，以劳动关系和谐促进社会大局和谐，以职工队伍稳定促进社会大局稳定。

（四）巩固拓展城市困难职工解困脱困成果、提升职工生活品质是履行工会基本职责的重要途径。

维护职工合法权益、竭诚服务职工群众是工会的基本职责。当前，城市困难职工解困脱困取得显著成效，但我们应清醒看到，解困脱困只是解决了城市困难职工生活的绝对贫困问题，解困脱困成果尚不稳固，一些职工收入水平偏低、生活负担较重、家庭抗风险能力较差，还有部分职工因病、因意外导致生活陷入困境，而且职工相对贫困的问题还将长期存在。广大职工群众对美好生活充满向往、对改善自身生活状况期盼强烈，已经从追求“有没有”向追求“好不好”转变。这就要求工会组织适应职工群众需求变化，抓住职工群众最关心最直接最现实的利益问题，切实履行维权服务基本职责，不断加大工作力度，为他们提供更多个性化、多样化的服务，推动改善和提升生活品质，提高生活幸福指数。

四、进一步巩固拓展城市困难职工解困脱困成果、提升职工生活品质

根据新的形势发展，城市困难职工解困脱困的工作重点、工作对象、工作方式都要相应进行调整。下一步，我们要切实做好巩固拓展城市困难职工解困脱困成果同提升职工生活品质有效衔接工作，让解困脱困的基础更加稳固、成效更可持续。其目标任务概括起来讲，就是要实现把工作重点从解困脱困转向巩固拓展解困脱困成果、提升职工生活品质，把工作对象从建档立卡的绝对困难职工拓展到相对困难、意外致困职工，把工作方式从以大规模投入、超常规帮扶、特惠性政策支持为主转向常态化、长效化、日常化帮扶为主，实现巩固拓展解困脱困成果与提升职工生活品质的有效衔接，在巩固拓展解困脱困成果的基础上，做好提升职工生活品质这篇大文章，进一步推进职工生活改善，不断夯实党长期执政的阶级基础和群众基础。

（一）保持主要帮扶政策总体稳定。

要坚持“脱困不脱政策”，从 2021 年起设立解困脱困 5 年过渡期，在过渡期内各项帮扶政策力度不减、措施不变，严格落实“四个不脱”要求，即脱困不脱责任，防止松劲懈怠；脱困不脱政策，防止急刹车；脱困不脱帮扶，防止一撤

了之；脱困不脱监管，防止贫困反弹，做到过渡期内城市困难职工解困脱困原有的领导体制、工作体系、政策举措、考核机制总体不变。

要在主要帮扶政策保持总体稳定的基础上，对现有帮扶政策进行系统梳理，重点完善医疗、教育、就业等帮扶措施，兜底救助类帮扶政策要继续保持稳定，让解困脱困的基础更加稳固，确保在共同富裕道路上一个也不掉队。

（二）健全防止返困动态监测机制。

要加强对困难职工家庭生活状况监测预警，重点对脱困不稳定户、边缘易致困户，以及因病因灾因意外事故等导致基本生活出现严重困难的职工家庭，实施常态化监测，定期检查、动态管理，跟踪困难职工家庭收支情况和生活变化，做到快速发现、及时响应、尽早干预。对脱困不稳定户要继续落实现有解困脱困帮扶措施和政策，巩固好脱困成果；对边缘易致困户采取推动稳岗就业、统筹利用公益岗位等多渠道给予帮扶；对因病因灾因意外事故等导致基本生活出现严重困难的职工家庭，及时采取应急救助、临时生活困难救助等帮扶措施，帮助监测对象有效化解生产生活风险，变事后帮扶为事前预防与事后帮扶相结合，实行动态清零，确保不出现规模性返困。

要健全防止返困大数据监测平台，加强相关部门、单位数据共享和对接，充分利用信息化手段，开展大数据分析，常态化筛查因各种原因可能导致的返困风险，对有返困风险的，按照缺什么补什么的原则，及时制定精准帮扶措施。

（三）构建多层次常态化帮扶新格局。

要建立困难帮扶、送温暖走访、互助保障相互衔接、层次清晰的帮扶工作格局，对深度困难的困难职工家庭继续实行兜底帮扶，把相对困难、意外致困等困难职工家庭纳入帮扶范围；探索创新送温暖的有效途径和方法，广泛开展走访慰问活动，解决职工遇到的各类困难；充分发挥职工互助互济优势，创新互助保障方式和优化功能；进一步健全全总、省、市、县到基层工会“全面覆盖、分级负责、上下联动、区域协作”帮扶工作体系。

要坚持分类施策、精准帮扶服务。对于就业岗位不稳定，收入偏低导致生活困难的职工，通过深化工会就业创业服务，加强技能培训等给予帮扶；对于因病致困的职工，推动落实基本医疗、大病保险、医疗救助等，特别是要注重发挥职工医疗互助的作用，最大限度地降低因病对职工家庭带来的困难；对于因子女入学致困的职工，深化工会金秋助学，采取对上学期间所需生活费给予资助、安排勤工助学岗位等措施帮扶，分门别类、有针对性地开展帮扶服务。

要下大气力做好新业态就业人员入会和维权服务工作。近年来，随着新技术、新业态、新模式的发展，出现了数以千万计的货车司机、快递员、网约送餐员、网约车司机等新业态就业人员，他们风里来雨里去非常辛苦，特别需要组织的关心和帮助。工会要加大对他们的组织覆盖、服务覆盖，在吸引他们积极加入工会组织的同时，做好对他们的帮扶服务，着力推动完善适应新就业形态的社会保障模式，预防新业态就业人员产生致困隐患。继续加大“劳动者港湾”、爱心驿站等工会户外劳动者服务站点建设推广力度，丰富拓展服务站点功能。

要高度关注关心农民工。农民工数量庞大，背井离乡，流动性强，在城市工作生活中遇到的困难更多、需求更迫切。要进一步推动解决拖欠农民工工资问题，加强对欠薪农民工的法律援助和生活救助，推动完善农民工社保转移接续相关政策，做好关爱农民工子女等工作，深化农民工“求学圆梦行动”，深入开展“尊法守法·携手筑梦”服务农民工公益法律服务行动，帮助农民工解决实际困难，促进农民工平等享受城镇基本公共服务。

（四）持续提升职工生活品质。

党的十九届五中全会提出要改善人民生活品质。“十四五”规划和2035年远景目标纲要提出，顺应居民消费升级趋势，把扩大消费同改善人民生活品质结合起来。城市困难职工解困脱困后，提升生活品质就成为广大职工的刚性需求。各级工会要切实履职尽责，扎实做好职工普惠性服务工作，助力职工享有更稳定的工作、更满意的收入、更可靠的社会保障、更充足的生活福利、更丰富的精神文化生活，不断提升职工生活品质。

要在促进职工享有更稳定的工作上下功夫。立足工会职责定位，积极推动就业优先政策落实，千方百计帮助职工稳定和扩大就业岗位，提高就业质量。深化工会就业创业服务，广泛开展工会就业创业系列服务活动月、“阳光就业暖心行动”，加强“工E就业”“工会就业服务号”等全国工会就业服务网上平台建设，推动工会网上就业服务体系化建设。积极开展就业技能培训，深入推进以训稳岗；大力培养技术技能人才，加快提升职工技能素质，实现技能改变命运、素质成就人生。

要在促进职工享有更满意的收入上下功夫。从工会职责出发，积极推动落实完善收入分配的各项政策，参与推动劳动标准体系的建立，参与企业劳动定额的研究制定，指导企业依法开展工资集体协商，促进企业健全反映劳动力市场供求关系和企业经济效益的工资决定和合理增长机制。努力推动提高技术工人待遇政策的落实，助推实现多劳者多得、技高者多得，使更多普通劳动者通过自身努力获得更多收入。

要在促进职工享有更可靠的社会保障上下功夫。从工会职责出发，积极参与推动完善职工社会保险制度，提升社保待遇水平。参与推动社会救助立法，健全分层分类的社会救助体系，推动落实覆盖城市低收入和支出型贫困家庭的社会救助配套制度，将困难职工帮扶纳入社会救助体系。

要在促进职工享有更充足的生活福利上下功夫。积极构建以精准帮扶、生活性服务为重点的工会服务职工体系，切实做好职工福利和生活保障，广泛开展职工生活性服务项目。做好帮扶中心赋能增效试点工作，提升职工服务中心（困难职工帮扶中心）综合服务职工功能，加强基层帮扶服务站点建设，推行工会服务职工工作项目清单制度，积极整合一批服务职工的社会资源和力量，培育一批以满足职工需求为导向的服务项目，建成示范性好、辐射功能强的服务型、枢纽型、高质量服务职工综合体。要以服务职工类项目为纽带，广泛联系引导社会组织、公益机构等社会资源开发服务项目，培育服务项目品牌，为职工提供更多专业化服务。要总结推广职工生活保障服务经验，引导和推动企业改善职工生活条件，落实职工福利制度，塑造职工生活幸福环境。要加强工会帮扶工作智能化平台建设。运用大数据、云计算等技术，推进“互联网+”与服务项目深度融合，推动职工服务工作制度流程化、流程清单化、清单信息化，为广大职工提供更加方便快捷、更高标准和更具个性化的服务。

要在促进职工享有更丰富的精神文化生活上下功夫。加强职工思想政治引领，深化理想信念教育，坚持把社会主义核心价值观融入职工生产生活，内化为职工的情感认同和行为习惯，引导广大职工听党话、感党恩、跟党走。不断加强职工文化阵地建设，积极开展职工喜闻乐见、有益身心的群众性职工文体活动，加强职工心理咨询和心理疏导服务，推动形成健康文明、昂扬向上、全员参与的职工文化，使广大职工实现体面劳动、舒心工作、全面发展。

要在激发职工提升生活品质的内生动力上下功夫。幸福都是奋斗出来的。提高职工生活品质、实现广大职工对美好生活的向往，根本上要靠奋斗。要在广大职工中深入开展“中国梦·劳动美”“劳动创造幸福”主题宣传教育，坚持物质帮扶与扶志、扶智相结合，不断激发广大职工的内生动力，通过拼搏奋斗创造美好生活。

（五）切实加强支撑保障。

要加强组织领导。巩固拓展城市困难职工解困脱困成果、提升职工生活品质，是进入新发展阶段工会面临的一项新的重大任务，要切实摆上工会工作重要议事日程。主要负责同志亲自抓，带头研究谋划、带头部署推进、带头解决问题。要强化责任担当、强化统筹协调、强化督促检查，下更大功夫、想更多办法、给更多支持，集中优势力量把这项工作做实做好。

要加强资金保障。整合工会内外资源，多方筹集资金，建立帮扶资金和工作经费保障机制。继续争取政府和社会各界的支持，充分发挥帮扶资金作用，加大对服务职工项目资金倾斜力度，完善向社会资源购买困难职工帮扶和职工生活性服务等有关的服务项目，加强帮扶资金绩效管理，优化资金使用效能。

要加强舆论宣传。大力宣传党和国家保障和改善民生的政策举措，宣传习近平总书记和党中央对广大职工群众的关心关怀关爱。鼓励支持地方和基层解放思想、先行先试，及时总结推广各地在巩固拓展解困脱困成果、提升职工生活品质方面的好做法好经验，宣传职工就业致富、创新创业典型，发挥他们的示范引领作用。

要加强干部队伍建设。把政治素质好、业务精、能力强的工会干部充实到帮扶服务职工岗位上，把在帮扶服务一线做出实绩的干部选出来、用起来，为敢于担当的干部担当、为敢于负责的干部负责，激励广大工会干部见贤思齐、奋发有为。

同志们，劳动创造幸福，实干成就伟业。让我们更加紧密地团结在以习近平同志为核心的党中央周围，大力弘扬脱贫攻坚精神，以永不懈怠的精神状态、一往无前的奋斗姿态，埋头苦干、真抓实干，为实现“十四五”规划目标任务、开启全面建设社会主义现代化国家新征程作出新的更大贡献！

中华全国总工会关于授予在城市困难职工解困脱困工作中作出突出贡献的集体和个人全国五一劳动奖状、奖章的决定

（2021 年 5 月 26 日）

党的十八大以来，在以习近平同志为核心的党中央坚强领导下，各级工会认真贯彻落实党中央决策部署，围绕脱贫攻坚大局，集中精力抓好城市困难职工解困脱困工作，涌现出一批政治坚定、表现突出的优秀集体和个人，为全面建成小康社会、推动共同富裕作出了重要贡献。

中华全国总工会决定，即时表彰一批在城市困难职工解困脱困工作中作出突出贡献的集体和个人，授予云南省总工会职工帮扶服务中心等 20 个集体全国五一劳动奖状，授予郭燕等31名个人全国五一劳动奖章。希望受到表彰的集体和个人，不忘初心、牢记使命，珍惜荣誉、继续奋斗，为维护职工合法权益、竭诚服务职工群众开拓进取、砥砺奋进，做出新成绩，书写新篇章！

全国各级工会组织、工会干部要更加紧密地团结在以习近平同志为核心的党中央周围，大力弘扬脱贫攻坚精神，以永不懈怠的精神状态、一往无前的奋斗姿态，埋头苦干、

真抓实干，进一步团结引导广大职工群众听党话、跟党走，充分发挥工人阶级主力军作用，为夺取新时代中国特色社会主义伟大胜利作出新的更大贡献！

附件：全国五一劳动奖状、奖章名单

附件

全国五一劳动奖状、奖章名单

全国五一劳动奖状

云南省总工会职工帮扶服务中心

柳州市总工会职工服务中心

长沙市职工服务(帮扶)中心

哈尔滨市困难职工帮扶中心

济南市职工服务中心

呼伦贝尔市职工服务中心

承德市职工服务中心

鹰潭市职工服务中心

淮北市职工服务中心

宜昌市总工会职工服务中心

贵阳市服务职工中心

新疆维吾尔自治区总工会塔城地区办事处困难职工帮扶中心

银川市职工服务中心

首钢集团有限公司工会

奉节县总工会

南通市海门区总工会

白银市职工服务中心

内江市惠民帮扶和职工服务中心

南平市职工服务中心

确山县总工会

全国五一劳动奖章

郭　燕	（女）	北京市门头沟区总工会副主席、三级调研员
牛　蓉	（女）	天津市公共交通集团（控股）有限公司工会干部
张　颖	（女）	河北省石家庄市总工会权益保障部部长
郝　华	（女）	山西省忻州市职工服务中心副主任
丁月祥		内蒙古自治区呼和浩特市托克托县总工会党组书记、主席
唐致珩	（女）	辽宁省总工会权益保障部副部长
李永志		吉林省吉林市总工会四级调研员
牟洪杰	（女）	黑龙江省佳木斯市困难职工帮扶中心主任
陈军康		上海市松江区总工会党组书记、副主席
朱静秋	（女）	江苏省泰州市总工会权益保障部部长
俞一峰		浙江省嘉兴市平湖市总工会党组成员、权益保障部部长
姜　辉		安徽省阜阳市工人文化宫办公室主任
林添福		福建省龙岩市总工会权益保障部部长
贺　卓	（女）	江西省萍乡市总工会保障服务和女职工部部长
左丽华	（女）	山东省滨州市工人文化宫职工救助科科长
侯　凯		河南省郑州市总工会保障工作部部长
马祥来		湖北省鄂州市总工会权益保障部部长
彭大维	（女）	湖南省湘潭市总工会社会保障部部长
邓　彬		广东省中山市总工会维权服务和社会工作部部长
杨济慈		广西壮族自治区玉林市总工会权益和劳动保障部部长
洪　虹	（女）	海南省三亚市职工服务中心主任
王玥丁	（女）	重庆市沙坪坝区总工会职工服务中心七级职员

张正平　　　　　　　四川省泸州市总工会一级调研员
吴昌军　（苗族）　　贵州省黔东南苗族侗族自治州凯里市总工会党组书记、副主席
拉巴次仁　（藏族）　西藏自治区总工会阿里地区办事处综合服务中心（困难职工帮扶中心）副主任
张雨萍　（女）　　　陕西省杨凌职工服务中心主任
杜彦斌　　　　　　　甘肃省金昌市职工服务中心负责人
韩海英（女，撒拉族）青海省海东市循化撒拉族自治县总工会帮扶中心主任
王添皞　　　　　　　宁夏回族自治区总工会权益保障部一级主任科员
阿依努尔·艾里（女，维吾尔族）新疆维吾尔自治区巴音郭楞蒙古自治州总工会困难职工帮扶中心干部
李倪豪雄　　　　　　新疆生产建设兵团第三师困难职工帮扶中心主任

中华全国总工会关于表扬在城市困难职工解困脱困工作中作出重要贡献的集体和个人的通报

（2021 年 5 月 25 日）

城市困难职工解困脱困工作是党中央交给工会组织的一项重要政治任务。在以习近平同志为核心的党中央坚强领导下，全总和各级工会认真贯彻落实习近平总书记重要指示精神和党中央决策部署，围绕脱贫攻坚大局，在各级党委、政府和社会各界大力支持下，经过 5 年奋斗，城市困难职工解困脱困目标任务全面完成。截至 2020 年底，2015 年建档立卡 549.87 万户困难职工家庭全部实现解困脱困，困难职工家庭可支配收入平均增长 19.61%，困难职工获得感、幸福感、安全感大幅提升，为全面建成小康社会、推动共同富裕作出了重要贡献，奠定了坚实基础。

在推动城市困难职工解困脱困工作实践中，全国各级工会组织坚持自觉接受党的领导，认真谋划、合力推进，严格标准、精准施策、建章立制，探索形成了一系列服务职工工作的宝贵经验。各级工会干部勇于担当、积极作为、拼搏奉献，涌现出一大批真抓实干、无私奉献、攻坚克难、勇于创新的先进集体和个人。

为全面总结城市困难职工解困脱困工作成效，充分展示城市困难职工解困脱困工作在决胜全面建成小康社会、决战脱贫攻坚中发挥的重要作用，中华全国总工会决定，通报表扬首钢集团有限公司工会等120个在城市困难职工解困脱困工作中作出重要贡献的集体，通报表扬郭燕等120名在城市困难职工解困脱困工作中作出重要贡献的个人。希望受到表扬的集体和个人，不忘初心、牢记使命、继续奋斗，为维护职工合法权益、竭诚服务职工群众开拓进取、砥砺奋进，做出新成绩，书写新篇章！

全国各级工会组织、工会干部要更加紧密地团结在以习近平同志为核心的党中央周围，以习近平新时代中国特色社会主义思想为指导，全面贯彻党的十九大和十九届二中、三中、四中、五中全会精神，始终坚持以职工为中心的工作导向，不断提升维权服务的质量和水平，提高广大职工生活品质，进一步团结引导广大职工群众听党话、跟党走，充分发挥工人阶级主力军作用，建功“十四五”、奋进新征程，为全面建设社会主义现代化国家作出新的更大贡献！

附件：城市困难职工解困脱困工作中作出重要贡献集体和个人名单

附件

城市困难职工解困脱困工作中作出重要贡献集体和个人名单

一、作出重要贡献的集体

北京市

首钢集团有限公司工会

北京市东城区总工会

北京市海淀区总工会

天津市

天津市总工会权益保障部

天津市滨海新区总工会

天津渤海轻工投资集团有限公司工会委员会

河北省

承德市职工服务中心

唐山市总工会

张家口市总工会权益保障和法律工作部(信访处)

山西省

太原市总工会

晋中市总工会

临汾市总工会

内蒙古自治区

呼伦贝尔市职工服务中心

巴彦淖尔市职工服务中心

锡林浩特市总工会

辽宁省

锦州市总工会

丹东市总工会

沈阳市总工会权益保障部

吉林省

长春市职工服务中心

四平市总工会

白山市总工会

黑龙江省

哈尔滨市困难职工帮扶中心

牡丹江市总工会

大庆市总工会

上海市

上海市宝山区总工会

上海市总工会职工服务中心

上海市崇明区总工会

江苏省

南通市海门区总工会

徐州市总工会

南京市鼓楼区总工会

浙江省

杭州市总工会保障工作部

宁波市奉化区总工会

台州市椒江区职工服务中心

安徽省

淮北市职工服务中心

安徽省总工会权益保障部

合肥市总工会

宿州市总工会

福建省

南平市职工服务中心

三明市总工会

福州市总工会

江西省

鹰潭市职工服务中心

南昌市总工会

永修县总工会

赣州市困难职工帮扶中心

山东省

济南市职工服务中心

山东省总工会权益保障部

临沂市总工会

菏泽市总工会

河南省

确山县总工会

河南省总工会权益保障部

洛阳市总工会

湖北省

宜昌市总工会职工服务中心

黄石市总工会职工服务中心

枣阳市总工会

湖南省

长沙市职工服务(帮扶)中心

永州市总工会

郴州市总工会

常德市总工会

广东省

广东省总工会职工服务部

茂名市总工会

梅州市总工会

广西壮族自治区

柳州市总工会职工服务中心

广西壮族自治区总工会权益保障部

百色市总工会

藤县总工会

海南省

海南省总工会法律保障部

海口市总工会

儋州市总工会

重庆市

奉节县总工会

重庆川东船舶重工有限责任公司工会委员会

重庆市总工会职工服务中心

四川省

内江市惠民帮扶和职工服务中心

四川省困难职工帮扶基金会

广元市朝天区总工会

贵州省

贵阳市服务职工中心

六盘水市总工会

遵义市总工会

云南省

云南省总工会职工帮扶服务中心

祥云县总工会

普洱市总工会

红河哈尼族彝族自治州总工会

西藏自治区

中国石油天然气股份有限公司西藏销售分公司工会委员会

日喀则市总工会

陕西省

陕西职工帮扶服务中心

西安市职工帮扶服务中心

西北工业集团有限公司

甘肃省

白银市职工服务中心

兰州市职工服务中心

张掖市总工会

青海省

海西蒙古族藏族自治州总工会

中国水利水电第四工程局有限公司

西宁市总工会

宁夏回族自治区

银川市职工服务中心

宁夏回族自治区总工会权益保障部

吴忠市总工会

新疆维吾尔自治区

新疆维吾尔自治区总工会塔城地区办事处困难职工帮扶中心

新疆维吾尔自治区总工会权益保障部

新疆维吾尔自治区总工会阿克苏地区办事处

新疆生产建设兵团

新疆生产建设兵团第八师总工会

新疆生产建设兵团第六师总工会

中华全国铁路总工会

中国铁路武汉局集团有限公司工会保障和女工工作部

中华全国铁路总工会保障和女工工作部

中国民航工会

中国航空油料集团有限公司工会

中国南方航空股份有限公司工会

中国金融工会

中国农业银行股份有限公司荆州直属支行

中国人民财产保险股份有限公司成都市分公司

中国教科文卫体工会

天津市中心妇产科医院医疗帮扶团队

北京市教育工会

中国海员建设工会

北京建工集团有限责任公司工会

中交第一航务工程局有限公司工会

中国能源化学地质工会

潞安化工集团工会

山西焦煤集团有限责任公司工会

中国机械冶金建材工会

沈阳机床(集团)有限责任公司

江西钨业控股集团有限公司

中国国防邮电工会

晋西工业集团有限责任公司工会委员会

中国联合网络通信集团工会山西省委员会

中国财贸轻纺烟草工会

东方国际(集团)有限公司工会(上海市纺织工会)

哈尔滨量具刃具集团有限责任公司工会委员会

中国农林水利气象工会

中农发山丹马场有限责任公司

内蒙古根河林业局有限公司

二、作出重要贡献的个人

北京市

郭　燕	(女)	北京市门头沟区总工会副主席、三级调研员
韩孝乾		北京市总工会职工服务工作部二级主任科员
孟　峰		北京市朝阳区职工服务(帮扶)中心主任

天津市

牛　蓉　（女）　天津市公共交通集团(控股)有限公司工会干部
张景龙　天津市河东区总工会权益保障部部长
李丽芳　（女）　天津市宁河区总工会权益保障部负责人

河北省

张　颖　（女）　河北省石家庄市总工会权益保障部部长
李华杰　河北省邢台市总工会权益保障部部长
王增光　河北省沧州市总工会权益保障和法工部部长
董世玉　河北省邯郸市总工会保障工作部部长、四级调研员

山西省

郝　华　（女）　山西省忻州市职工服务中心副主任
苗杰文　山西省阳泉市总工会保障工作部部长
田永明　山西省大同市新荣区人大常委会副主任、总工会主席
闫　鑫　山西省总工会保障工作部一级主任科员

内蒙古自治区

丁月祥　内蒙古自治区呼和浩特市托克托县总工会党组书记、主席
刘　荣　（女）　内蒙古自治区包头市总工会权益保障部部长
杨宝俊　内蒙古自治区乌兰察布市察哈尔右翼前旗总工会常务副主席
王　蓓　（女）　内蒙古自治区总工会保障工作部一级主任科员

辽宁省

唐致珩　（女）　辽宁省总工会权益保障部副部长
马　驰　（女）　辽宁省阜新市总工会服务中心职工服务部副部长
李永江　辽宁省葫芦岛市首钢东华机械有限公司党委副

书记、纪委书记、监事会主席、工会主席

赵　宁　　　　辽宁省铁岭市总工会保障工作部副部长

吉林省

李永志　　　　吉林省吉林市总工会四级调研员

宋　艳　（女）　吉林省延边朝鲜族自治州总工会副主席

张立华　（女）　吉林省总工会权益保障部四级调研员

黑龙江省

牟洪杰　（女）　黑龙江省佳木斯市困难职工帮扶中心主任

蒋　莉　（女）　黑龙江省齐齐哈尔市总工会权益保障部部长

侯鹤南　　　　黑龙江省总工会政研室副主任

王静侠　（女）　黑龙江省大兴安岭地区漠河市总工会权益保障部负责人、服务中心主任

上海市

陈军康　　　　上海市松江区总工会党组书记、副主席

周　珺　（女）　上海市机电工会保障部部长

钱海东　　　　上海市金山区总工会维权保障部部长

江苏省

朱静秋　（女）　江苏省泰州市总工会权益保障部部长

解军英　（女）　江苏省镇江市总工会党组成员、副主席

邓舒友　　　　江苏省宿迁市总工会权益保障部科员

浙江省

俞一峰　　　　浙江省嘉兴市平湖市总工会党组成员、权益保障部部长

应金岚　　　　浙江省金华市磐安县职工服务中心主任

林　宇　（女）　浙江省温州市职工法律维权中心副主任

安徽省

姜　辉　　　　　安徽省阜阳市工人文化宫办公室主任
徐华玲　（女）　安徽省黄山市总工会困难职工帮扶中心工作人员
丁　倩　（女）　安徽省广德市总工会帮扶中心副主任

福建省

林添福　　　　　福建省龙岩市总工会权益保障部部长
聂裔光　　　　　福建省总工会权益保障部部长、一级调研员
王茂泉　　　　　福建省泉州市总工会党组书记、常务副主席

江西省

贺　卓　（女）　江西省萍乡市总工会保障服务和女职工部部长
余晓琴　（女）　江西省上饶市总工会党组成员、副主席
张淑华　（女）　江西省吉州区总工会副主席、四级调研员
费　蕾　（女）　江西省宜春市总工会财务部部长

山东省

左丽华　（女）　山东省滨州市工人文化宫职工救助科科长
李翠芹　（女）　山东省淄博市职工服务中心副主任
李　敏　（女）　山东省高密市总工会帮扶中心主任
李广涛　　　　　山东省泰安市总工会经费审查委员会办公室主任

河南省

侯　凯　　　　　河南省郑州市总工会保障工作部部长
邓振武　　　　　河南省开封市总工会权益保障部部长
刘　波　（回族）河南省商丘市总工会权益保障部部长
冯　铭　（女）　河南省平顶山市总工会权益保障部干事

湖北省

马祥来　　　　　湖北省鄂州市总工会权益保障部部长

彭海霞　（女）　湖北省武汉市青山区总工会保障部负责人
黄修鸿　湖北省十堰市总工会职工服务中心主任
谢　铭　（女）　宝武集团鄂城钢铁有限公司工会委员会权益保障室科员

湖南省

彭大维　（女）　湖南省湘潭市总工会社会保障部部长
单绪平　湖南省衡阳市总工会党组书记、常务副主席
李继文　湖南省直单位困难职工帮扶中心主任
刘　敏　（女）　湖南省总工会权益保障部二级主任科员

广东省

邓　彬　广东省中山市总工会维权服务和社会工作部部长
吴灏远　（女）　广东省江门市新会区总工会职工服务中心主任
黄创智　广东省阳江市总工会党组成员、副主席，兼任市职工服务中心主任
肖伟旗　广东省韶关市总工会党组成员、副主席

广西壮族自治区

杨济慈　广西壮族自治区玉林市总工会权益和劳动保障部部长
黄　芳　（女）　广西壮族自治区南宁市职工服务中心负责人
夏　东　广西壮族自治区桂林市兴安县总工会干事
张　涛　（壮族）　广西壮族自治区防城港市工人文化宫主任、防城港市总工会劳动和经济工作部部长

海南省

洪　虹　（女）　海南省三亚市职工服务中心主任
叶华杰　（黎族）　海南省昌江黎族自治县人大常委会副主任、县总

工会主席

洪　雄　　海南省农垦投资控股集团有限公司工会职工服务中心主任

重庆市

王玥丁　（女）　重庆市沙坪坝区总工会职工服务中心七级职员

林　静　（女）　重庆市公共交通控股(集团)有限公司工会副主席、政工部部长、女工委员会主任

杨　华　（土家族）　重庆市黔江区总工会群团活动中心主任

王敏娟　（女）　重庆市璧山区总工会群团活动中心主任

四川省

张正平　　四川省泸州市总工会一级调研员

李　科　（女）　四川省成都市锦江区总工会职工服务中心职员

罗海英　（女）　四川省攀枝花市总工会保障工作部部长

龙海琴　（女）　四川省梓潼县总工会党组书记、常务副主席

贵州省

吴昌军　（苗族）　贵州省黔东南苗族侗族自治州凯里市总工会党组书记、副主席

罗　华　　贵州省铜仁市玉屏侗族自治县总工会党组成员、副主席

李　萍（女，布依族）贵州省黔南布依族苗族自治州总工会二级主任科员

云南省

张龙平　　云南省煤炭产业集团有限公司田坝煤矿工会干事

杨家贵　　云南省德宏州总工会劳动和经济工作部部长

刘贵红　　云南省昆明市总工会职工(会员)服务保障部部长

王天富　（彝族）　云南省文山州总工会法律和维权工作部部长

西藏自治区

拉巴次仁（藏族） 西藏自治区总工会阿里地区办事处综合服务中心（困难职工帮扶中心）副主任

张　卫（女） 西藏自治区林芝市米林县总工会党组成员、四级主任科员

陕西省

张雨萍（女） 陕西省杨凌职工服务中心主任

奥建利 陕西省渭南市总工会二级调研员

惠瑞国 陕西省延安市总工会困难职工帮扶中心主任

甘肃省

杜彦斌 甘肃省金昌市职工服务中心负责人

张　文 甘肃省庆阳市总工会困难职工帮扶中心主任

何付忠 甘肃省天水市总工会党组成员、经费审查委员会主任

青海省

韩海英（女，撒拉族） 青海省海东市循化撒拉族自治县总工会帮扶中心主任

阿怀琳（蒙古族） 青海省海北州总工会常务副主席、一级调研员

毕小梅（女，土家族） 青海省海南州总工会社会化工作者

宁夏回族自治区

王添皞 宁夏回族自治区总工会权益保障部一级主任科员

张生林 宁夏回族自治区石嘴山市职工服务中心主任

尹建华 宁夏回族自治区中卫市困难职工帮扶中心主任

新疆维吾尔自治区

阿依努尔·艾里（女，维吾尔族） 新疆维吾尔自治区巴音郭楞蒙古自治州总工会困难职工帮扶中心干部

王雪晴	（女）	新疆维吾尔自治区昌吉回族自治州玛纳斯县总工会困难职工帮扶中心主任
周新革		新疆维吾尔自治区伊犁哈萨克自治州奎屯市总工会职工服务中心主任

新疆生产建设兵团

李倪豪雄		新疆生产建设兵团第三师困难职工帮扶中心主任
温爱君	（女）	新疆生产建设兵团第一师阿拉尔市总工会劳动经济和权益保障部(困难职工帮扶中心)副部长

中华铁路总工会

陈国华		中国铁路上海局集团有限公司工会保障和女工工作部部长
聂向军		中国铁路西安局集团有限公司工会保障和女工工作部指导员

中国民航工会

周　锐		首都机场集团公司党群工作部工会工作业务经理

中国金融工会

周　波		中国建设银行工会副主席

中国教科文卫体工会

陈红松		北京大学人民医院党委副书记、工会主席

中国海员建设工会

白军林		宁夏回族自治区银川市公共交通有限公司工会副主席

中国能源化学地质工会

张金常		中国平煤神马能源化工集团有限责任公司党委常委、工会主席

中国机械冶金建材工会

赵晓梅　（女）　中国洛阳浮法玻璃集团有限责任公司工会主席

中国国防邮电工会

王佳军　湖南省国防工业工会副主任

中国财贸轻纺烟草工会

蔡　伟　中国储备粮管理集团有限公司党群工作部群众工作处处长

中国农林水利气象工会

陈万霞　（女）　四川省水利电力工会委员会干部

全国五一劳动奖章获得者事迹材料

郭燕

郭燕，女，汉族，中共党员，北京市门头沟区总工会副主席、三级调研员。

传承红色基因　坚守为民情怀
全心全意当好困难职工最美“娘家人”
——郭燕同志事迹材料

从2013年从事困难职工帮扶工作以来，郭燕同志帮助全区388户在档困难职工实现解困脱困。她全身心投入城市困难职工解困脱困事业，以实际行动传承红色基因，诠释了“讲奉献、争第一”的门头沟精神。

一、坚守红色初心，用真心传递党的温暖

郭燕同志政治站位坚定，主动担当作为，牵头起草了《门头沟区困难职工解困脱困工作实施办法》等10余项制度文件，推动门头沟区困难职工解困脱困工作顺利高效开展。

当好困难职工“第一知情人”。北京市门头沟区境内98.5%是山区，路途远、山道多，到深山区走访一天要开车近200公里。郭燕不畏风雨路途远、披星戴月访实情，坚持做到每名困难职工“必走访”，累计入户走访400余人次，耐心听取他们的困难和诉求，详细了解分析致困的真正原因。

当好困难职工“第一报告人”。郭燕主动与人社、民政等部门沟通协调，积极反映困难职工情况，聚合各类资源，推动困难职工解困脱困纳入全区脱贫攻坚整体工作布局，有效化解了地区产业转型导致的职工困难等一批疑难杂症。

当好困难职工“第一帮扶人”。郭燕始终满怀深厚感情，设身处地为职工着想，在政策允许范围内给予困难职工最大帮扶，将“分级指定、专人负责、结对帮扶”贯穿解困脱困全过程，建立“一帮一”结对帮扶制度，确保一帮到底、帮出实效。

二、坚守为民情怀，用真爱筹措帮扶资金

作为全国总工会财务管理专家库首批专家，郭燕充分发挥自身的专业资源优势，多方筹措资金，动员社会力量和爱心人士参与“一元捐、十元捐”活动，努力画出最大“同心圆”，让源源不断的“大爱”汇聚成波澜壮阔的“暖洋”。近年来，“一元捐、十元捐”活动捐款金额均排在全市第一位，所得款项均用于帮扶困难职工家庭。

对此，《工会博览》以“门头沟‘一元捐、十元捐’活动为困难职工汇聚热能”为题目进行报道，《北京工人》客户端、《劳动午报》等媒体也进行了广泛深入的宣传。

三、坚守使命职责，用真情巩固帮扶成效

郭燕精准对接困难职工需求，推动帮扶政策不断深化、细化，切实提高他们的获得感、幸福感。

专项基金暖人心。“年初，我母亲被查出患有肾部恶性肿瘤，巨额的治疗费使整个家庭压上了一座大山。于是，我抱着试一试的心态来找郭主席，找‘娘家人’诉诉苦。没想到，她跟我说，像这样的情况，工会可以通过温暖基金进行帮扶。当 2.5 万元慰问金送到我手中的时候，我真的感激得流泪了。”大台街道困难职工王某满含着感激的心情说道。专项温暖基金对在档困难职工实行“一降一扩”——降低救助门槛、扩大救助比例，近年来共救助困难职工及家庭成员 171 人次，救助金额约 110 万元。

医疗帮扶助解难。在走访过程中，郭燕了解到妙峰山镇困难职工付某常年重病在床的丈夫去世后，主动联系所在镇总工会到职工家中慰问，并通过职工互助保障为付某申请了 4 万元的慰问金。她积极推动由门头沟区总工会统一出资，为全区在档困难职工投保全部互助保障活动，对困难职工家庭开展专项医疗救助。

“金秋助学”帮圆梦。“金秋助学”活动已成为工会服务职工的一个响亮品牌，帮助许多困难职工家庭子女实现了就学梦。郭燕同志不断推进健全“金秋助学”工作机制，充分利用民政、教委等部门实施的教育救助制度，加大帮扶力度。近年来，门头沟区总工会“金秋助学”活动累计投入资金 175.36 万元，有效地减轻了困难职工的家庭负担。

真情帮扶树信心。郭燕对困难职工做到“扶智”与“扶志”并举，注重精神关爱和情感帮扶，积极为困难职工家庭“雪中送炭”、纾难解困，帮助他们树立信心，并定期组织困难职工体检，使他们切实感受到工会组织的暖心关怀。

就业帮扶管长远。“郭主席，我被一个国有仪器仪表厂录用了，起步工资 5000 元。”这是困难职工沈某的儿子给郭燕打来的电话。近年来，郭燕充分利用各种机会，优先推荐困难职工家庭成员就业；利用工会职业培训阵地，组织开展刺绣、编织等多种专项技能培训，累计培训 800 余人次。实现了职工解困脱困后的长远稳定生活。

暖心创贷稳发展。“非常感谢工会，工会不愧是咱的‘娘家人’，贴心又暖心。”门头沟区某科技公司负责人激动地说。2020 年，突如其来的新冠肺炎疫情，使该公司经营受阻，运行出现困难。郭燕了解情况后，积极为该公司申请了工会纾困扶持项目“暖心创贷”，从准备材料算起，不到 20 天，企业就拿到了 40 万元紧急贷款。这家中小“双创”企业最终渡过了难关，使职工避免了“失业”的困境。

郭燕扎根基层一线，传递党和政府的温暖，用心、用情、用爱为困难职工做好事、办实事、解难事，点燃他们对美好生活的希望。面对门头沟区总工会墙上的一面面锦旗，面对困难职工的一次次感动，她却由衷地说：“虽然我们的职工解困脱困了，但是他们的基础还比较弱，作为‘娘家人’，我们还是要继续关爱他们，不仅让他们告别‘紧日子’，还要让他们过上‘好日子’。”

牛蓉

牛蓉，女，汉族，中共党员，天津市公共交通集团（控股）有限公司工会干部。

牢记初心使命　用心服务职工

——牛蓉同志事迹材料

自2011年1月起至今，牛蓉同志已负责了10年的工会帮扶工作。她始终牢记“忠诚党的事业、竭诚服务职工”的职责，认真落实全国总工会和天津市委关于城市困难职工解困脱困工作的部署，按照天津市委“面向基层、面向普通、面向弱势、面向急难”的要求，在解困脱困工作中积极作为。在她的努力下，天津市公共交通集团（控股）有限公司（以下简称“公交集团”）建档困难职工全部实现解困脱困。她用实际行动践行着“娘家人”的责任，于2020年被评为天津市优秀工会工作者。

一、深入调研，建章立制，不断完善困难帮扶体系

面对公交集团这样一个百年国有企业中困难职工多、职工生产生活环境艰苦等特点，牛蓉经常深入基层调查研究，了解职工的生产生活状况，掌握困难职工的第一手资料，探索职工帮扶工作的有效途径，制定帮扶工作的有效措施。她先后组织制定了《公交集团困难职工解困脱困工作方案》等13项帮扶解困工作相关文件，每年对各基层工会在帮扶资金管理、使用等方面组织开展专项检查，确保帮扶资金使用安全有效。此外，她建立了集团工会、基层工会、工会班组三级帮扶网络管理模式，对困难职工做到随时发现、随

时建档、随时帮扶，发挥各级工会组织“第一知情人、第一报告人、第一帮扶人”的职能，积极推动落实困难职工包保责任制、档案动态管理制、工会困难职工基金会帮扶制、困难职工情况预警制、工会困难职工大病帮扶制，使帮扶工作形成了制度化、规范化、程序化、科学化的帮扶体系。

二、严格把关，精准帮扶，做到应帮尽帮不漏一人

牛蓉对帮扶工作细致严谨，严格落实困难职工建档的具体要求，实现了帮扶工作的全覆盖、不遗漏，应统尽统、应建尽建、应帮尽帮。2020 年，她对公交集团所属 20 个基层单位的 1.9 万名职工开展全面排查，帮助 36 名符合新建档标准的困难职工及时建立新的档案，并根据每名建档困难职工的情况，指导基层工会为每人制定一套帮扶措施，提升了帮扶工作的针对性、有效性。近 5 年来，牛蓉共帮助 120 名困难职工实现脱困。

三、心系职工，结对帮扶，尽心为困难职工解难题

牛蓉对每名建档困难职工的情况了然于心，及时协调基层工会加大对有特殊困难的职工的关注力度，“一对一”开展帮扶，主动与 5 名困难职工结对子。

她甘做困难职工的贴心人，针对职工对救助政策不了解的实际情况，耐心宣传讲解，亲自协调推进，先后帮助 2 名困难职工办理了低保，解决了职工的实际困难。她通过一个个实际问题的解决，一项项具体工作的落实，让困难职工感受到了党和工会组织的温暖。

四、真心服务，化解矛盾，努力让职工满意得实惠

作为一名工会帮扶工作干部，工作中的牛蓉经常会遇到一些职工因突发事件变得困难或对帮扶政策不理解来到工会诉苦、提要求的情况，甚至有的

职工会情绪激动、态度生硬。面对这样的情景，她总是认真倾听职工诉求，安抚职工情绪，了解职工困难。对符合政策规定的，她会按照预警制度，记录职工反映的困难，及时做好相应帮扶工作；对不符合政策规定的，她会耐心做好解释工作，及时与有关部门协调，提前介入工作，化解矛盾，有效地维护了企业职工队伍的稳定。

牛蓉既是一名工会干部，也是一名上有老、下有小的职业女性。然而，她却把全部精力和热情都扑在了工作上，无暇照顾家里。牛蓉 80 多岁的母亲长期瘫痪在床，都是丈夫尽力照顾。她说："我是一名党员，是职工的'娘家人'，我要为职工服务，我对职工是无愧的，但我对家庭是歉疚的。"

她在自己热爱的帮扶工作岗位上用真心、耐心、细心努力践行全心全意为职工服务的宗旨，用心、用情、用力做好困难职工解困脱困工作。5 年来，她组织推动集团基层工会开展"春送岗位、夏送凉爽、金秋助学、冬送温暖"以及节日慰问等活动，共走访慰问困难职工 824 户并亲自联系走访困难职工 42 户，共计帮扶 2392 人次，发放帮扶慰问金 311 万元；发放工会会员大病救助慰问金 106 人次，共计 250.6 万元；发放职工住院慰问金 1607 人次，共计 162 万元。

张颖

张颖，女，汉族，中共党员，河北省石家庄市总工会权益保障部部长。

十年执着坚守　一路倾心帮扶

——张颖同志事迹材料

2021年，是张颖同志在石家庄市总工会工作的第30个年头。11年前，市总工会领导交给她一项“硬”任务，从此开启了她与全市困难职工的不解之缘。

一、“咱们多募集一份捐款，那些困难职工兄弟姐妹就少一份心急”

2010年，石家庄市总工会决定开展“救助困难职工一日捐”活动，并抽调张颖来负责具体工作。当时，这项活动还属于新鲜事物。张颖一边向外省兄弟单位取经，一边向医疗、保险等单位请教，到基层和企业去问计寻策，按时完成了实施细则和运行方案的制定。进入募捐阶段后，真正的困难才出现。一听说要捐钱，有的单位连门都不让进，特别是效益不好的企业，以各种理由推托、拒绝，有的干脆把这项活动看作“乱摊派”“骗钱的”。连续碰壁让不少同志开始吐苦水：“过去咱都是给钱给物去慰问，人家都是笑脸相迎，现在去募捐，连面也不给见。”张颖召集调度会给大家鼓劲说：“咱都知道那些困难职工的日子过得有多难，咱们多募集一份捐款，那些困难职工兄弟姐妹就少一份心急。”她把全市的进展情况进行一周一通报，挂图推进，对进展缓慢的上门督导。经过上下共同努力，首期活动就募集资金2300万元。如今，这项活动已连续开展了 10 期，募集资金达 2.2 亿元，实施救助 4.2 万人次。

二、“点亮一个贫寒学子的希望，就能照亮一个困难职工家庭”

2011 年 7 月，张颖开始主持市总工会权益保障部工作。从那时起，她就成了为全市困难职工子女就学操心的“张阿姨”。那年，“金秋助学　扶困育才”行动已开展了 9 年，救助对象也扩大到了考入高中以上学校的所有困难职工子女。为了“应助尽助、一个不落”，她建立了一本“明白账”，每年中考、高考结束后，确保市总工会和县区两级工会主动核查信息，保证在孩子入学前将助学金送到困难职工手里。

孩子是国家的未来，更是困难职工家庭的希望。张颖常说：“点亮一个贫寒学子的希望，就能照亮一个困难职工家庭。”她认为，作为困难职工的“娘家人”，除了提供助学金，还应在孩子的成长成材上做些什么。于是，受助学生“希望之星联谊会”成立了。每年开学，孩子们都会收到一份“爱心嘱托”；每年暑假，张颖和部门的同志都会组织一次“希望之星”主题夏令营活动，开展革命传统和爱国主义教育，帮助孩子们系好人生的第一粒纽扣，与爱心单位举办联谊、开展勤工俭学，培养孩子们自强自信的精神品格。除此之外，张颖还想方设法动员社会各界积极参与筹集助学资金，共有十几家单位先后参与到这项爱心行动中来，100 多家爱心企业成为勤工助学就业援助基地。张颖和同事们在实践中探索形成的“物质、精神、能力、就业”四位一体的全程帮扶模式，帮助万余名困难职工子女实现了求学梦想，1200 余名“希望之星”光荣地加入了中国共产党。

三、“只要我们帮到点上、扶对地方，困难职工兄弟姐妹就能自立起来”

2016 年，河北省总工会工会开展了“困难职工创业就业”专项行动，张颖任石家庄市总工会专项行动推进办公室主任。让有劳动能力的困难职工通过资金和生产资料支持、针对性的技能培训实现创业就业，是帮助困难职工解困脱困的一项根本之策。由于困难职工大多存在文化低、技能差、缺乏市场经验等短板，尽管省、市总工会都设立了优厚的扶持政策，但困难职工们还是普遍存在怕赔了本、还不起钱的想法，缺乏创业的勇气。此外，各级工会的同志对如何投资经营也缺少认识，不知如何着手。为此，张颖请来就业局和行业协会的行家对大家进行培训，帮助大家转变观念、开发思路。她和“创业办”的同志走家入户，对困难职工的创业就业能力、意愿、专长等情况进行详细摸排，有针对性地制定了 4 种扶持方式，组织了 35 期就业创业技能培训，通过召开现场会、工会干部包联等形式积极推进这项工作。经过 3 年攻坚行动，石家庄市共落实落地创业项目 137 个，252 名困难职工通过创业、就业走出了生活困境。

攻坚行动之后，张颖脑子里想的最多、手里抓得最紧的仍然是困难职工解困脱困。按照精准帮扶要求，石家庄市推行了“一户一策”和“三包一”责任绑定等做法，进一步完善了帮扶救助措施，全市困难职工的解困脱困保障网愈加密实。到 2020 年底，石家庄市 7000 多户困难职工全部实现解困脱困。为防止脱困户返困，张颖又对全市脱困退出职工和处于贫困边缘的低收入职工进行了“一户一档”摸底调查，实施动态监测，设置预警红线，随时给予帮扶救助，对全市困难职工增量实现了有效监管。

四、“看到困难职工兄弟姐妹脸上满意的笑容，是我最快乐的时刻”

2017 年以来，随着困难职工解困脱困长效机制的逐步完善，张颖把主要精力放在了提高救助效能和综合服务质量上，推动石家庄市总工会与十二个市直部门建立了数据共享、政策对接机制。为了打通服务困难职工“最后一公里”，她费尽心思让困难职工少出一趟门、少跑一次路，取消了涉及困难职工认定、审核、救助的13项申请材料，实现了全程网上办理。如今，困难职工只需凭《困难职工优待证》就能享受公交、供暖等减免补贴和住房公积金贷款等优惠政策，凭“石惠卡”便可在家里办理救助、住院费用补贴等事项。过去的“跑来跑去”，变成了“网来网去”，变成了“面对面”“屏对屏”。虽然与这些困难职工见面少了，但张颖感觉大家的心贴得更近了。她说：“看到困难职工兄弟姐妹脸上满意的笑容，是我最快乐的时刻。”

随着对困难职工救助力度的加大，张颖每年经手使用分配的帮扶救助资金也在增多。她经常告诫自己，也提醒部门的同事，一定要严了再严、细了再细。他们引进了第三方审计机构对困难职工审核认定和助学、医疗救助申请进行专项核查，用制度来确保资金使用安全。在历年接受的专项审计、绩效考核和全国总工会、省总工会的第三方评估中，张颖经手的资金没有发现一笔差错。

还有1年，张颖就到退休年龄了。她觉得，自己就像一只不停旋转的陀螺，困难职工兄弟姐妹那一双双充满期待与信任的眼睛，成了她不能停歇的恒久动力，她似乎忘记了时间，忘记了年龄。她曾感慨地说：“等我退休了，还要用力所能及的方式继续为这些困难兄弟姐妹做点事。因为，我舍不下心中的那份牵挂。”

郝华

郝华，女，汉族，中共党员，山西省忻州市职工服务中心副主任。

尽职尽责为民排忧　诠释最美“娘家人”
——郝华同志事迹材料

自 1998 年从事工会工作以来，郝华同志勤勉敬业，始终如一，16 年竭诚坚守在保障权益工作岗位上，在全面决胜城市困难职工解困脱困工作阶段，勇于担当，攻坚克难，在平凡的岗位上做出了不平凡的成绩。到 2020 年底，山西省忻州市工会建档立卡困难职工户由 2016 年的 34691 户下降到 213 户，其中深度困难职工 44 户。

一、深研究，常建言，用学习成果指导工作实践

郝华围绕工作大局，立足岗位实际，协助分管领导建立健全工会困难职工帮扶长效机制，推动城市困难职工解困脱困纳入党政大局统筹运作，为市委、市政府两办出台《关于建立全市城市困难职工解困脱困工作长效机制的实施意见》建言献策。她积极整合社会资源、对接职工需求，建立困难职工信息比对制度，摸清困难职工底数，明确解困脱困路径，精准施策、分类帮扶，突出帮扶资金集中保障效益。她多次采取以会代训的方式，亲自为基层工作人员进行业务培训，并通过微信公众号、工作简报等形式广泛宣传城市困难职工解困脱困政策。同时，她不断强化理论研究，编导的多篇调研报告在全省工会理论研究中获奖。

二、勇担当，善作为，满怀深情担负维权重任

自2006年从事职工权益保障、女职工工作以来，郝华始终情系职工，敢作为、勇担当，时刻将困难职工的冷暖放在心上。

2016年以来，郝华亲自起草出台《忻州市总工会关于进一步做好困难职工解困脱困工作的意见》《忻州市总工会城市困难职工解困脱困工作方案》等文件，推出“进、看、算、议、评、公示、审核”七步法，严把入户调查关，精准识别、规范建档。2019年，她亲自比对困难职工信息1734条，在全市双包联活动中积极推动68家困难企业与工会领导结对包联，235名困难职工与工会干部实现“一对一”结对帮扶，形成了“四个一批”解困脱困模式，建立了防止返困返贫预警制度。

郝华发挥工会帮扶品牌作用，助力困难职工解困脱困。她组织实施“春送岗位、夏送清凉、金秋助学、冬送温暖”和职工大病医疗互助活动。2016年以来，忻州市总工会共筹集送温暖帮扶资金上千万元，帮扶救助困难职工3.45万余人次，为14652名下岗困难职工提供就业、创业服务，为2700多名考上大学的困难职工（农民工）子女进行助学资助，持续为1.7万多名职工减轻医疗费用负担。

三、守初心，当公仆，躬身入局情牵困难职工

郝华把帮助困难职工实现解困脱困当作政治责任、精神追求，不以年增而减退，不以位卑而怠慢。她经常深入基层一线，走访困难职工家庭并定期电话回访，手机常年24小时在线服务，随时了解帮扶政策落实情况以及困难职工的生活和思想状况，力求建档帮扶不漏一户、不落一人。忻州市总工会帮扶中心在档的44户深度困难职工家庭她都逐一入户、核查、慰问。忻州市铁合金厂的下岗职工卢振德就是郝华在深入企业宣讲调研解困脱困政策时做

通了思想工作后，主动配合基层工作人员在脱困验收表签字确认退档的。针对个别困难职工不理解解困脱困政策，抵触入户核查的情况，郝华三番五次登门沟通，动员困难职工信任的亲友说服教育，直到困难职工心服口服。身患尿毒症的困难职工郭慧敏把郝华当作知心大姐，每每遇到不顺心就拨通电话向她倾诉。郝华工余时学到的心理咨询技能帮助许多像郭慧敏这样身心患病的职工走出心理困境。王文生是郝华的包联对象，身患肝硬化，常年吃药不能干重体力活。郝华除了经常为王文生提供最新治疗讯息和医药信息，还为他联系了下夜看店的短工，帮助他实现了再就业的梦想。在入企入户走访、慰问、排查中郝华收获了困难职工的信任和喜爱，他们称她为“最美娘家人”。有的亲自到市总工会为她送来了“尽职尽责、为民排忧”的锦旗；有的给她发送“感谢帮助、祝福新春”的短信；有的打电话告知通过她的心理疏导走出了心理误区……

丁月祥

丁月祥，男，汉族，中共党员，内蒙古自治区呼和浩特市托克托县总工会党组书记、主席。

用忠诚诠释爱心　用实干践行使命

——丁月祥同志事迹材料

丁月祥同志于 2017 年 1 月担任内蒙古自治区呼和浩特市托克托县总工会党组书记、常务副主席；于 2018 年 12 月任呼和浩特市总工会副主席（挂职）；于 2020 年 7 月当选为托克托县总工会主席；于 2020 年 4 月荣获内蒙古自治区“安康杯”竞赛“先进个人”荣誉称号；于 2020 年 6 月荣获全国“安康杯”竞赛“优秀个人”荣誉称号；于 2021 年 1 月荣获“全国优秀工会工作者”荣誉称号。

一、牢记职责使命，紧盯困难群体知责担责

2017 年，托克托县在档困难职工有 685 户。在这些职工中，大病致困、低收入致困、助学救助、住房困难四类问题尤为突出。城镇困难职工解困脱困，是党交给工会的一项重要政治任务。如何做好困难职工帮扶救助工作，确保全县职工在全面建成小康社会中一个也不掉队；如何把党和政府帮扶救助困难职工的政策落到实处是丁月祥任县总工会主席以来重点思考的问题。他认真贯彻落实习近平总书记关于加大对城市困难职工解困脱困帮扶和保障力度的有关要求，切实将困难职工解困脱困工作纳入全县脱贫攻坚大局统筹安排部署，确保如期完成城市困难职工解困脱困任务。针对困难职工家庭收

入不稳定、收支核算难等问题，他根据上级工会关于困难职工建档、救助等文件要求，制定了《托克托县困难职工认定办法》《托克托县职工收入和支出情况测算表》《托克托县困难职工建档十三步操作流程》，切实做到困难职工“进”有条件、“退”有标准、“管”有规范、“评”有指标。针对困难职工“三类重点人群”，他组织拍摄了帮扶专题宣传片《你的肩膀》加强宣传，联合第三方社会组织进行入户走访，聘请义工参与精准识别，确保了帮扶救助精准开展，确保救助工作“公开、公正、公平”。2018 年，丁月祥在全国总工会于杭州举办的困难职工帮扶交流会上向全国同人介绍“托克托经验”。

二、明确重点任务，聚焦脱困解困决战决胜

丁月祥始终牢记习近平总书记“要把竭诚为职工群众服务作为工会一切工作的出发点和落脚点”的嘱托，始终不渝地全心全意履职尽责。他聚焦困难职工实际需求，会同县民政局、住建局、人社局通过数据比对，先后将 6 户困难职工纳入低保、5 户困难职工纳入住房保障范围、10 户困难职工家庭中难以就业的成员兜底安置。他利用托克托克托县工会“智慧工会网络平台”开展“岗位定向”职业技能培训，拓宽困难职工就业渠道，累计为困难职工家庭成员解决就业 55 人。丁月祥配合人社部门、县内相关企业为 300 多名困难职工落实各项社会保险关系的接续、转移和待遇，在全县推广“职工医疗互助保障行动”，帮助大病职工申领互助金 22 万余元。几年间，全县累计帮助 807 名困难职工解困脱困，31 户深度和相对困难职工全部纳入常态化帮扶，如期完成解困脱困任务。

三、带头对接联系，情系职工困难用心用力

丁月祥为构建起“分户联系、分级负责”的帮扶联系责任体系，带头落实联系人制度，经常入户走访、时常电话随访，了解困难职工的生活状况及

困难原因，及时为他们送去生活所需物品。他的“点对点”帮扶对象关美金，身患喉癌疾病，因所在企业停产，妻子无业，儿子上小学，一家三口生活十分艰难。在了解到关美金治病需要巨额医疗费的情况后，丁月祥以最快的速度指导协调其完成建档立卡程序，及时将 19000 元医疗救助金送到了关美金手中，几年间先后为他筹集疾病治疗、生活救助物资共计 6.2 万元；丁月祥的另一位帮扶对象张建军，因妻子患上胆管结石病需两年做一次手术，两个孩子分别上大学和高中，生活负担十分沉重，一家四口居无定所租房居住。了解到他家的情况后，丁月祥协调县工会与企业工会共同出资出力，帮助张建军一家及时解决医药费、学费难题，并帮助他们新建了 80 平方米的住房。

四、创新帮扶形式，汇聚社会力量献情献爱

丁月祥还牵头在县总工会设立“爱心衣站”，将全社会捐赠的爱心衣物科学处理后，无偿提供给困难职工。“爱心衣站”成立以来，共收到由各单位和爱心人士捐赠的衣物 2 万余件，为困难职工送去衣物约 1.5 万件；他还牵头组建“爱心托管班”，困难职工家庭的孩子可免费入班。此外，丁月祥通过联系多家普惠企业，为困难职工送去洗衣机 15 台、电饭煲 76 个、有线电视网卡 50 张，努力减轻困难职工的生活负担。

困难职工帮扶救助工作责任重大、使命光荣。丁月祥将进一步带领县工会全体干部坚持以推进职工困难常态化帮扶为工作重点，动员全县职工坚决铸牢中华民族共同体意识，锐意进取、主动作为，努力在建设祖国北疆亮丽风景线的奋斗中续写新的华章。

唐致珩

唐致珩，女，汉族，中共党员，辽宁省总工会权益保障部副部长。

发挥先锋作用　决胜解困脱困

——唐致珩同志事迹材料

自 2017 年 10 月以来，唐致珩同志一直奋战在辽宁省工会保障工作第一线，将全部精力和满腔热情投入困难职工解困脱困工作中，取得了突出的工作成绩。

一、心系困难职工，确保帮扶救助全覆盖

唐致珩以高度的历史使命感、政治责任感和工作紧迫感，带领部门同志突出重点、突破难点，以超强的工作力度强势推进辽宁省工会解困脱困工作各项帮扶举措落地见效。工作以来，她共组织下拨 19794.25 万元帮扶资金，帮扶救助在档困难职工 61683 户（次），对在档困难职工 100% 进行救助，确保不让一个困难职工生活陷入困境，不让一个困难职工因患重大疾病得不到救助，不让一个困难职工子女上不起学。2020 年底，辽宁省工会在档困难职工全部实现解困脱困，同步迈入了小康社会。

二、强化制度保障，提升解困脱困工作水平

唐致珩带领部门同志，建立健全困难职工解困脱困工作制度机制，先后研究制定《辽宁省工会困难职工解困脱困工作计划（2018—2020）》《全省工

会城市困难职工项目帮扶三年工作计划》等多项制度文件，组织编写《辽宁省工会困难职工帮扶工作规范化操作指南》，增强了基层工作人员对帮扶救助工作关键环节和重点过程的理解和把握，极大地提高了全省工会困难职工解困脱困工作的规范化、科学化、精准化水平。

三、加强社会协同，助力实现困难职工解困脱困

工会解困脱困工作是社会救助的重要内容。唐致珩到权益保障部工作后，第一时间赴省民政厅学习社会救助工作经验，积极推动省总工会与省民政厅联合下发《关于加强困难职工数据比对和信息共享工作的通知》《关于做好城镇困难职工帮扶救助的通知》等文件，各市级工会逐步实现困难职工数据与社会救助信息、居民家庭经济核对平台的数据共享，有力加强了解困脱困工作信息化建设。她还积极推动各级工会将符合条件的困难职工纳入政府救助覆盖范围，实现了解困脱困工作与社会救助体系的有效衔接。

四、聚焦重点群体，服务全省改革发展稳定大局

唐致珩一直高度关注全省供给侧结构性改革企业和生产经营困难企业的下岗职工等重点群体，不断创新解困脱困工作理念、思路和方法，率领部门同志先后研究起草《全省工会促进就业服务三年工作方案》《关于进一步做好厂办大集体、“僵尸企业”、去产能企业职工和农民工促进就业、帮扶救助工作的通知》等文件，对有就业能力和就业意愿的困难职工，100% 提供就业援助和技能培训，协助党政多渠道、多形式帮助困难职工再就业，帮助困难职工家庭彻底消除致困因素，实现解困脱困。

五、防止致困返贫，构筑解困脱困长效机制

为了进一步巩固解困脱困工作成果，唐致珩带领部门同志进一步完善困

难职工主动发现、动态调整机制和防止致困返困机制，指导各级工会加强对刚脱困职工、低收入职工家庭生活的监测与跟踪回访，密切关注刚脱困收入不稳定、低收入持续增收能力较弱、因疫因灾或因其他原因收入骤减和支出骤增的家庭。他们全面详细摸清困难职工家庭情况，逐户逐人摸底排查，及时将符合建档条件的职工纳入档案，确保应纳尽纳、应帮尽帮，防止致困返困，组织力量对已脱困职工开展“回头看”，对脱困后仍符合相对困难、意外致困建档标准的职工家庭继续进行帮扶，实现了解困脱困工作长效化、常态化。

六、深化送温暖工作，与解困脱困实现有效衔接

唐致珩带领部门同志不断健全和完善工会“送温暖”工作机制，扩大“送温暖”覆盖面，提升工会“送温暖”活动的普惠性，将走访对象扩大到10类人群，时间从传统“两节”拓展到重大节日、重要时间节点及职工发生困难时，贯穿全年，与解困脱困工作在对象、标准等方面有效衔接，形成了层次清晰、各有侧重的梯度帮扶格局。为了做好送温暖工作，唐致珩曾在寒冬时节，6天辗转8个地市和产业工会指导基层开展帮扶工作和走访慰问活动，为基层职工送去党和政府的关心关爱、工会组织的温暖。她在工作期间，共组织下拨省总工会常态化“送温暖”资金32678.75万元，各级工会走访慰问职工764824人，走访企业8326家，收到良好的社会效益，实现了帮扶“四季恒温”。

七、积极应对疫情，关心关爱一线医护人员

新冠肺炎疫情暴发后，唐致珩积极组织开展对全省一线医务人员的关心关爱活动。其中省总工会举办的“暖心慰问”活动为一线医务人员直系亲属发放慰问品103.50万元；组织做好疫情防控期间辽宁援湖北医疗队员和在沈

阳、大连、锦州三大区域性集中救治中心封闭工作一线医务人员及其无法照顾的直系亲属有关工作，为援湖北医务人员发放慰问资金 1143.52 万元；联合省妇联共同开展“温暖同行　携手抗疫”慰问活动，走访慰问疫情防控一线工作人员。此外，她还组织下拨了 1500 万元，对疫情防控期间复工复产生产经营困难的企业给予工会工作经费补助，支持企业复工复产。

李永志

李永志，男，汉族，中共党员，
吉林省吉林市总工会四级调研员。

竭诚履职担当　倾情服务职工
——李永志同志事迹材料

李永志同志在城市困难职工解困脱困工作中秉持大局意识、担当意识、服务意识，业绩突出，工作成效显著。在他和同事们的共同努力下，吉林省吉林市在档困难职工解困脱困率达到100%，圆满完成了解困脱困工作目标任务。

一、推动城市困难职工解困脱困工作纳入脱贫攻坚大局

李永志积极推动市总工会党组主动汇报，争取吉林市委、市政府的重视与支持，将城市困难职工解困脱困工作纳入全市脱贫攻坚大局，将解困脱困工作作为政府民生实事、大事来抓，在政策、资金上获得了大力支持，并建立牵头落实部门联系机制，获得市财政投入帮扶配套资金1000万元。

二、实行目标化管理，确保资金安全

李永志努力加强顶层设计，制定下发吉林市2016年至2020年困难职工解困脱困工作规划，做到措施到位、责任到人，在工作推进上提出进行分级考核，实行目标责任制，要求全市各级工会成立城市困难职工解困脱困工作领导小组，进一步健全组织领导。他牵头起草印发《吉林市财政配套专项帮

扶资金使用管理办法》《吉林市工会送温暖资金使用管理暂行办法》，要求帮扶工作全程公开、公平、公正，在救助对象、困难职工认定和帮扶标准等问题上，坚持原则，认真执行相关规定，严格履行帮扶程序，同时做到全覆盖、不遗漏。

三、夯实帮扶救助工作，竭力为困难职工排忧解难

李永志通过在全市范围内广泛组织开展职工生活大检查活动，做到职工生活状况清楚、困难企业和困难职工总体人数清楚、致困原因和帮扶措施清楚。他在起草“送温暖”“金秋助学”、慰问环卫职工活动等方案时，充分权衡困难职工人数、经济发展水平等因素，以确保资金发挥最大效能。5 年来，他参与组织市总工会本级发放送温暖资金累计 1539 万元，走访慰问困难职工 16400 余人次；发放助学金累计 759 万元，资助困难学生 2600 余人次。

四、创新帮扶模式，提升帮扶成效

李永志在做好传统帮扶工作的基础上，积极谋划创新思路，有效提升帮扶成效。他积极与吉林市住房公积金管理中心沟通协调，为困难职工申请房贷贴息补助，有效缓解了困难职工住房还贷压力；积极为劳模和困难职工牵线搭桥，采取“一帮一”结对子方式，由劳模为困难职工提供资金和物质帮助、精神支持和技术传授，帮扶困难职工家庭逐步走出困境；积极举办各种就业创业技能培训班，帮助困难职工及其家庭成员掌握劳动技能，通过组织招聘活动和为有需求并符合条件的职工提供“双创”小额贴息贷款，帮助他们实现就业和创业梦想；积极筹措资金将在档困难职工全部纳入职工医疗互助保障，有效减轻困难职工家庭因病造成的经济负担。

五、完善困难职工精准识别，实施动态化管理

为了最大化提升资金使用效能，强化帮扶效果，李永志结合上级工会工作要求和吉林市实际情况，多次与市民政部门协商，起草并签订了《数据比对和信息共享协议书》，要求困难职工档案建立必须严格履行规定程序，基层工会要及时掌握困难职工家庭动态情况，严格把关，调查核实情况后上报地方工会，地方工会对上报建档材料进行复核后，再与民政部门进行信息比对，以免对困难职工家庭造成误判，进一步降低了资金使用风险。

六、积极营造社会氛围，合力推进城市困难职工解困脱困工作

在制订企业发展规划、调整产业结构、企业改制人员分流和计划投资项目时，李永志积极协调推动有关单位把实现城市困难职工解困脱困作为重要指标，纳入考核范围，同时，通过新闻媒体宣传创业带头人典型事迹，开展以创业带动困难职工就业的促就业活动，积极营造全民创业促就业的社会氛围。5 年来，吉林市培养选树了 30 户创业促就业民营企业典型，这些民营企业安置了近百名下岗失业困难职工及其子女，在解决城市困难职工解困脱困工作中发挥了积极作用。

牟洪杰

牟洪杰，女，汉族，中共党员，黑龙江省佳木斯市困难职工帮扶中心主任。

担当实干的“老黄牛”
困难职工的“暖心人”
——牟洪杰同志事迹材料

从 1999 年从事困难职工帮扶工作以来，20 多年里，牟洪杰同志始终坚守在服务职工第一线，把帮助困难职工解困脱困作为第一追求和责任，时刻把职工冷暖放在心上，充分发挥困难职工帮扶中心“窗口”服务功能，以严谨务实的工作作风、甘于奉献的敬业精神，赢得了社会和职工群众的广泛赞誉。她先后获得全国工会帮扶工作先进个人、黑龙江省“五一劳动奖章”、佳木斯市直机关“优秀公仆”“优秀共产党员”等荣誉称号。佳木斯市困难职工帮扶中心被评为全市“优秀共产党员先锋岗”，连续两次获得“全国工会帮扶工作先进集体”的殊荣。

一、爱岗敬业，倾情当好困难职工的“娘家人”

多年来，牟洪杰始终把困难职工当成自己的亲人，带着真心、带着感情真帮实扶，切实为困难职工办实事、解难题。困难学子小高以优异成绩考上了哈尔滨工业大学，但因为父母都是下岗职工，父亲患重病无劳动能力，家里生活得十分困难。面对沉甸甸的录取通知书，全家人却因凑不齐学费而一筹莫展。得知这一情况，牟洪杰协调向阳区帮助其申请办理了低保，又争取到一处廉租房，同时将小高纳入“金秋助学”活动的资助对象，从助学资金到日常生活上给予了他很大的帮助。为带动更多困难学子感恩社会，在“金秋助学”活动的基础上，牟洪杰创新建立了“大学生联系卡”制度，通过“爱的家园”微信平台与优秀学子交流思想，拉近了彼此间的距离，帮助他们安心学业、回报社会。她每年都组织开展“春送岗位、夏送清凉、秋送助学、冬送温暖”等常规活动，通过与困难职工的长期交往，使帮扶中心成为了充满爱心、充满阳光的“困难职工之家”，“有事就找帮扶中心”的理念根植在每一个困难职工的心中。在服务职工工作中，牟洪杰始终坚持以职工需求为导向，积极拓展服务内容，开发了职工心理服务项目，为职工群众提供优质高效的心理援助服务，使职工能够减轻心理压力，更好地投入工作之中。

二、严谨务实，确保精准帮扶落到实处

牟洪杰对帮扶工作始终坚持严谨细致、求真务实，充分发扬“钉钉子”精神，把困难职工帮扶工作落实落细，确保每一户困难职工都应助尽助、应扶尽扶。随着资金投放力度不断加大，工作压力也随之加重，牟洪杰克服帮扶中心人员少、力量不足、基层工会力量薄弱等困难，与人社、民政等部门积极沟通，取得支持，实现信息共享，提高困难职工建档立卡的规范性和精准度。她精心组织，狠抓落实，推动将困难职工解困脱困工作纳入全市脱贫攻坚工作大局。她建立了“联系人”制度，对照“四个一批”措施、“七个行动”计划，有针对性地制定帮扶措施，做到一户一档案、一户一计划、一户一措施；坚持“先建档、后帮扶、实名制”原则，实行银行卡发放，确保资金流向清晰明了。她坚持严把困难职工入口关、出口关、帮扶资金使用关、督查关，严格履行资金拨付程序，凡涉及资金分配方案均经市总工会党组研究讨论决定后才进行拨付。她推动成立了资金监查领导小组，加大帮扶资金监管力度，市总工会经审办每年对市、县两级及部分企业进行专项审计，规

范帮扶资金使用和管理，定期对帮扶对象进行抽查核实，坚决杜绝专项资金在使用中被截留、被挪用等违法乱纪现象的发生。严谨务实、脚踏实地是牟洪杰始终如一的工作作风，付出终有回报：佳木斯圆满完成困难职工解困脱困工作目标任务，先后通过了省总工会和全国总工会委托的第三方评估机构工作成效验收，并且获得很高的职工满意度评价。

三、履职尽责，积极为职工搭建就业平台

牟洪杰积极贯彻落实“六稳六保”工作部署，切实履行帮扶工作第一责任人职责。她组织编写了《家政服务》《老年护理》《育婴月嫂》《计算机培训》职业技术技能系列教材等读本，为下岗失业人员增强再就业和创业本领提供了系统学习的教材，推动实行“一免多助”的政策，努力为困难职工提升就业创业技能提供最优的条件；通过定期组织开展“春风行动”“家政服务员岗位推介招聘会”等活动，形成了培训促就业、就业促发展的浓厚氛围。近年来，培训班共举办了 68 期，培训学员 3817 人，其中获得国家中级职业资格证书的有 705 人，受到来佳考察慰问的全国总工会副主席许振超的高度赞誉，并现场欣然提笔写下“精心培训，诚心服务，培训社会需要满意的家政服务人员”的题词。2020 年末，牟洪杰迅速响应省总工会号召，加班加点第一时间建立了“工桥通业”职工就业再就业服务中心，线上开发了专项小程序，线下挂牌建立了“工桥通业”职工就业再就业服务大厅，开展线上、线下招聘就业服务，为用工企业和求职职工架设桥梁，提供精准就业服务。

牟洪杰舍小家顾大家，以担当奉献的职业操守，践行了一名共产党员的初心和使命，赢得了广大职工特别是困难职工的高度赞誉与认可，为困难职工解困脱困工作作出了重要贡献。

陈军康

陈军康，男，汉族，中共党员，上海市松江区总工会党组书记、副主席。

做好职工群众的“娘家人”
当好职工群众的“帮困书记”

——陈军康同志事迹材料

陈军康同志主持上海市松江区总工会日常工作10年来，始终牢记工会干部是职工“娘家人”这一职责，把困难职工解困脱困工作挂在心上、抓在手上、落实在工作上，是职工群众口中的“帮困书记”“帮困主席”。他用真情实意、真抓实干诠释了“职工群众在工会干部的心中分量有多重，工会干部在职工群众心中的分量就有多重”。

一、坚持高站位谋划，创造城市困难职工解困脱困工作的松江实践

在开展城市困难职工解困脱困工作伊始，陈军康就特别注重抓好建章立制，在“谁来帮”“如何帮”“帮到位”上下功夫。他牵头制定《松江工会困难职工帮扶工作实施办法》《松江工会大病职工慰问行动实施细则》等9个帮扶制度文件。为提高制度的针对性和实效性，他主动对接市总工会及区政府有关部门，准确把握上级要求，先后主持召开16次专题座谈会，带领工作人员深入全区18个街镇、经济开发区广泛听取意见、建议。在充分调研的基础上，陈军康探索出“三级工会联动、多家部门联合、全民广泛参与”的困难职工解困脱困工作模式。他牵头制定了《松江工会城市困难职工解困脱困工

作 2018—2020 年三年行动方案》，将解困脱困工作纳入全区 46 家直属工会考核指标，实行区、街镇、企事业单位工会“三级联动”，层层压实解困脱困责任；通过建立《城市困难职工解困脱困责任制联系卡》，落实解困脱困责任人，打通精准扶贫“最后一公里”，困难职工为“找得到人、说得上话、办得成事”纷纷叫好。在工会系统工作 10 年来，陈军康一直坚持像对待自己的亲人一样对待困难职工，想尽一切办法，用好一切力量，帮助他们解困脱困。他积极引入多方资源，实施社会化帮扶，连续 10 年牵头组织发动全区各级工会在新年第一个工作日开展“职工一日捐”活动，号召全区近百万名职工每人捐出一天的工资，2011 年以来累计筹措资金 3200 余万元，为全区困难职工提供帮困救助 5.4 万余人次。

二、坚持高起点推动，形成城市困难职工解困脱困工作的松江经验

为全面掌握松江区困难职工情况，陈军康牵头开展“进百家企业，访万名职工”大调研活动。他说，要用工会干部“脚底板”跑出困难职工“大数据”，确保“不让一个困难职工掉队”。他亲自带领工作团队一家一家走访困难职工，逐一排查摸底，共摸排困难职工 241 户。每到一户困难职工家中，他都亲手把帮扶金、慰问品送到困难职工手上，认真倾听职工心声，全面掌握职工遇到的困难，有针对性地制定帮扶措施。九亭镇困难职工范仁福因重症尿毒症长期用药，陈军康了解到该职工的孩子正在读大学，学费和生活费压力很大，他积极为该职工申请区、镇两级工会就学补助，大幅缓解了范仁福的家庭困难。如今，范仁福的孩子已大学毕业顺利参加工作，范仁福的病情也有所缓解，并于 2020 年一季度实现脱困。范仁福逢人就说，是党和政府的关怀，是陈书记的帮助，他们家的状况才有了这么大的变化！不仅是范仁福家，2018 年以来，在陈军康坚持不懈地推动下，50% 以上深度困难职工家庭顺利实现脱困。陈军康广泛发动各级工会干部积极联系辖区内的企业，依

托“松江工会”微信平台，自2014年以来，全年365天，每天发布一期松江各企事业单位就业推岗微信，累计提供9.5万多个就业岗位，特别是2020年疫情期间，重点针对受疫情、经济下行压力等因素影响的失业人员提供再就业服务，成为全国工会系统线上推岗持续时间最长、发布频率最高、推送岗位最多、惠及职工最广的平台之一，在松江职工中形成“找工作，上松江工会微信”的品牌效应。

三、坚持高质量落实，打造城市困难职工解困脱困工作的松江品牌

为开展好解困脱困工作，陈军康一直坚持下足“绣花”功夫，把解困脱困做到点上、做到根上。在调研时，他了解到有的困难职工遇到劳动争议，由于请不起律师，打不起官司维护自身合法权益。于是他下定决心，一定要解决困难职工的这一困境。2016年，他牵头成立松江区总工会劳动争议调解中心，形成“4+50+20”工会法律援助新模式，只要职工来求助，调解中心都会帮忙解决，并为有需要的职工聘请律师，很快就在松江广大职工中成功打造了“零门槛”“零距离”的松江工会维权品牌。在2020年疫情期间，他还创新性地提出“云法援街镇包干制”，为困难职工提供线上法律援助。2016年至今，累计参与法律援助案件53854件，每年完成全区90%以上的劳动争议案件，办案数量位居全市前列，为7万余名职工挽回经济损失8.4亿元。陈军康在走访时看到有的困难职工除了生活上的困难，精神上的困乏也很严重，有的困难职工感觉生活压力大，甚至产生了抑郁倾向。针对职工心理健康需求，陈军康积极整合各方资源，牵头成立松江工会“职工心灵港湾”，免费为职工提供“一对一”心理咨询，培养专业心理援助工作者，推进“职工心灵港湾”进企业、进社区、进园区。“职工心灵港湾”自成立以来，惠及职工21691人，被评为上海人文关怀心理疏导示范点。

朱静秋

朱静秋，女，汉族，中共党员，江苏省泰州市总工会权益保障部部长。

做好困难职工解困脱困“摆渡人”
——朱静秋同志事迹材料

从事解困脱困工作4年以来，朱静秋同志带领江苏省泰州市总工会保障部干部时刻将困难职工放在心中，精准发力、规范运作，帮助全市4300余名困难职工脱困，困难职工解困率达到100%，整体脱困率达到34%，全面完成了困难职工解困脱困工作目标任务。

一、瞄准解困脱困目标任务，着力构建困难职工解困脱困工作机制

一是推动纳入政府救助大格局。朱静秋充分认识到困难职工解困脱困工作是党和政府脱贫攻坚战的重要组成部分，需要通过增强困难职工帮扶工作制度刚性来稳步实施。2019年，江苏省总工会出台《关于深入做好城市困难职工帮扶工作的意见》后，她迅速行动，提请市总工会与市政府建立泰州市困难职工帮扶工作联席会议制度，将县级以上工会认定的困难职工家庭纳入政府社会救助体系，建立政府政策兜底和工会常态化帮扶机制。此外，她还建议分管领导提请市总工会党组建立帮扶工作议事规范，所有困难职工解困脱困相关活动安排、资金使用全部由市总工会党组会议或主席办公会议讨论研究后实施。

二是谋求重要政策效益最大化。困难职工大多数是因病、子女就学而致

困。朱静秋积极与市医保局、教育局保持紧密协作关系，定期共享数据和救助政策，尽力让这两大类困难职工家庭能够最大限度地享受政策，有效减轻其医疗、学费负担。经过她的努力沟通，目前全市特困职工及其家庭成员全部纳入财政支持的医疗救助并享受上浮大病报销比例政策。她还每月与医保局交换医保预警数据，从中发现职工困难情况及时开展调查，将符合建档条件的即时纳入帮扶。

三是确保专项资金使用不出错。作为帮扶资金使用第一责任人，朱静秋动态调整修订困难职工帮扶专项资金使用办法，保证困难救助对象和救助标准符合省总工会最新要求。她积极克服工作人手少、任务重的困难，严格实施“入户调查、市总工会抽查、联合核查、监督检查”的“四查”程序，严把困难职工准入关。她严格资金使用制度，注重资金使用程序规范化，提升资金使用实效，确保每一分帮扶专项资金都用在困难职工身上，经得起推敲。

二、瞄准困难职工急、难、愁、盼，满怀感情开展温情帮扶服务

一是保持与困难职工沟通零距离。朱静秋在帮扶工作中强调突出重点人员、抓住重点环节，时常和部门、中心同志一道，对困难职工进行回访，动态研究“一户一策”解困脱困措施。在她的建议下，部门建立了困难职工群和帮扶工作群两个联系群，帮扶活动信息、帮扶政策咨询、职工情况动态都被及时分享在群里，时常还能看到困难职工和基层工会干部发送的感谢信息。即便是脱困的职工，她也经常与他们保持动态联系，不脱关心、关爱。

二是帮助解决实实在在的困难。朱静秋一直有一个理念，困难职工的事，再小也是大事。她将困难职工的困难当作自己的困难，想方设法加以解决。困难职工姚某育有两个孩子，妻子患大病，原先每天两处接送子女上学十分不便，她帮助协调其子女就近入学，现两个孩子就读同一所小学，姚某再也不用每天疲于奔波往返两所学校。困难职工田某妻子因户籍问题未及时享受

到住院医疗救助，她不厌其烦，与市、区两级医保部门反复沟通协调数十次，最终让该职工家属享受到了医疗救助。

三是整合资源提供温馨服务。在权益保障工作清单中，困难职工永远排在第一。全市 1500 余个职工服务站点都将服务困难职工作为重点工作，对困难职工的各类需求进行第一时间响应。朱静秋利用每年组织的“两节”送温暖、“六一”慰问、“金秋助学”等活动，让困难职工和孩子们感受到各类社会爱心企业和人士的关怀。在她的组织下，市总工会全体机关工作人员每年入户走访慰问至少两次，让困难职工不用跑腿就能感受到工会温暖。

三、瞄准增强帮扶工作实效，创新方法帮助困难职工解困增收

一是创业增技助增收。2017 年以来，朱静秋利用市总工会职工众创中心的创业优势，找准创业增收与精准帮扶结合点，带动困难职工增收。众创中心每年针对困难职工家庭成员开设专题柔性创业电商培训班，提供免费创业技能培训和“一对一”跟踪教学，至今已有 10 余名困难职工家庭成员实现增收。

二是医疗互助再保障。朱静秋在帮扶工作中发现，职工医疗互助活动开展得好，能解决职工很大一部分经济负担。她推动将建档困难职工免收会费纳入医疗互助保障范畴，为困难职工筑起医疗互助保障网，同时加大对困难职工的报销政策倾斜，为患重病困难职工再助一臂之力。9 年来，她共帮助困难职工完成医疗互助报销 1620 余人次，深得困难职工赞誉。

三是跟踪助学助圆梦。朱静秋着力做实做新“金秋助学”活动，不断拓展延伸活动形式和内涵。通过开展“跟踪式”爱心助学活动，将困难职工子女列入跟踪式帮扶对象，报销高中至大学阶段学费。通过开展困难职工子女“微心愿”圆梦活动，征集困难学子小梦想，帮助其实现“微心愿”。5 年来，近百名困难职工家庭子女得到帮扶，完成学业，成功就业，顺利脱困。

俞一峰

俞一峰，男，汉族，中共党员，浙江省嘉兴市平湖市总工会党组成员、权益保障部部长。

夯实责任　勇于创新
助推解困脱困顺利完成
——俞一峰同志事迹材料

俞一峰同志已从事困难职工帮扶和解困脱困工作 8 年。自担任平湖市总工会权益保障部部长以来，他认真贯彻上级工会关于困难职工解困脱困工作的安排部署，把困难职工解困脱困工作与脱贫攻坚紧密结合起来，把“精准”贯穿困难职工解困脱困工作全过程，以职工服务中心（站、点）为平台，以服务发展、服务职工为主线，以“精准帮扶”为载体，创建了“全面覆盖、分级负责、上下联动、区域协作”的帮扶工作体系，在困难职工解困脱困工作上很好地体现了工会“娘家人”的形象。相关工作受到各级领导、工会组织的肯定。创新开展的“虚拟岗位”帮扶工作开创了全省工会系统帮扶工作的新模式，人民网、《工人日报》《工会信息》《浙江日报》《浙江工人日报》《嘉兴日报》等多家媒体对其进行了专题报道。浙江省政法委把“虚拟岗位”作为全省综合治理 4 个典型案例之一进行了专题采访，并上报中央综治委。

一、认真细致，确保帮扶对象“精准化”

作为平湖市总工会具体负责困难职工解困脱困工作的部门负责人，俞一峰认真对待每一位困难职工，把每一位困难职工都当成自己的亲人，按照

“一户一档”“六清”要求（家庭状况清、致困原因清、技术特长清、就业要求清、思想状况清、帮扶记录清），全面了解和掌握困难职工群体的实际情况，为困难职工建立了详细的救助档案，切实做到困难职工建档“有人管”，生活困难结对“有人帮”，医疗救助、子女求学筹资“有钱帮”，为困难职工构筑起一道“保护网”。

二、建章立制，确保帮扶机制“灵活化”

在开展解困脱困工作时，俞一峰结合平湖市工会的实际情况，主动作为，以打造“精准帮扶”为抓手，全面开展“春送岗位、夏送清凉、金秋助学、冬送温暖——‘四季送’”品牌。一是完善帮扶网络机制。完善以市职工服务中心为龙头、8个镇（街道）服务站为骨干、323个村（社区）和企业服务点为基础的“三级”帮扶网络，实现帮扶职工全覆盖。对审核通过的示范职工服务站、点下拨补助经费。二是落实走访慰问机制。经常组织工会干部深入基层、社区，开展对重点帮扶对象、困难家庭的走访慰问工作，引导各级工会组织广泛开展“进职工家门、问职工家寒、谈职工家话、办职工家事”活动、“关爱弱势群体、情系贫困职工”“五个一批”（即走访慰问一批、大病救助一批、就业介绍一批、结对助学一批、岗位推荐一批）走访慰问等一系列活动。三是探索社工服务机制。他主动向市总工会领导建议，通过购买社工服务项目，开展“助跑明天”困难职工精准帮扶社工专业服务项目，助力试点镇（街道）更好地开展精准帮扶。社工服务项目通过对困难职工家庭的个案访谈，从受教育状况、同辈群体、支持系统和社区参与4个方面进行深入分析，结合访谈个案的需求情况，以社会工作的服务理念和专业技巧，制定具体、可操作的服务方案。开展的“家庭欢庆日”“手工小组活动”等活动，受到了社区工会干部和困难职工家庭的一致好评。

三、创新方法，确保帮扶手段“多样化”

在开展困难职工解困脱困工作时，俞一峰善于思考，勤于创新，坚持把送钱给物与送服务相结合，将节假日阶段性探望向全年常态化帮扶转变，确保帮扶手段“多样化”。一是设立“虚拟岗位”帮扶。在全省首创“虚拟岗位”帮扶新模式，面向困难职工家庭中丧失劳动能力人员设立“虚拟岗位”，由企业认领并按月发放一定数额的工资，为其实现“虚拟就业”。截至目前，已累计支付岗位待遇 416 万元，帮助 1157 个困难职工家庭走出困境。同时，为助力东西部扶贫协作和山海协作，聚焦延伸“虚拟岗位”帮扶触角，积极探索将“虚拟岗位”品牌项目精准再植，与省内青田县和四川省九寨沟县结对开展“虚拟岗位”帮扶，为两地困难职工家庭提供 300 个“虚拟岗位”，发放每户每月 300 元（每年 3600 元）的帮扶资金，实现了工会帮扶品牌的异地再植和爱心传递，彰显了工会组织在助力打赢脱贫攻坚战中的作为。二是创新“项目化”帮扶。探索困难职工解困脱困工作和社会治理工作相结合，创新精准帮扶新模式。组织社区工会利用网络征集民间手工艺人，对困难职工及志愿者进行培训辅导。同时，通过互联网寻求爱心寄售店、爱心义卖活动认领，鼓励社区工会通过微信建立网络销售渠道进行线上营销，并先后组织 3 次大型义卖活动，吸引 900 多人参与，共实现销售收入 18535 元，其中网上销售 8850 元，线下 9685 元。三是试点“创业创新”帮扶。开展工会助推职工创业创新工作。邀请部分平湖籍劳动模范结合自身工作生活经历传经送宝，共有 29 名职工参加职工创业培训班。培训结束后，举办了职工创业培训班结业仪式暨创业设计展示大赛，鼓励学员讲述各自的创业计划和目标。大赛结束后，8 名参加创业展示的职工现场与农商银行签订了《职工创业授信协议书》。创业职工如需贷款，可在 6 个月之内到农商银行进行申请，工会给予创业者一年内全额贴息补助。目前，已有 3 名职工的创业项目正式启动。

姜辉

姜辉，男，汉族，中共党员，安徽省阜阳市工人文化宫办公室主任。

困难职工贴心人　工会干部好榜样
——姜辉同志事迹材料

姜辉同志自2002年6月借调到安徽省阜阳市总工会权益保障部、办公室、组宣部、职工服务中心工作至今，累计从事困难职工帮扶工作15年。他参与筹建了全国较早的市级困难职工帮扶中心，联合铁路等有关部门开通了全国首列“农民工爱心专列”，与外市工会建立了农民工双向维权机制。在困难职工解困脱困工作岗位上，他把“精准”贯穿于困难职工解困脱困工作全过程，高站位认识、高起点谋划、高标准把关，精准识别建档、精准施策帮扶、精准脱困退档，展现了工会“娘家人”精准帮扶关爱职工的良好形象。

一、制定各项制度，精准识别把关

为推动全市城市困难职工解困脱困工作与时俱进，姜辉勤钻研、善思考，及时向领导提出好的工作意见和建议。他先后起草了《阜阳市总工会困难职工帮扶救助办法（试行）》《阜阳市总工会困难职工档案管理实施细则》《阜阳市困难职工帮扶民生工程实施办法》等10多份政策文件，对指导全市困难职工档案的建档条件、建档程序、帮扶标准、资金来源与使用做出了明确规定。为做到精准识别，他多次到有关部门沟通协调，最终促成市总工会与市民政局、市数据资源管理局建立了困难职工家庭经济状况核查信息共享机制，有效避免了家庭经济状况核查盲区，切实防范了帮扶资金使用风险。在此基础上，他组织各级工会干部开展入户走访核查，分类建立不同层级的困难职工档案，健全了全市工会城市困难职工档案，实现了“分级负责、精准识别、一户一档、动态管理”。

二、贴心困难职工，精准施策帮扶

按照精准施策要求，姜辉起草了《关于开展困难职工结对帮扶活动的通知》《工会脱困解困联系卡》等文件，建立了工会和困难职工“一对一”精准对接和“面对面、零距离”的帮扶服务机制。一是扩大困难职工就业率。他积极动员有劳动能力的困难职工参加工会举办的家政、物业服务等技能培训。2020 年疫情防控期间，他指导各县市区开展“网上就业创业援助月”活动，举办 15 场网上招聘会，组织 345 家企业参加网上招聘，提供就业岗位 2.2 万余个，实现就业 5010 人次。对此，《工人日报》在头版进行了报道。二是经过和民政部门协商，推动把无劳动能力的符合低保条件的困难职工纳入低保。三是促使“金秋助学”由原来入学一次性资助向全程资助延伸，让困难职工子女从大学入学直至大学毕业学费无忧。5 年来，共发放助学金 980 万元，帮助 2000 多名困难职工家庭子女圆了大学梦。四是疫情期间在全省率先为每户困难职工发放价值 500 元的“扶贫暖心券”，人民网、法制网等央媒相继对其进行了报道。五是将医疗救助的最高标准由五六千元提高到 2 万元，超过 2 万元的积极向省总工会请示给予更多的救助金。他还主动前往市医保中心了解住院治疗自费偏高的职工信息，及时将符合救助条件的困难职工纳入帮扶范围。来自阜阳汽运集团的赵某于 2020 年被确诊为肝癌晚期。当年底，姜辉通过医保中心发现他的医疗自付部分高达 6.16 万元。经核查比对，赵某属于深度困难职工家庭，符合“大病救助”的条件。由于情况特殊，姜辉报市总工会党组研究后，又向省总工会申请增加救助额度。从申报到市总工会、省总工会审批，仅用了 10 多天时间，赵某就收到了救助金 4.92 万元。为表示谢意，他专门来到市总工会送上一面印有“困难救助雪中送炭，工会关爱情暖人心”的锦旗，逢人便说：“很感激，市总工会的爱心救助使我们一家渡过了难关。”

三、加大宣传力度，营造舆论氛围

为了让更多的职工群众了解工会帮扶政策，姜辉加大宣传力度，一是在市总工会官网开辟困难职工解困脱困专栏，发布帮扶政策和帮扶动态；二是邀请省总工会有关领导和专家来阜阳进行业务知识培训，他本人也深入各县区工会和企业，加强对基层相关人员的业务指导；三是利用 QQ 群、微信群与各基层工会员工进行交流，及时解决遇到的问题；四是利用各类就业招聘会、全方位、多渠道宣传民生工程政策，发放宣传资料，解答问题咨询，提升职工对政策的知晓率；五是利用新闻媒体宣传帮扶工作成效，先后在《工人日报》《中国工运》《工会信息》《安徽日报》及人民网、中工网上刊发工作信息 200 多条。2020 年全省工会重点工作视频调度会上，姜涛作了《市总困难职工解困脱困经验做法》的交流发言，当年第 9 期《中国工运》以《阜阳工会：扎实推进困难职工解困脱困》为题作了深度报道。

林添福

林添福，男，汉族，中共党员，福建省龙岩市总工会权益保障部部长。

心系职工践行服务承诺 攻坚克难尽责不忘初心

——林添福同志事迹材料

林添福同志扎根工会一线41年，从事困难帮扶工作20年，先后获得了“全国工会帮扶工作先进个人”“全国优秀工会工作者”“福建省工会系统先进工作者”等荣誉称号。

一、推动帮扶组织机制走向系统化、规范化

2002年4月，林添福带领部门率先成立了全国设区市“困难职工帮扶中心”，同年底，指导全市7个县（市、区）全部建立县级困难职工帮扶中心；2003年，在重点乡镇（街道）工会、产业（系统）工会和有20名以上困难职工的企业工会设立帮扶中心服务站，形成市、县、乡（企业）三级困难职工帮扶网络；2007年，推动市、县两级帮扶中心全部实行规范化建设，当年经省总工会验收评定为达标，全面实现生活救助、子女助学、医疗救助、就业服务一站式服务功能建设；2012年，积极向全国总工会争取到了“中央专项彩票公益金法律援助项目”试点实施单位名额，从此开启了龙岩工会“一援到底”“全程帮”法律援助服务；2014年，开设心理咨询服务项目，并建立心理咨询室。

二、联系引领帮扶资源，增强工会帮扶力量

一是争取党委、政府和有关部门重视支持。联系全市党政机关事业单位持续开展“连心帮扶”行动，自2005年至今，共发动全市1505个单位、670名县处级以上党政领导干部、6.49万名机关事业单位干部职工自觉参与，挂钩干部职工自愿捐出1天工资补充帮扶资金。3000余户的困难职工、农民工实现脱贫解困，7万多名下岗失业人员、农民工实现就业再就业，困难职工、农民工的在学子女从小学阶段到大学阶段100%得到了就学帮扶。2019年，积极牵头民政、人社、医保、教育、住建等部门共同商讨城市困难职工解困脱困对策。同时，密切与民政部门协作，排查不符合建档条件对象，对符合低保条件的城市困难职工家庭及时纳入民政兜底保障和临时救助范围，做到应保尽保。

二是联系引领社会力量支持工会帮扶。每年争取“李新炎慈善基金会”对工会的支持开展困难帮扶，2008年至今共捐助资金165万元，惠及1332名困难对象；以服务业行业工会联合会为切入点，整合行业内社会组织参与工会服务职工活动，打造龙岩市家政服务市场，建立省级“社会组织服务职工示范基地”，统一开展行业职工职业技能培训，帮助困难职工、农民工、下岗待业职工就业创收。

三、健全困难职工档案管理体系成典型

一是率先建立三级档案管理体系。2017年，在重点帮扶全国总工会档案城市困难职工基础上，发布《困难职工档案及专项帮扶资金管理办法（试行）》，率先在福建省内建立了全国总工会、地方工会、基层工会三级困难职工档案管理体系，将相对困难又确需帮扶的城市困难职工纳入地方档案，成为全省典型予以推广。2018年，着重破解梯度帮扶过程中的操作难点，对地方档案帮扶标准、金融资产（储蓄）核算、家庭成员界定、家庭成员收入和

支出计算等问题作试点说明，有效指导工作人员开展工作，建档流程、动态管理、资金使用与监管等方面更加合法合规。

二是动态管理规范有序调整档案。总结归纳“不符合建档情形”“退档情形”，进一步规范档案调整、退档程序。困难职工档案需经工会档案管理小组集体讨论、帮扶中心认定、基层工会核实、公开公示后，不符合标准的作出退回、注销或退档处理。档案调整情况及时更新到“工会帮扶工作管理系统”，做到随时变化随时调整，确保困难职工档案真实有效。

四、精准分类梯度帮扶，解困脱困见成效

一是“造血式”帮扶，对有劳动能力、有就业意愿但未实现就业的城市困难职工，将其纳入政府就业扶持体系，为其提供就业指导、职业介绍等服务，在农民工专场招聘会、“春风行动”招聘会和每月 11 日“就业超市”网络招聘会上，将城市困难职工列为重点对象，帮助他们解决就业难题。

二是“止血式”帮扶，努力帮助城市困难职工减轻医药费用负担，推动将符合条件的城市困难职工纳入城乡医疗救助范围，帮助所有建档困难职工全额缴交医疗互助金，让他们多一层保障。

三是“阻断式”帮扶，把工会“金秋助学”作为阻断城市困难职工家庭贫困代际传播的重要抓手，将困难职工就学子女纳入国家学生资助政策体系覆盖范围，帮助他们尽早实现“受助一人，成长一人，就业一人，脱贫一户”。2018 年，工会“金秋助学”活动被列入龙岩市委、市政府为民办实事项目，进驻“e 龙岩”公益助学栏目。

林添福心系职工敢担当，服务基层敢作为，其困难帮扶工作多次作为典型经验在省内予以推广。在他的统筹指导和推动下，龙岩市工会在档困难职工户在 2020 年初就下降到 149 户。2020 年 4 月，在档困难职工全面实现解困脱困。

贺卓

贺卓，女，汉族，中共党员，江西省萍乡市总工会保障服务和女职工部部长。

困难职工的“贴心人”
——贺卓同志事迹材料

自2008年5月从事困难职工帮扶工作以来，贺卓同志成功帮助1.3万户城市困难职工顺利解困脱困，在全国总工会、省总工会城市困难职工解困脱困工作成效第三方评估“双重”大考中，交出了一份亮眼的成绩单——全市“综合评价”评分99.13，“帮扶准确度及满意度”评分98.5，建档户结对帮扶覆盖率和一年内帮扶救助覆盖率达100%，全市总体评分和6个评估单元评分均达到优秀等级。

作为用爱心和责任诠释本职工作的工会人，贺卓多次被评为优秀公务员、优秀党员，并荣立三等功两次。她所负责的工作和部室先后获得“全国工会帮扶工作先进集体”“全国工会系统促进再就业先进单位”“江西省三八红旗集体”“江西省五一巾帼标兵岗”等荣誉称号。

一、工会人就要心中有民

“目前我的病情比较稳定，平时在家吃药调理身体，医生说我这样的情况可以说是奇迹。2021年底我就能领到退休金，女儿也能出去找个工作。我家能渡过难关，离不开工会领导，特别是贺部长您的关心和帮助，谢谢你们！”近日，困难职工张某某给贺卓打来这样一通感谢电话。

张某某是原江煤集团高坑煤矿下岗职工，2018 年因肝癌晚期动了手术，术后一直在家吃中药调理，女儿也因为需要照顾父亲无法出去工作。当这个小家陷入困境之时，萍乡市总工会伸出了援助之手，将其列为工会建档对象，并由贺卓对其结对帮扶。3 年多来，通过一系列帮扶举措，张某某家的困境得到很大缓解，于是特意打电话感谢贺卓。

张某某只是众多脱困职工的一个缩影，他们背后凝聚着贺卓 13 年来致力于困难职工解困脱困的浓浓深情。自 2008 年调整到萍乡市总工会保障部负责保障帮扶工作后，贺卓转变角色，沉下身心融入职工群众中去。她部署全市开展拉网式排查摸底，认真记录困难职工的诉求并为困难职工建档立卡，推动建立结对帮扶制度，落实“一对一”“面对面”的帮扶服务，确保困难职工能在第一时间找到工会干部，第一时间得到工会组织帮助。她想方设法为困难职工争取政策，积极奔走于相关职能部门，为符合条件的困难职工争取基本生活、基本医疗、教育救助、就业创业和社会保险政策帮扶，切实为困难职工解决问题，深受职工群众好评。

二、困难就是用来克服的

2018 年，萍乡市总工会需要选派 1 名优秀年轻干部到江西省总工会挂职锻炼两年，领导第一个想到的人选就是贺卓。去还是不去？贺卓犯了难：父母年纪已大身体不好，孩子读高中进入学业关键期，而丈夫的工作也很忙。犹豫片刻，贺卓发扬“困难就是用来克服的，不是用来逃避的”精神，以工作为重，服从组织安排，克服一切困难，如期奔赴岗位。

在省总工会挂职期间，贺卓虚心学习，充分发挥自己在工会基层工作多年的优势，提建议、抓落实、试创新，积极参与在全国率先开展“金秋助学　铸魂圆梦”革命传统教育活动；推动完成了 2019 年江西工会服务职工“十件实事”中“为 2 万户城镇困难职工家庭赠送职工医疗互助保障计划”；

带队赴广西学习考察工会组织与民政部门困难职工家庭数据比对和信息共享工作；组织开展第四批劳模专家医疗队赴新疆义诊活动；撰写了《关于省民生资金审计组对设区市中心城区工会帮扶专项资金审计情况的报告》，得到省总工会主要领导的肯定并作出批示；连续两年被评为省总工会先进工作者，并代表挂职干部在省总工会年度总结表彰会上作典型发言。

萍乡市作为传统老工矿城市，困难职工人数较多，解困脱困工作任务繁重。2020 年，江西省总工会打响决战决胜城市困难职工解困脱困攻坚战以后，贺卓又一次迎难而上。为了把“精准”贯穿于困难职工解困脱困工作的全过程，加班成为贺卓的工作常态，从入户核查、找准解困脱困目标到因户施策、制定解困脱困工作方案，贺卓始终把困难职工的利益放在首位。最终，萍乡市在档困难职工全部实现解困脱困，342 户深度和相对困难职工都被纳入政府兜底保障和工会长效帮扶机制。

三、脱困就是要授人以渔

“从萍矿下岗后，由于年纪大、没技术，在求职市场上处处碰壁，我们一家老小的生活都成了问题。是工会的免费技能培训改变了我的命运，我真心感谢工会，让我重新找到了生活目标。”如今已成为面点师的刘某，说起自己的就业经历满怀感激之情。

受资源枯竭和供给侧改革的双重影响，萍乡这座老工矿城市的下岗、转岗职工不断增加，因职工技术单一、再就业能力水平不高，就业压力较大。无业可就则无收可增，“授人以鱼不如授人以渔”。针对因缺技术、无技能而影响就业的困难职工，贺卓向省总工会积极争取培训资金，联合有关部门开展中式面点、家政服务、计算机等各类技能培训，对考试合格的学员颁发相关职业资格证书。与此同时，她积极与人社部门联系，开展就业创业援助月活动，通过线上线下一体化服务平台，组织有劳动能力和劳动意愿的困难职工参加招聘会，帮助他们了解就业政策和服务措施、掌握申请享受政策支持和服务的具体流程，帮助他们顺利实现转岗就业。

“我觉得最好的工作就是助人的工作，通过我们的努力，能让困难职工家庭收入有所提升、生活得到改善、亲人幸福安康，我也收获了满满的幸福感，工作再苦再累也都值得了。”回望自己的帮扶解困路，贺卓的话语朴素却真挚。13 年来，她以孺子牛般踏实的工作作风，在日复一日的点滴小事之中，展现出了一名工会人的精彩人生。

左丽华

左丽华，女，汉族，中共党员，山东省滨州市工人文化宫职工救助科科长。

践行“三牛”精神　甘做“扶贫红娘”

——左丽华同志事迹材料

自2012年起近10年来，左丽华同志在困难职工帮扶救助、解困脱困工作中以润物无声的贴心工作，树立起了暖心、温馨的基层工会干部形象，先后荣获“全国五一巾帼标兵”“全省脱贫攻坚先进个人”“全省困难职工解困脱困工作先进个人”“山东齐鲁和谐使者”等荣誉称号。

一、以困难职工需求为原点，善做帮扶救助的“孺子牛”

山东省滨州市原渤海化肥厂职工付某，几年前不幸遭遇车祸腿部截肢，不能从事繁重的体力劳动，妻子下岗，孩子上学，家庭生活十分困难。左丽华在入户调研中了解到付某有水电工技术，经过认真分析、耐心工作，她协调市机关事务局与其“结对”帮扶，现在付某已成为机关服务中心水电维修和设备维护的技术骨干。之后，她又帮助没有文化也无一技之长的付某的爱人找到一份保洁工作，现在夫妇两人月收入5000多元，虽然不高，却从根本上改变了生活的窘困。2018年随着孩子大学毕业，付某的家庭成功实现脱困。

困难职工高某某患有心脏病、高血压等疾病，不能工作。她父母双亡，独身一人，生活费和医药费全靠工会救助和弟弟帮助，生活十分困难。由于她本人对于国家的相关社会救助政策不了解，也没有办理低保。左丽华在入户调查中了解到她的实际困难后，积极协调市、区民政部门和所在街道社区，帮她办理低保，将其纳入社会救助体系，使高某某的生活得到基本保障。当拿到第一笔低保金时，高某某立即给左丽华打电话声音哽咽地说："您真是俺的恩人啊！"

滨州渤海活塞有限公司铸造厂职工董某患有恶性脑瘤，接受了多次开颅手术，产生医疗费用28万多元，后期化疗、用药也花费很多。其间，妻子不堪重负与其离婚，把还在上幼儿园的女儿也留给了他，因此董某一直与85岁高龄的老母亲住在一起。老母亲又年老多病，一家人的生活极度困难。左丽华了解情况后，马上通过市总工会应急救助绿色通道帮他申请了帮扶救助金1.5万元，使董某重新燃起了生活的希望。此事对左丽华震动很大，她举一反三，为解决136个像董某这样因大病或意外导致特困的职工生活困难问题，研究起草了《重大疾病意外致特困家庭应急救助建议方案》，根据他们每年自负医药费情况分档分别发放5000元至1.5万元不等的大额救助。她的建议迅速被领导采纳形成政策，有效缓解了困难职工的家庭困难，左丽华也因此被大家亲切地称作"扶贫红娘"。

二、以创新方法为支点，争做帮扶救助的"拓荒牛"

导致困难职工家庭贫困的原因千差万别，因此在帮扶救助中不能千篇一律、"一个方子吃药"，要用心用脑，因户制宜，因人施策，创新方法，变"输血"为"造血"。

左丽华和同事们在入户调查过程中，探索总结出一套既方便又实用的"一看、二问、三讲、四精准、五落实"的创新工作机制，通过这种方法及时准确摸清、摸透职工的困难状况并进行针对性帮扶。"看"，就是进门先看家庭房屋构造、室内摆设、生活条件等，做到心中有底；"问"，就是与职工唠家常，家庭人数、就业情况、收入情况、困难原因等，让职工觉得像是和自己的亲戚朋友交谈一样，愿意将心里话说出来；“讲”，就是通过通俗易懂的语言宣传扶贫政策，提振精神，树立脱贫志气，引领职工走上自立自强的致富路；“精准”，就是对扶贫职工家庭做到识别精准、管理精准、服务精准、帮扶精准；“落实”，就是针对每户困难职工致困原因，跟踪服务督导，分别落实资金帮扶、技能培训、职业介绍、医疗互助、政府兜底等帮扶措施，直至其实现脱贫解困。

在城镇困难职工脱困解困工作中，左丽华总结创建了困难职工“帮扶联系人制度”，由基层工会干部担当联系人，做困难职工的第一知情人、第一报告人、第一帮助人，实现“一对一”精准对接和“面对面、零距离”救助帮扶。她总结的“五步工作法”在联系人制度中得到广泛应用。

“众人拾柴火焰高”。打赢困难职工解困脱困攻坚战，仅靠一个人、一个部门是远远不够的。为了调动更多社会力量和爱心人士投入困难职工解困脱困工作中，从 2017 年开始，左丽华倡议在“金秋助学”活动中发挥劳模作用，她主动联系有帮扶能力的市级以上劳动模范，亲自书写“致劳动模范的一封信”，介绍帮扶助学活动的意义、活动开展情况，推荐困难家庭优秀大学生倡议帮扶。劳模们踊跃参加，积极支持工会这项活动，其中无棣县省劳模王玉瑞已累计拿出 400 万元捐入劳模助学基金。2018 年以来，活动共救助困难大学生 486 名。

三、以奉献爱心为基点，甘做帮扶救助的“老黄牛”

2018 年 10 月 22 日，左丽华正在紧张筹备召开全市困难职工脱困解困工作会议，常年与自己生活在一起的 80 岁高龄的父亲突患严重左肢深静脉血栓。为确保第二天的会议正常进行，她给远在几百里外工作的哥哥打电话，连夜将父亲安排至济南市千佛山医院，父亲术后醒来问道：“丽华怎么没来？”而这时她正在会议上讲解帮扶政策。等她赶到医院时已是晚上 9 点多，她流下了歉疚的泪水。

但是对待困难职工及其家属，她从来没有歉疚与懈怠。张某的婆婆是滨岭矿业的困难职工，其银行卡存有工会打入的 1000 元救助金，但张某家人没有将其及时取出。婆婆去世后，张某到银行去取钱，根据银行规定，她必须到公证处做财产公证才能取款，并且需缴纳 200 多元的公证费。张某无奈之下找到市总工会请求帮助。左丽华先后与职工单位、银行、公证处等单位联系，帮助张某走法律援助程序做了免费公证，事情得到圆满解决。在左丽华的日程表里，像这样看似不大但职工急需的琐碎事，一年不知要遇到多少，这些事不知道要跑多少腿、说多少话才能解决，而每一次问题得到解决后，左丽华都是淡淡一笑，脸上挂着满意的笑容。

侯凯

侯凯，男，汉族，中共党员，河南省郑州市总工会保障工作部部长。

真诚服务困难职工
——侯凯同志事迹材料

自2006年进入郑州市总工会后，侯凯同志就与工会帮扶工作结下了不解之缘，一干就是14年。他能力过硬，成绩突出。

一、精准识别是解困脱困的前提与保证

如何准确识别困难职工，做到精准建档，是一个“老大难”问题。在建档程序当中运用“三双”等传统识别手段，虽然在工会组织工作框架内最大可能地保持了相对精准的识别度，但是依然因为信息获得渠道的狭窄和甄别手段的缺失可能导致部分档案失之精准，这在解困脱困任务目标明确，责任细分到位的当下是不合时宜的，这就需要去寻求外部资源，创新调查手段，解决这一难题。

2016年下半年，当侯凯得知市民政部门设有低收入家庭经济状况核对中心（其职能是通过核查比对低收入家庭及低保家庭等申请人及家庭成员涉及的房产、车辆、公积金、税务、人社、工商等信息来甄别申请人资格）后，马上请示市总工会领导同意，多次主动登门与民政部门对接，争取实现困难职工家庭的信息核查比对。经多次与民政部门沟通协商，郑州市总工会于2017年在全省率先建立起了困难职工申请家庭相关情况核查比对机制。郑州

市总工会和各县（市）区总工会实施分级负责和管理，分别与郑州市低收入家庭经济状况核对中心签署保密协议书、授权委托书，困难职工与复核管理其档案的总工会签署《困难职工申请家庭经济状况核对诚信承诺和授权委托书》，根据工作实际与郑州市低收入家庭经济状况核对中心确定核查周期或批次，并将核查对象（申请建档困难职工家庭的所有成员）的真实有效资料于核查当月前 5 个工作日内提交郑州市低收入家庭经济状况核对中心，所需核查比对的数据经郑州市低收入家庭经济状况核对中心核查后，于 20 个工作日内反馈给委托核查比对工作的各级总工会，作为各困难职工帮扶中心对基层工会建立的原始档案进行复核的重要依据之一，确保帮扶对象符合条件，不漏帮、不错帮。

二、常态救助和精准帮扶推动职工解困脱困

在精准识别与建档立卡、因户定策的基础上，侯凯坚持以开展项目化帮扶为核心的工作思路，把帮扶项目与困难职工需求相结合，把“造血式”帮扶与“输血式”救济相结合，把近期脱困与长远脱困相结合，重点掌握国家助学、医疗、就业、农民工等方面的最新保障政策，指导各帮扶中心依据困难职工的实际情况，及时研究调整帮扶项目。根据困难职工需求和实际，统一部署、分级实施、精准识别、分类帮扶，重点划分 5 类人群，确定帮扶单位和帮扶责任人，制订帮扶计划和帮扶措施，明确困难职工解困脱困目标时间，发放《困难职工解困脱困联系卡》，实现在册困难职工“一户一档一措施”，做到新增一户，建卡一户。

为确保精准服务困难职工，郑州市总工会在充分走访调研的基础上，对单亲困难职工家庭，设有单亲家庭生活救助；对家有中小学生的困难职工家庭，以购买书票的形式实施成才助推救助计划；对经过“金秋助学”活动救助但仍未毕业的困难职工家庭上大学子女实施跟踪助学；对有劳动能力、就

业需求的困难职工，开展家政、面点、按摩、计算机操作等免费技能培训和职介服务；为减轻供给侧结构性改革、去产能对郑州市煤炭、冶金等资源型老工业企业职工的生产生活带来的影响，采取送培训到企业的方式，举办了3期创业培训班，培训有创业意向和需求的职工210名。2016年，郑州市总工会还和郑州市税务局、富士康郑州科技园工会推出“求学圆梦”行动，在全市开展资助农民工提升学历与技能行动计划，目前已资助980名农民工加入行动计划。

三、建章立制，精准使用帮扶资金

2015年，郑州市总工会起草印发了《郑州市困难职工帮扶资金使用管理办法》（以下简称《办法》），各帮扶中心依据《办法》并结合自身实际相继出台实施细则，使帮扶资金的管理和使用制度化、条目化、明细化；2017年，又相继起草印发《郑州市工会困难职工档案管理办法》和《困难职工帮扶工作有关问题的说明》；为进一步对精准使用帮扶资金提供政策支持，在对周边兄弟省会城市进行调研后，又于2019年起草印发了《郑州市工会困难职工帮扶资金使用与管理办法（试行）》和《郑州市工会困难职工档案管理办法（试行）》。

四、依靠党政，推动解困脱困纳入市脱贫攻坚大局

为推动城市困难职工解困脱困工作纳入党政扶贫攻坚大局，2019年，在市总工会党组支持下，侯凯主持起草了郑州市《进一步做好城市困难职工解困脱困工作的实施意见（征求意见稿）》。在征求了17家市直部门和单位的修改意见建议后，于2019年5月30日由郑州市政府办公厅印发了《关于进一步做好城市困难职工解困脱困工作的实施意见》（郑政办〔2019〕36号，以下简称《意见》）。该《意见》涉及17家市直部门和单位的责任分工，形成了

党委，政府主导、工会牵头、各方参与的工作机制。

五、积极应对疫情，防止职工返困

侯凯在疫情期间指导对全市低收入和困难职工家庭进行摸底调查，将因受疫情影响的低收入职工群体及时纳入市级困难职工档案管理，进行帮扶救助；督促各县（市）区工会建立本级困难职工档案，并进行帮扶救助；对在档全国级困难职工适当发放疫情期间临时生活补贴，有效降低了疫情对困难职工群体生活的影响。

城市困难职工解困脱困工作开展 5 年来，郑州市各级工会同心协力，众志成城，圆满完成了攻坚任务，全市困难职工由 2016 年初的 5080 户下降至目前的 98 户。

马祥来

马祥来，男，汉族，中共党员，湖北省鄂州市总工会权益保障部部长。

勇当城市困难职工解困脱困的排头兵
——马祥来同志事迹材料

马祥来同志于 2017 年被调到湖北省鄂州市总工会权益保障部。刚一上任，他就面临城市困难职工解困脱困这个“硬骨头”，时间紧、任务重、压力大。他认真参与研究市级实施意见的制定，调研分析、沟通协调、汇报反馈，形成了工会牵头、政府相关部门通力合作的工作格局。他走访摸底、大数据比对、征求意见，力求做到每一位困难职工的“情况明、措施实”。2020 年 12 月，鄂州市现存建档困难职工家庭由 2016 年的 1915 户下降至 134 户，在全省的帮扶工作综合考核中始终保持在优秀行列。

一、主动出击，精准化对接

2021 年基层“送温暖”现场，环卫职工陈某紧握马祥来的手哽咽地说：“感谢工会帮助，感谢党和政府的好政策……”陈某是一位单亲母亲，和儿子相依为命。2018 年，年仅 13 岁的儿子突发腿部急病，面临瘫痪危险，高额费用让困难的家庭雪上加霜。马祥来听到这一情况后，立即亲自上门收集资料帮助其建立困难职工档案。两年来，他多次上门走访，5 万元的持续性资金帮扶让这个困难的家庭变了模样，2020 年 5 月，陈某成功脱困。

二、主动作为，精准化建档

一是全覆盖走访。2017 年以来，马祥来坚持每月深入困难企业，与困难职工家庭面对面交流，通过“进、看、算、评”等形式对建档的困难职工逐户核查，确保实现困难职工走访“不漏一户、不缺一人、全面覆盖”。二是精准化比对。自 2018 年起，在对全市困难职工全面调查摸底的基础上，他将申报建档的困难职工家庭状况信息与民政部门信息进行比对，在全省率先开展信息比对工作，确保精准识别。三是规范化建档。他严格按照建档标准，在精准识别的基础上，实行分类登记管理，实现动态的困难职工数据库和规范的纸质困难职工档案同步。

三、主动服务，精准化帮扶

一是丰富帮扶形式。马祥来于 2017—2020 年连续 3 年为建档困难职工免费办理武汉“1+8”城市圈职工大病医疗互助。大力开展各类技能培训，拓展“造血型”服务。2020 年，他在调研时发现部分附属改制困难企业“50 后”内退职工面临较大再就业压力后，于是在第一时间沟通协调，对 65 名此类困难职工进行了叉车技能免费订单式培训。二是创新帮扶机制。他主动对接人社、民政、住建等部门，亲自上门沟通，建立了完备的工作联络网络，健全了工作联络机制和帮扶清单移交工作机制。他借鉴农村精准扶贫经验，印制《鄂州市城市困难职工帮扶手册》，确立了工会帮扶联系人制度，一对一开展“个性化”帮扶，并强化年度考核制度，由“职工说了算”。三是强化资金安全。他仔细梳理各类帮扶和送温暖资金来源、对象、标准、资金审批程序、审计监督等关键环节，制定出符合鄂州市实际的具体操作办法，推动实施了帮扶资金单独开户、独立核算、统一管理的模式，强化资金规范化管理。

四、主动担当，破解帮扶难题

一是开创市级工会帮扶资金集中管理模式。针对基层人员配备不足、资金核算不规范、资金使用怕担责任等问题，马祥来直面矛盾，创新思路。2018 年起，鄂州市总工会将各类帮扶专项资金纳入本级管理，建立起统一、规范的工会帮扶管理新模式，帮扶资金审计、检查、评估等工作落实由本级承担，帮扶成效进一步显著。二是研发“工会帮扶管理系统档案快速审查和精准识别”程序。2019 年，马祥来整合职工帮扶中心精干力量自主开发程序，对工会帮扶管理系统数据进行二次研发，建立档案定期纠错机制，在全部档案审核后程序自动生成缺失档案附件提示，档案审核由原来的 5—7 个工作日缩短到 2 个小时，大大提高了时效性。三是研发“困难职工帮扶批量短信提醒通知系统”。为更好落实 15 个工作日内将各类帮扶信息通知到困难职工家庭的工作要求，马祥来和团队通过低价采购移动运营商短信接口服务，自主研发了一套困难职工帮扶全过程短信提醒批量发送系统，可灵活调整短信通知内容，让困难职工及时掌握工会帮扶信息。

“5+2”“白加黑”的工作常态让马祥来疏忽了对年迈父亲的照料，与他一起生活的老父亲突发心肌梗死不幸在家中离世，他只能以泪洗面……父亲的离世给马祥来带来了深深的痛苦和遗憾，但父亲“做善事、做实事”的教导让他重新鼓起了勇气，把歉疚深埋心底，用心、用情、用实际行动帮助更多的困难职工来告慰父亲，逐渐地他成了全省工会系统内有名的“马保障”。

为让数据多跑路，职工少跑腿，马祥来正探索建立困难职工无纸化建档、一网通办帮扶新模式。“征途漫漫、惟有奋斗”“应建尽建、应帮尽帮”让更多职工共享改革发展红利是他不懈的追求。

彭大维

彭大维，女，汉族，中共党员，湖南省湘潭市总工会社会保障部部长。

服务脱贫攻坚大局
竭诚帮扶困难职工
——彭大维同志事迹材料

彭大维同志默默耕耘工会工作近三十载，在每一个岗位上都做出了显著的成绩，特别是2015年，她全面负责湖南省湘潭市市工会系统的社会保障和困难职工帮扶工作后，推动全市困难职工解困脱困工作取得历史性突破。六年来，湘潭市的城市困难职工数量从2016年的19713户减少到目前的193户，这为全市决战脱贫攻坚、决胜全面建成小康社会作出了突出贡献。

一、站位全局，全身心投入党的工运事业

彭大维深入践行习近平新时代中国特色社会主义思想，忠诚党的事业，竭诚服务职工，她干一行爱一行、精一行，在女工部工作期间，业绩突出，在职工维权个案和企业改制等方面实战经验丰富，荣立市政府三等功两次。2015年到任社保部后，她恪尽职守，始终将职工群众冷暖放在心上，为职工排忧解难，为推动湘潭市工运事业的发展作出了突出贡献，多次荣获市政府嘉奖。

二、心系职工，硬举措抓实困难职工帮扶

彭大维经常深入基层调研，科学谋划，精准摸底，为领导决策提供了科

学依据。在困难职工建档方面，她组织各级工会逐级核查档案，制订合理的脱困减档计划，对全市多年以来录入工会帮扶工作管理系统的困难职工档案按照要求进行了清理。2018 年，她组织对 486 户全国级建档立卡困难职工进行入户核查精准识别，印制三级解困脱困帮扶服务手册，做到一户一册，摸清了困难职工的底数和现状。

为加大困难职工解困脱困力度，彭大维通过单位领导积极争取地方党政支持。湘潭市政府于 2019 年、2020 年将城市困难职工解困脱困工作纳入市人民政府“为民办实事”项目，并先后出台《关于做好城市困难职工解困脱困工作的意见》《全市城市困难职工解困脱困工作方案》《湘潭市困难职工帮扶救助办法（暂行）》等文件，推动成立由市委副书记任组长的全市城市困难职工解困脱困工作领导小组，聚焦困难职工需求，按照全国总工会“四个一批”部署要求切实推进，取得了显著实效。在全省的大会上，彭大维作了关于湘潭市城市困难职工解困脱困工作经验的典型发言。2020 年，她完成了湘潭市重点民生实事项目进度的 180%，并获评“优秀”档次。同年 10 月，她代表省总工会接受全国城市困难职工解困脱困工作成效第三方评估，工作质效赢得了评估组的高度肯定。

三、开拓进取，高质量破解帮扶解困难题

2015 年 10 月，彭大维在全省范围内率先组织举办首期农民工电子商务培训班，开始了在“互联网 +”进入工会帮扶领域的一次有效探索。当时的电商培训班在市人社局没有先例，也没有发证的权限，她到省人社厅请求帮助，取得了省人社厅的支持。那期的电商培训班成果丰硕，其中学员周昌宇是石鼓油纸伞的非遗传承人，因其所在地理位置偏远，彭大维安排培训学校后期一直跟踪辅导，帮他在网上做好销售平台。解决后台的运营问题后，石鼓油纸伞的销售额倍增，周昌宇所在的省定贫困村也因此走上了脱贫致富路。

电商培训班的做法在全省工会帮扶困难农民工精准脱贫暨“一户一产业工人”培养工程现场推进会上被作为典型经验推广，湘潭市总工会也在全省工会“一户一产业工人”培养工程现场会上作了典型发言。彭大维撰写的《湘潭市总工会“一户一产业工人”培养工程暨工会精准帮扶困难职工脱困解困工作调研报告》获省总工会一等奖。她培养的建档立卡困难职工沈晓励，从一个普通学员成长为一名育婴师专业授课老师。从普通育婴师到金牌育婴师，从困难职工到致富典型，从普通群众到“湖南省最美家政人”，目前沈晓励创办了“励妈母婴工作室”，成功地实现了人生的美丽蜕变。彭大维大胆创新“金秋助学”模式，将劳动精神融入助学活动中，组织受助学子走进工厂车间，聆听劳模讲课，接受劳动教育，现场感受工人阶级的伟大品格，使参加活动的学子们感受深刻，这一举措也在全国评估组的座谈会上得到了评估组领导和省总工会领导的高度评价。

四、严于律己，优作风赢得困难职工赞誉

彭大维严于律己、坚持原则、责任心强，从不在工作中优亲厚友，参加工作 30 年来任劳任怨，不计名利与得失。她尊重领导、团结同志，为人正派、廉洁自律、办事公道，在部门同志中威信较高。尽管身体先后经历了几次手术，但她从不喊苦喊累，坚持带病工作，在她做了双腿截骨术后不能自理期间，正值全国总工会城市困难职工解困脱困电视电话会议落实之际。她并没有耽误工作，而是经常由同事把工作带去她家中共同完成。湘潭市的帮扶工作因建档规范和财务规范始终走在全省的前列并得到上级认可。在专项帮扶资金使用方面，她接受了省、市两级巡视组、审计部门和第三方机构专项资金审计 20 余次，没有发现一例违规、违纪、违法使用帮扶资金的现象，确保帮扶资金的每一分钱都切切实实用到了困难职工身上。

她经常说：“作为一名普通的工会帮扶干部，党和国家把帮助城市困难职

工解困脱困这项重任交给我们，我感到非常光荣，我们要踏踏实实地为这个困难群体做一些实实在在的事情。”这是一名普通基层工会帮扶干部的心声，也是全国千千万万工会帮扶干部的心声，正是通过这样普通的工会帮扶干部，困难职工才切实感受到了党和政府的关怀及工会组织的温暖，真实感受到了中国特色社会主义制度下，党和国家政策的优越性。

邓彬

邓彬，男，汉族，中共党员，广东省中山市总工会维权服务和社会工作部部长。

创新举措惠职工　精准帮扶奔小康

——邓彬同志事迹材料

2013年以来，邓彬同志坚决贯彻落实习近平总书记关于城市困难职工解困脱困工作重要指示精神，始终牢记职责使命，团结和带领工会帮扶干部真抓实干，全力推进困难职工解困脱困工作，曾作为广东省工会系统内唯一的地市代表先后参加全国工会困难职工解困脱困研讨会、中国工运学院三方机制与劳工参与研讨会，并在会上分别作经验介绍，为高标准、高质量全面完成中山市城市困难职工解困脱困工作作出了积极贡献。中山市总工会连续两年获得全省工会困难职工解困脱困工作特等奖。在省、市第三方评估机构调查综合反馈中，中山市总工会开展城市困难职工解困脱困工作的精准帮扶率和满意度均达100%。

一、高位推进，大力推行“三个百分百”精准服务

邓彬始终把“精准”贯穿困难职工解困脱困工作全过程，积极参与全市困难职工解困脱困工作的顶层设计，高位推进落实各项工作，先后牵头起草制定印发多个制度文件，多次组织召开解困脱困工作推进会议，积极推动制度设计和工作部署。他建立和完善了各项保障工作制度和责任制度，实现“职工有困难找工会”向“工会主动找困难职工”的转变，先后推动建立和完

善中山市城市困难职工“源头解困、动态脱困、应急救助、常态帮扶、长效机制”等系列制度，为广东省各级工会制定推进城市困难职工解困脱困工作指引提供了“中山样本”。他定期组织工会干部、工会社工、工会义工到困难职工家庭开展探访、回访，实现困难职工精准服务“三个百分百”（百分百入户调查、百分百建档立卡、百分百走访慰问），相关做法曾在广东省工会城市困难职工解困脱困工作推进会上被作为经验介绍推广。

二、突出重点，扎实开展困难职工解困脱困工作

邓彬负责中山工会困难职工解困脱困工作以来，坚持在服务品牌项目的深度和广度上下功夫，努力把品牌项目做出成效，让困难职工充分感受到工会组织的温暖。中山市总工会针对困难职工需求，结合市场实际，开展“送岗位、送法律、送保健、送技能”活动，广泛组织家政培训、公益课堂等适应性技能培训工作，以订单式培训和特色培训为主，使培训和再就业紧密联系；在全省率先推动开通“中山工会就业服务平台”，开辟困难职工家庭就业“绿色通道”，构建实时、高效、精准匹配岗位的就业服务模式；创新推行困难职工家庭“一对一造血”计划，主动接入职业指导、心理测评等专业性公益服务，帮助困难职工及其家庭成员更好地认知自我优势、发展自我潜能；实施“万名职工送保障”活动，向全市在档困难职工赠送互助保障，为全省县级以上在档困难职工全员免费纳入互助保障计划作出了有益的探索，有效减轻了困难职工住院医疗费用负担。

三、创新举措，着力提升精准施策工作实效

邓彬按照枢纽型组织构建理念，主动探索“三工”（工会 + 社工 + 义工）联动服务困难职工长效机制，形成“工会主导、社工承担、义工配合”的闭环帮扶体系，推动全市工会系统开展“一对一”结对帮扶活动，确保每个

困难职工家庭都有单位帮扶、都有解困脱困责任人。他常态深入困难职工家庭，详细了解家庭状况、分析致困原因，找准解困脱困措施，因困施策、分类帮扶，做到“一户一档案、一户一计划、一户一措施”，指导各级工会建立困难职工“一帮一”结对帮扶档案，在医疗、就业、就学等方面实行精准帮扶，打造出“冬日暖阳”“住院暖心”“一路关爱，有你有我”“小心愿由我圆”“心灵护航”“一周一点心”等多个服务品牌，深受职工群众广泛好评，得到省市媒体的多次跟踪报道。

四、整合资源，努力开创解困脱困工作新格局

邓彬积极推进市、镇两级职工服务平台建设，首创提出构建“一个中心、六大平台”（职工服务中心，帮扶服务平台、法律服务平台、社工服务平台、心理服务平台、互助保障平台、义工服务平台）服务体系，全面整合资源，形成多位一体、上下左右联动的工作格局。主导“会、站、家”一体化职工服务平台建设，为广大职工特别是困难职工提供多样化、全方位的普惠性服务；每年 5 月坚持发动职工群众互助互济，组织开展职工解困互助月活动，调动社会各方力量共同参与，募集善款，积极为困难职工排忧解难。截至目前，活动共筹集善款 2100 多万元，为筹集困难职工帮扶资金作出了积极贡献。

杨济慈

杨济慈，男，汉族，中共党员，广西壮族自治区玉林市总工会权益和劳动保障部部长。

竭诚服务职工群众
做困难职工的“贴心人”
——杨济慈同志事迹材料

自2003年从事困难职工帮扶工作以来，杨济慈同志在17年里始终坚守在职工维权服务第一线，把帮助困难职工解困脱困作为第一追求和责任，时刻把职工冷暖放在心上，充分发挥职工援助（服务）中心“窗口”服务功能，以严谨务实的工作作风、甘于奉献的敬业精神，赢得了社会和职工群众的广泛赞誉。他先后获得全国工会系统“五五”普法先进个人、全国工会系统帮扶工作先进个人、全国“安康杯”竞赛活动组织工作优秀个人、广西五一劳动奖章等荣誉称号。玉林市总工会职工援助（服务）中心获得全国工会职工法律援助等维权服务示范单位、广西工人先锋号等荣誉称号。

一、爱岗敬业，做困难职工的“贴心人”

多年来，杨济慈带领玉林市总工会职工援助（服务）中心的工作团队，始终把困难职工当成亲人，带着真心、带着感情真帮实扶，切实为困难职工办实事、解难题。玉林市建筑安装工程公司是一家国有企业，企业改制后下岗职工多，困难职工多，职工队伍存在诸多不稳定因素。在调研中知道该公司的困难情况后，杨济慈第一时间向市总工会汇报，协调公司工会为符合条件的困难职工家庭申请办理低保，确保困难职工基本生活。低保职工李某靠微薄的工资收入养活一家四口人，女儿上大学，儿子读中学，其妻患慢性肾功能衰竭、尿毒症、呼吸功能衰竭等重大疾病，不仅丧失了劳动能力，还须承担巨大的医疗费用，全家人的生活处于水深火热之中。得知这一情况，杨济慈特事特办，让市总工会职工援助（服务）中心尽快将李某纳入医疗救助对象，将其女儿纳入“金秋助学”资助范围，从医疗、助学资助到生活上给予帮助。他每年都组织开展“春送岗位、夏送清凉、秋送助学、冬送温暖”的“四送”活动，通过长期与困难职工交往，把市总工会职工援助（服务）中心建设成为充满爱心、充满阳光的“困难职工之家”。他始终坚持以职工需求为导向，积极拓展服务内容，建立顾问律师服务日制度，每个星期二邀请律师到市总工会职工援助（服务）中心接待职工群众来访，为职工提供法律咨询维权服务。

二、真抓实干，确保精准帮扶落到实处

杨济慈对帮扶工作始终坚持严谨细致、求真务实的态度，把困难职工帮扶工作落实落靠，确保让困难职工应帮尽帮、应扶尽扶。他带领职工援助（服务）中心工作团队，按照自治区总工会的工作部署，扎实推进城市困难职工解困脱困工作：一是牵头成立玉林市困难职工解困脱困局际联席会议，印发《关于2018—2020年全市困难职工解困脱困工作规划的通知》和《关于玉林市困难职工解困脱困局际联席会议制度的通知》，进一步明确联席会议组成单位及各成员单位主要职责，每年按比例完成解困脱困任务；二是组织推动市总工会及各县（市、区）工会帮扶中心按计划推进困难职工解困脱困工作，从2017年到2020年，市本级完成困难职工解困脱困570户，注销84户，全面完成困难职工解困脱困任务，确保困难职工同步迈入小康社会；三是组织开展困难职工解困脱困百日攻坚活动。从2020年6月中旬起，组织市

总工会及各县（市、区）工会帮扶中心工作人员分批深入困难职工家庭走访调研，入户调查与云平台核实同步进行，采集困难职工生产生活的基本信息，全面掌握困难职工的生活状况和帮扶需求，为确保玉林市按时完成城市困难职工解困脱困工作目标打下坚实基础。

三、加强档案管理，实现精准帮扶

杨济慈按照“分级负责、精准识别、一户一档、动态管理”的原则，组织建立困难职工档案、实行动态管理，随时发现随时录入、随时变化随时调整、随时脱困随时撤档，为精准帮扶困难职工打下坚实基础。2018 年以来，为落实广西工会困难职工信息管理线上线下工作的要求，他组织市总工会及各县（市、区）工会帮扶中心工作人员参加培训，全面推广线上线下一户一档管理模式，让帮扶档案管理更加简洁明了，帮扶救助更加精准。他在帮扶困难职工工作中严格执行帮扶资金的管理规定，按照“先建档、后帮扶、实名制”的原则发放帮扶资金，做到帮扶资金的发放和使用专款专用，实现帮扶资金银行卡发放；严格财务管理制度，对帮扶资金申报材料的管理做到“账目正规、票据规范、手续齐全、字迹清晰、装订整齐”，规范管理资金申报档案材料。

杨济慈爱岗敬业，做困难职工的“贴心人”，践行了一名共产党员的初心和使命，为城市困难职工解困脱困工作作出了积极贡献。

洪虹

洪虹，女，汉族，中共党员，海南省三亚市职工服务中心主任。

不忘初心　牢记使命　做合格“娘家人”
——洪虹同志事迹材料

从事困难职工帮扶工作13年以来，洪虹同志始终坚定思想信念，坚持“以帮助困难职工脱困解困为中心”的工作导向，积极与困难职工开展“手拉手、结对子、送真情、献爱心”援助活动，帮扶困难职工解决生产生活问题，推动帮扶工作不断深入。

一、创新方法，打牢解困脱困工作基础

从事帮扶工作以来，洪虹先后组织和参加了100余次帮扶活动。在活动中，她总是亲力亲为，了解职工实际情况，能现场解决的绝不拖到第二天。“帮扶工作任务重、难度大，要干好就得多想办法，在工作中发现问题、创新解决问题。”洪虹是这么说，也是这么做的。

在帮扶核查工作中，洪虹对照“三核查一比对”的标准，充分调动全体人员的积极性和主动性，分组分批深入各区、乡镇开展“拉网式”入户走访调查，精准识别困难职工；在责任人工作上，她要求做到“六清”，即“家庭成员清、家庭地址清、家庭收入清、致困原因清、就业（就学）清、困难支出清”，严格把关困难职工的基础信息；在档案管理方面上，她严格按照“一户一档案、一户一计划、一户一措施”的工作要求，规范档案信息。落实帮

扶责任人和联系人制度，实行“二对一”结对帮扶，做到“两个一致”，即家庭信息与申报材料一致、纸质档案与电子档案一致。2016 年以来，她入户走访困难职工 3000 余人次，为 806 户困难职工建档立卡，先后帮扶 3284 名困难职工解决了实际困难。

二、真情用心，注重困难职工住房保障

公交公司困难职工王某、保港供销社困难职工周某因工作地与其租住的公租房距离太远，给工作和生活带来极大不便。洪虹多次与相关单位沟通并帮助他们在崖州区申请了公租房。对于那些家在外地的困难职工，她更是跨市县先后奔赴陵水、儋州、临高、东方、乐东等地，切实掌握困难职工的实际情况，为多名困难职工解决了实际困难。

三亚公交集团困难职工邱某是儋州人，他的儿子患有脑瘫，女儿上大学，他本人也患有严重的皮肤病，妻子在家照顾儿子无法外出工作，家里只靠他每个月的收入生活。本着实事求是的原则，洪虹将该职工的实际情况据实上报。经多方努力，目前已为该职工成功建档，并在三亚申请了公租房。

三、多措并举，为困难职工办好事实事

在就业方面，洪虹一是与人社局联合开展线上线下系列主题招聘会 25 场，吸引 329 家企业参与，提供岗位 6764 个，帮助高某等 13 名困难职工亲属实现就业；二是利用社会资源，主动联系爱心企业三亚蜈支洲岛旅游区帮助困难职工子女就业，该企业共投入 600 万元，资助 278 名职工子女就学，解决了 100 多名职工子女的就业。

在社保方面，洪虹发现在档困难职工有 5 人未参保，于是第一时间配合人社劳动保障监察支队积极追缴，协调用人单位为 2 名困难职工办理社保补缴，其中 1 户办理了低保、1 户办理了新农合。

在医疗方面，洪虹协调市总工会出资 4 万多元为在档困难职工办理职工医疗互助、意外保险，为家庭成员购买城乡医疗保险；促成困难职工家庭人员待遇参照农村建档立卡贫困户基本医疗保险政策执行，在定点医疗机构发生的医疗费用实行“一站式”结算，对困难职工的帮扶又多了一个强有力的保障。

在教育方面，洪虹配合市教育局进行在校困难职工子女情况排查，对符合三亚市助学政策条件的 72 名在校学生，发放城市困难职工子女教育补助 83437.5 元；对不符合三亚市助学政策条件的学生，协调市教育局通过三亚市教育基金会给予补助。

在住房方面，洪虹协调市总工会拿出 10 多万元为 4 名家住危房的困难职工修缮房子。红沙社区残疾专干龙某，母亲体弱多病，父亲早年过世，住在一间破烂矮小的瓦房里，洪虹在走访过程中了解到，每年雨季龙某母子在这逢雨必漏的瓦房里没有安身之处，他本人也因为住房条件差，一直没结婚。洪虹立即向领导汇报并经研究决定投入 4 万元帮助龙某修缮房子，2017 年，龙某高兴地捧着喜糖来到市总工会，感谢洪虹给予他们的帮助，让他如愿以偿地完成人生大事。

在兜底方面，洪虹经多方协调，在民政核查前，把 16 户困难职工家庭纳入低保保障范围，并将 4 户困难职工家庭认定为低收入家庭，对 11 户困难职工家庭启动纳保程序，对 8 户困难职工家庭履行认定程序。

洪虹竭诚为困难职工服务，坚决扛起打赢城市困难职工解困脱困攻坚战的重任，用实际行动践行全国总工会提出的“帮困、维权、服务”工作要求，演绎了平凡工会干部不平凡的奉献故事。

王玥丁

王玥丁，女，汉族，中共党员，重庆市沙坪坝区总工会职工服务中心七级职员。

扎根一线　坚守重任
将“真情和精准”贯穿解困脱困全过程
——王玥丁同志事迹材料

在5年的解困脱困一线工作中，王玥丁同志将自己融入脱贫攻坚大局，坚定目标、紧盯难点、创新举措，把“真情和精准”贯穿困难职工解困脱困工作全过程。她先后荣获“事业单位脱贫攻坚先进个人”“职工互助保障工作先进个人”“职工互助保障工作优秀个人”等多项荣誉，以共产党员的使命担当，在困难职工解困脱困中奉献巾帼力量。

一、不负韶华，献最美青春勇担重任

2012年初，王玥丁调入重庆市沙坪坝区总工会从事困难职工帮扶工作，从小学副校长转型为一名光荣的工会干部，她选择在这份历史重任中贡献火热青春。接手困难帮扶，她迎难而上。2011年底，沙坪坝区有城市困难职工3889户，是全市困难职工“大户”，面对基数大、难度大的工作任务，王玥丁带领同事入户走访、摸清底数、规范流程、推行帮扶资金打卡发放，把帮扶政策送到每一户困难职工身边。决战脱贫攻坚，她不辱使命。2016年，城市困难职工解困脱困深入开展，王玥丁着手建档立卡，着力“四个一批”“七个行动计划”精准帮扶，推行项目化管理，全力以赴解困脱困。在2020脱

贫攻坚收官之年，重庆市总工会对沙坪坝区解困脱困工作成效进行试点评估，其动态管理精准度达 100%，解困脱困率达 98.7%，评估结果位居全市前列，在全国总工会第三方评估中也获得好评，工作成效被写入了 2020 年沙坪坝区《政府工作报告》。

二、走心付出，献至诚关爱传递工会真情

“帮助一个孩子就是带给一个家庭希望，孩子的成才就业是困难职工家庭最大的盼头”，王玥丁这样说也这样做。她是困难职工子女口中的“亲姐姐”，每一批到服务中心参加社会实践的困难职工子女都称她为可亲的“姐姐”。2020 年，新冠肺炎疫情突如其来，为缓解困难职工家庭因疫情防控和经济下行压力带来的影响，在开展困难职工家庭高校毕业生阳光就业行动中，王玥丁对每一户困难职工家庭子女情况进行了全覆盖摸排，当了解到小王同学面临毕业上岗就业，王玥丁鼓励他来服务中心见习，手把手教他写简历、制作 PPT，并多方联系对口单位，陪同其面试，最终帮助小王同学获得了重庆市总工会党办工作的机会。小王感激地说：“玥丁姐犹如家人一般的关爱，就像亲姐姐一样温暖。”她还是前来维权求援职工的“贴心人”，在职工服务中心大厅里有四面鲜艳的锦旗，每一面锦旗背后都有一个关于她维权服务的感人故事。近年来，在她的倾情帮助下，43 名求援职工挽回了经济损失。2020 年，她帮助职工维权的 12 个真实经典案例汇编成《工会说法》宣传册，拍摄制作成了《工会说法》短视频，以新媒体方式进行广泛宣传。

三、守正创新，献有力实措凸显精准帮扶

“落实精准的工作要求，坚持精准的科学方法，既要将精准贯彻解困脱困全过程，还要在此基础上与时俱进、开拓创新”，王玥丁这样思考也这样坚持。5 年里，她高位推动解困脱困工作融入全区大局，积极撰写《工作专报》

及时向区委、区政府报送解困脱困进展情况，多次获得区委、区政府主要领导和分管领导的肯定性批示。她坚持每半年向区扶贫办报送解困脱困工作进度，精心组织各级领导入户慰问，向困难职工传递温暖。针对困难职工年龄、性别、健康、子女就业等方面实际状况，她从“细”思量，通过助学成才社会实践活动，先后为 7 个批次困难职工子女提供实习岗位，促进“助学”向“助志 + 助能 + 助业”模式发展。针对困难职工家庭成员下岗失业致困原因，她每年定期组织开展“家政培训”。在医疗、生活、子女助学、住房补贴等项目化管理帮扶的基础上，她分步骤落实“七件实事”和“一户困难职工、一个领导干部”结对子，加大力度帮扶深度困难职工。她坚持办好“爱心学校、爱心超市、爱心医院”，开展“爱心午餐、零点利、光明义诊”等活动，为困难职工家庭送爱心。被选派参加全国总工会经费审查委员会对甘肃省总工会帮扶资金专项审计归来后，她总结反思，立即在沙坪坝区推出“注销七步工作流程”，严格按照“入户走访识别、脱困（注销）认定、公示、注销说明、发放脱困告知单、电子档案同步注销、退档半年回访”的流程开展脱困（注销）工作，严防数字脱困。2018 年开始，她负责的职工互助保障工作入会金额以 163.9% 的速度稳步增长，居全市第一位，连续 3 年实现跨越式发展，将困难职工纳入了保障范围。2019 年，她作为重庆市唯一代表在全国总工会“工会社会保险重点调研课题交流会”上进行经验分享。多年来，她撰写的 270 余篇信息和思考在《工人日报》、中工网、《重庆工运》等各级媒体刊发，其困难职工解困脱困经验多次在“学习强国”平台广泛宣传。

因为饱含真情，王玥丁把城市困难职工当亲人，数年如一日倾情帮扶；因为秉持精准，她在帮扶实践中讲求方法、探索创新；因为深爱这份党交给她的光荣的工会事业，她始终坚守初心使命，以“不待扬鞭自奋蹄”的工作热情，默默坚守在服务职工的第一线！

张正平

张正平，男，汉族，中共党员，
四川省泸州市总工会一级调研员。

以工会温度温暖困难职工的心

——张正平同志事迹材料

分管解困脱困工作 4 年以来，张正平同志深入贯彻落实全国总工会、四川省总工会和泸州市委、市政府部署要求，扎实推进城市困难职工解困脱困工作深入开展。在他的带领下，截至 2020 年底，全国级建档困难职工完成解困脱困任务。

一、提升高度，加强认识

一是严把工作落实关，提升思想认识。张正平深刻认识到，做好城市困难职工解困脱困工作，是党交给工会组织的一项重大政治任务，必须完成好。他牵头将此项工作列入对下目标考核和每年重点工作重点督办范围，建立工作季度督查制度，按照市总工会党组成员联系基层分工的要求，每月带队深入联系区县工会及重点基层建档工会开展解困脱困检查，督责任落实、督帮扶措施、督工作进度。

二是严把资金使用关，提升管理质量。张正平要求帮扶资金管理做到"三专"，即专账专户、专人管理、专款专用；帮扶资金分配做到会前有方案、会后有纪要、发放后有跟踪检查；帮扶资金使用严格按照省总工会审批项目、帮扶内容、帮扶对象和救助标准的程序实施；帮扶资金全部通过职工本人工会会员服务卡进行发放。他联合派驻纪检组对全国级困难职工建档和央财帮扶资金使用情况进行专项督查，实行全过程监督，针对督查中发现的问题，带头开展清理整改，确保资金安全和帮扶成效。

三是严把脱困认定关，提升工作成效。2019 年 6 月，张正平带领泸州市总工会率先出台《泸州市工会困难职工解困脱困认定标准及退出程序》，为全省工会开展精准帮扶提供了模板。他邀请纪检组随时监督解困脱困工作效果，邀请地方财政部门紧盯帮扶效果，多方协力保障脱困认定工作的科学规范。他建立回访机制，要求基层工会在困难职工退档后半年内开展回访工作，继续关注家庭生活状况，巩固脱困成效。

二、拓展深度，加强工作规范

一是进一步规范对象，精准识别。2019 年 7 月，张正平推动市政府出台了《关于进一步做好城镇困难职工解困脱困工作的通知》，把困难职工解困脱困工作纳入党委、政府总体目标考核和领导督办的重点工作。他严把入口关，严格按照分级建档标准，对全市困难职工实现“应建尽建、动态管理、应助尽助、全面覆盖”，并要求各区县总工会、建档基层工会根据自身情况制定本级档案管理办法，建立相应层级档案，精准识别、精准帮扶。

二是进一步规范流程，精准建档。张正平积极指导和带领业务部室研究工作，制定了从“申请”到“脱困”的全面工作流程和困难职工档案资料模板，按照“一户一档”统一标准，做到过程完整、痕迹清晰、格式统一、资料规范，电子档案与纸质档案信息一致。他牵头建立泸州市城镇困难职工解困脱困联席会议，联合民政、不动产登记、车辆管理、市场监管等职能部门，建立健全困难职工议事和信息比对机制，严把建档入口关。

三是进一步规范政策，精准把握。张正平注重提升基层业务经办人员能力，围绕档案清理和规范管理，每年集中开展不少于 2 次的业务培训，并邀请省总工会保障部同志现场讲解建档标准、操作规范，深入解读解困脱困政策，大幅提升了工会干部业务能力素质。同时，针对基层人员变动频繁、政策理解不准确等问题，他指导市总工会保障部将有关文件资料编印成册下发基层，提高建档准确性和对困难帮扶政策规定的把握能力。

三、体现温度，加强帮扶服务和情感关怀

一是健全“一对一”结对帮扶联系制度，体现“娘家人”的温暖。张正平牵头建立了困难职工结对帮扶联系制度，实现“一对一”精准对接和“面对面、点对点、零距离”的帮扶服务，与困难职工结对认亲，搭建起工会组织与困难职工之间的“连心桥”。每一次到基层走访调研，张正平都心系困难职工，走进困难职工家门，嘘寒问暖、访贫问苦，帮助其解决实际困难。4 年来他累计走访慰问困难职工 870 余人次。同时，他积极动员市扶贫基金会、关工委、泸州老窖集团公司等社会力量和爱心企业参与帮扶工作，多措并举，形成帮扶合力。

二是完善“一户一策”帮扶服务体系，体现组织的关怀。张正平推动建立了城镇困难职工解困脱困协调议事机制，明确市级相关部门职能职责，分类落实帮扶措施，做到“一户一策”分类帮扶、精准施策，全方位构筑帮扶救助网络。同时，他积极争取财政支持，强化资金保障。4 年来，全市工会累计发放帮扶资金 6200 余万元，救助困难职工 3.3 万余人次，开展就业创业服务 4.5 万余人次，资助 5018 名困难职工子女上学。

三是普惠 + 特惠，体现对困难职工的特殊关爱。为更好地关爱困难职工，张正平会在重大传统节日，结合普惠服务活动为困难职工送特惠、送关爱。端午节、中秋节期间，他要求为全市建档困难职工普送端午粽子、团圆月饼，把关爱传递到每一个建档困难职工手里，让困难职工切实感受到党委、政府的关怀和工会“娘家”的温暖，这一做法受到基层工会和困难职工的热烈欢迎。

吴昌军

吴昌军，男，苗族，中共党员，贵州省黔东南苗族侗族自治州凯里市总工会党组书记、副主席。

守初心　担使命
甘做服务职工群众的“孺子牛”
——吴昌军同志事迹材料

吴昌军同志分管困难职工解困脱困工作已有 4 年，从事工会工作以来，他认真执行党的路线、方针、政策，在政治上、思想上、行动上自觉与党中央保持一致，创新提出困难职工解困脱困“十个一”工程，真情诚意服务职工群众，为凯里市困难职工解困脱困工作作出了积极贡献。

一、坚定理想信念，构建帮扶工作大格局

吴昌军在凯里市职工群众的“朋友圈”里可谓无人不知、无人不晓。他是“苗侗明珠”，奋战在扶危救困第一线的排头兵，“有困难，找昌军”早已成为职工群众挂在嘴边的口头禅。他于 2017 年初调任凯里市总工会担任党组书记。上任之初，他深入企业一线、社区等开展困难职工底数排查，遍访困难职工，每到一户都详细询问困难职工生活工作情况并做好登记。通过排查，他发现全市困难职工家庭中仍存在 1320 人未就业、126 名困难职工家庭子女就学难、30 户困难职工住房难等问题，这些问题他都看在眼里、急在心里。

面对困难职工渴求的眼神，吴昌军喊出一句口号——“踏踏实实为困难职工办实事、解难题是共产党人无悔的初衷，更是工会工作者扛在肩上义不容

辞的责任”。吴昌军告诉自己和工作人员，一定要完成凯里市困难职工解困脱困这项艰巨任务。

困难职工解困脱困工作的关键在于“精准”。为做好解困脱困工作，吴昌军始终把“精准”帮扶贯穿于困难职工解困脱困工作全过程，以“困难职工底数精准、困难原因精准、解困脱困措施精准”为工作目标，不断创新帮扶思路，并创新提出困难职工解困脱困“十个一”工程，围绕住房、就业、创业、医疗、助学、培训等10个方面开展精准帮扶，推动凯里市人民政府印发《凯里市城镇困难职工解困脱困“十个一”工程实施方案》，将困难职工解困脱困工作纳入全市大扶贫格局，发动全市各方力量参与解困脱困。

二、勇于创新，着力提升帮扶工作效能

“授人以鱼不如授人以渔”，物质帮扶只能解决职工的燃眉之急，如何才能让困难职工真正脱困呢？吴昌军经过多方调查研究，摸索出一条“行政扶持，政策引导，标本兼治”的工作思路，通过建平台、送岗位，初步走出了一条政府促进就业、工会帮助就业、劳动者自主择业、市场调节就业的新路子。

2018年，凯里市服务职工中心成立，吴昌军按照新时期、新形势对工会帮扶工作提出的新要求，进一步深入基层、深入职工、了解职工，对困难职工做到心中有情、胸中有数、手中有策。几年下来，在他的带领下，凯里市城镇困难职工解困脱困工作取得了显著成效，城镇困难职工数由2015年的3751户共11253人减少到2020年底的36户共102人。

吴昌军坚持把救助款送到每一名困难职工家里的工作思路也由口号变为事实。数据统计显示，3年来，凯里市总工会共争取中央、省、州、市工会帮扶资金328万元，累计慰问困难职工14385人次。针对困难职工存在住房难问题，他积极协调社区及房产部门进行统筹，争取到30套廉租房，解决了困难职工住房难问题。

2019 年 8 月，凯里市总工会服务职工中心获得贵州省“最佳社会工作服务机构”的荣誉称号，是全省工会系统唯一一家获此殊荣的单位。

三、真诚帮扶，努力化解困难职工燃眉之急

在凯里市总工会实施城市困难职工解困脱困“十个一”工程中，实施“一名困难职工子女一张银行卡助学”工程和实施“一名困难职工大病救助和医疗互助”工程尤为特殊，在该市建档立卡的 268 户困难职工家庭中，有 156 名大学生家庭因病、因灾致困，重重困难阻断了寒门学子的求学路。

“一家七口人，一个月上街扫地有 1400 元的收入，活得太累……”现年 54 岁的凯里市湾水镇环卫工杨某不太会说普通话，她是凯里市新旧交替进程中的老一辈苗家人，从事环卫工作已有 14 年。

杨某一家是凯里市总工会实施困难职工解困脱困比较成功的典型。杨某一家住房面积不足 20 平方米，20 岁的三女儿因幼时罹患脑膜炎瘫睡在床，二女儿在河北读大学。吴昌军了解到杨某一家的情况后，按照政策给予其困难救助、助学帮扶和大病救助等，现如今，杨某在凯里六中读初中的小儿子每月还能领到工会 200 元的生活补助，对一家人来说，这是赶上了好时代、好政策，她感谢工会，感谢吴昌军的“救命之恩”。

2018 年 11 月，凯里市正式启动寒门学子“两本账”计划，除了给每年考上大学的学生给予一次性补助外（本科 5000 元，大专 3000 元，中专 2000 元），还为困难职工子女一人发放一张银行卡。一年下来，已为 186 名困难职工子女每人每月补助 200 元的助学金。在“金秋助学”活动中，凯里市总工会 3 年共资助 3000 余名困难职工子女，发放助学款 200 余万元。

“千百次的锦上添花都不如一次雪中送炭，帮扶困难群众是我应尽的义务和责任，要无怨无悔投入工作中，投入全身心热爱的工会事业中，为工会事业的发展贡献自己的微薄之力。”吴昌军说。

拉巴次仁

拉巴次仁，男，藏族，中共党员，西藏自治区总工会阿里地区办事处综合服务中心（困难职工帮扶中心）副主任。

挑重担　显作为
甘当困难职工解困脱困“搭桥人”
——拉巴次仁同志事迹材料

从事解困脱困工作 5 年以来，拉巴次仁同志认真践行“全心全意为职工群众服务”的宗旨，在本职岗位上脚踏实地、勤恳敬业，创造性地开展工作，为阿里工会城市困难职工解困脱困工作付出了辛勤努力。2017 年，他荣获阿里地区工会办事处“优秀工会工作者”荣誉称号；2018 年，他被评为阿里地区工会办事处“优秀共产党员”、乡（镇）级“先进双联户”。

一、坚持学习帮扶政策，创新帮扶工作机制

拉巴次仁把帮扶政策学习当作首要任务，树立“先学一步、学深一层”的理念，明确了解困脱困目标对象，主动担起阿里工会困难职工精准识别动态管理任务，制定分片负责和分级动态工作机制，组成 8 个解困脱困精准识别小组，对全地区建档困难职工进行全方位、拉网式入户摸底，迅速完成了精准识别动态管理任务。2016 年，他开始在全地区范围内每年集中开展一次入户核查，规范建立困难职工存量档案 384 个，切实做到了“应建尽建”“不落一户”。

二、认真落实帮扶规定，有序实施精准帮扶

拉巴次仁把精准施策、精准帮扶贯穿工作始终，结合入户核查掌握的情况，认真分析困难职工致困因素，整理致困共性和个性问题，研究制定对策建议，为落实“一户一计划”“一户一措施”提供了数据信息支撑，进一步明确了解困脱困工作时间表、规划图、任务单，对阿里地区城市困难职工解困脱困工作的顺利推进起到了积极推动的作用。日常工作中，他在申请救助的把关审核、入户调查、落实资金等环节上认真负责，坚持应帮尽帮原则，认真落实帮扶救助相关规定，严格管理使用各项资金，5 年内本级帮扶资金未出现重大问题。他及时上传下达解困脱困工作任务，收集下级工作推进中面临的困难，找准问题，分析原因，提出对策建议，及时向区总工会业务部门和处党组汇报沟通，为上级部门提供决策依据，在保障解困脱困工作有序推进过程中，一直发挥着桥梁纽带作用。

三、努力推动帮扶方案，落地解困脱困长效机制

拉巴次仁推动地委行署主要领导先后 5 次对城市困难职工解困脱困工作进行专门批示指示，进一步将解困脱困工作纳入党政大局中统筹推进落实。他按照“坚持统筹协调、坚持兜住底线、坚持信息共享、坚持精准施策”的要求，参与编制了《阿里地区城市困难职工解困脱困工作 2017—2020 年规划》《关于成立阿里地区城市困难职工解困脱困和常态化帮扶协调领导小组的通知》《阿里地区困难职工档案管理实施细则（试行）》《建立困难职工结对帮扶联系人制度的实施方案》《困难职工返困预警工作机制（试行）》，牵头教育等 8 部门召开解困脱困工作协调推进会 3 次，研究制定了《进一步做好城市困难职工解困脱困和常态化帮扶工作的实施方案》《关于加强困难职工信息比对核查机制》等机制制度，形成了一套可操作、可运用、可执行的解困脱困

长效机制。通过5年的精准帮扶、精准识别、动态调整，阿里地区2016年建档全国级存量困难职工由384户下降到目前的5户，下降率达98.69%；5年内将970余万元帮扶资金依法安全有效地使用到困难职工最迫切、最需要、最困难的实事上。2020年阿里地区顺利通过全国、全区城市困难职工解困脱困工作第三方评估。

在生活中，拉巴次仁乐于助人、勤奋努力、为人谦虚，非常热爱帮扶事业，对待困难职工如同亲人一样。他认真倾听诉求，详细了解情况，耐心指导，联系有关部门进行协助，最大程度地帮助困难职工解决问题。他注重跟踪回访，打通帮扶救助“最后一公里”，切实扮演好困难职工“第一知情人、第一报告人、第一帮扶人”的角色，引领机关工会干部形成为职工服务的良好氛围。

张雨萍

张雨萍，女，汉族，中共党员，
陕西省杨凌职工服务中心主任。

困难职工的“贴心人”解困脱困的“活字典”

——张雨萍同志事迹材料

从2001年从事工会工作以来，张雨萍同志已从事困难职工帮扶工作15年。她有情怀、思路清、敢担当，提笔能写、张口能说、遇事能办。时间长了，大家都称她为困难职工的“贴心人”，困难帮扶的“活字典”。因身兼数职，她又被大家称为杨凌工会的“多面手”。

一、心系职工，做到解决实际困难的举措多、办法实、成效好

多年来，张雨萍坚持和大家一起从根本上把困难职工内生动力激发出来，从而实现长效帮扶。她经常发动社会力量为一些特困职工捐赠康复器材，不定期联系杨凌医药企业工会给有需要的困难职工捐赠风湿类膏药的边角料，帮助一个困难职工家属解决了工作地点太远不方便照顾家里的难题，帮助一个困难职工创办的家教培训班联系生源。有时候，她还会“请”前来办事的困难职工一起吃个便饭。此外，她还协调为一个困难职工的孩子办理了就近入学，减免了其上学费用，这个职工前不久主动要求入党。张雨萍是一个连自己家里新买的房子多大面积、多少钱都不知道的“糊涂人”，心里却时时刻刻装着一本困难职工的“明白账”：谁的孩子该就业了，是不是需要先联系见

习岗位？这些林林总总的事她都挂在心上。

二、攻坚克难，团结带领大家共渡难关，通过抓点带面推进工作

2020 年是不平凡的一年，疫情是灾难，更是考验。面对特殊的困难和问题，张雨萍勇挑重担、顾全大局，既要管全盘又要管细节。除了因疫情被隔离在外地的那几周坚持网上办公外，她几乎天天加班。她和大家一起没有退缩、没有止步，所有工作井井有条、稳中有进。这些都得益于上级工会的大力支持和鼓励帮助，更得益于她和大家的精诚团结。一个准地市级总工会总共只有 5 个人，由于一段时期内签字手续无法履行，这几个同志有 10 个月没有发工资，但是大家一如既往地干工作，没有一个人闹情绪。张雨萍更是义无反顾地自己垫钱按时缴社保 3 万多元、其他日常开支 2 万多元。“人心齐泰山移”，2020 年，在城市困难职工解困脱困收官之年，杨凌地区高质量地完成了中央财政专项帮扶资金第三方审计等工作。

三、完善机制，周密安排部署困难职工解困脱困工作

结合杨凌地区和工会工作实际，多年来，张雨萍真抓实干。对有劳动能力的困难职工，她就把解决就业作为解困脱困的有力举措，通过各级各类劳模的示范带动给这些人提供切实帮扶；对因病致困的困难职工，她就想办法提供医疗帮扶。她通过组织企业开展“安康杯”安全生产活动等，降低各类工伤等意外事故的发生；通过开展各类“分项技能大赛”，让职工多一项技能、多一个本领，而不是把帮扶措施仅停留在送一点米面油、送几百元钱的层面上。在一个单亲女工因意外差点儿高位截瘫时，张雨萍知道情况后第一时间组织发动其所在基层工会捐款、安排轮流陪护，让这个女工最终站起来了，并成为该公司的“快乐天使”。

四、聚焦重点，时刻将科学的管理方法与加快发展的杨凌实际相结合

有的放矢真解困，多措并举解难题。张雨萍借势借力不断丰富解困脱困工作的资源和抓手，注重发挥国企和机关事业单位的主体作用。每当看到职工因大病致困时，她都看在眼里、急在心里。她下决心全力推动落实职工互助保障工作，以“钉钉子”精神走到哪动员到哪、宣讲到哪，还把原本属于管委会机关工会的工作“要”过来主动推进建立示范，从源头上为职工增加一份保障。她调动广大干部职工投身解困脱困工作的积极性，使杨凌税务局出现了“夫妻帮扶、父子帮扶”的感人情况。她通过落实信息数据比对共享工作，确保把有效的帮扶资金用到“刀刃”上。2020 年第 26 届中国杨凌农高会上专设了脱贫攻坚展馆，在时间紧任务重的情况下，杨凌工会配合省总工会精彩亮相，展现了工会组织通过创新开展消费扶贫助力脱贫攻坚战的新作为。省总工会的同志开玩笑说：“张雨萍一个人撑下来了一个杨凌会务组。”

五、规范管理，持之以恒，做到困难职工精准识别、动态管理

张雨萍坚持集中收集、审核、录入电子档案，真正使困难职工档案在解困脱困中发挥基础性作用。她一直执行“五笔联签”，专门设置了内审岗位对各项票据进行即时审计，确保了帮扶资金的“零事故”安全使用。在帮扶资金没有实行银行卡发放前，她坚持所有发放不能代领，确有特殊情况的家人可以带着户口本和委托书来领取，实在不行的总工会就送上门。一个职工身患精神病常年住院，没有家人没有银行卡，张雨萍就联系所在单位工会安排专人写说明先代领，等交到医院后再复印相关材料。就这样，她从一点一滴做起，既保证了帮扶资金的安全有效使用，又保证了困难职工及时得到救助。

经过持续的关爱和帮扶，杨凌工会开展的“精准助学”帮扶对象中已有两个学生被成功保研到知名院校的知名专业，家长们带着糖果和喜悦来总工

会向张雨萍和大家表示感谢。一个困难女工这样说："我们实在不愿意向组织开口，相信我们能渡过难关，我们要继续赡养好我们的老人、抚养好我们的孩子。"张雨萍说："这种真诚和朴素深深地打动了我。作为一名工会干部，我们应该为职工的事情多跑跑腿，多动动嘴。我们没有理由不尽职尽责、不尽心尽力。只有这样做，才能更加凝聚力量、温暖人心、传递情怀。"

杜彦斌

杜彦斌，男，汉族，中共党员，甘肃省金昌市职工服务中心负责人。

当好困难职工的“贴心人”
——杜彦斌同志事迹材料

自2013年从事工会帮扶工作以来，杜彦斌同志牢记习近平总书记关于扶贫工作和“小康路上一个都不能掉队”的重要指示精神，始终把职工群众的冷暖放在心里，全身心投入城市困难职工解困脱困工作之中，千方百计为职工群众做好事、办实事、解难事。如今，金昌市在档困难职工由2016年初的1200户下降到85户，如期完成解困脱困任务。杜彦斌以自己的实际行动践行了新时期的好干部标准、赢得了困难职工和社会各界的广泛赞誉。

一、设身处地，用心绘好解困脱困“线路图”

“设身处地为职工着想，像对待亲人一样对待职工群众，就能做好工会工作。”作为长期从事工会工作的干部，杜彦斌深深地知道，目前不少城市困难职工家庭虽已跨过最低生活保障线，但由于医疗、教育和基本生活等刚性支出较大，实际生活状况比农村一般贫困户和一些城市低保户还要困难，而他们一旦待业、失业或患病，生活更加难以为继，有些困难家庭甚至靠到集市捡拾菜叶来解决吃饭问题。正是基于这样的认识，杜彦斌从心里面把城市困难职工解困脱困工作作为践行初心使命、办好为民实事的重要举措，着眼解决好“帮扶谁”“帮什么”“怎么帮”“谁来帮”的问题，结合实际制定了《做好城镇困难职工解困脱困实施意见》，提出了“七个一批”的具体措施和实现“两有五保障”的脱困目标，为全面做好解困脱困工作奠定了基础。

二、调查摸底，用情种好解困脱困“责任田”

精准识别是解困脱困的工作基础，也是实现解困脱困路上不漏一户、不落一人的重要保障。在充分借鉴外地经验和结合金昌实际的同时，杜彦斌把精准识别、精准建档作为基础性、前提性的工作来抓，创造性地提出了“进、看、算、查、议”的工作方法。“进”就是一定要亲自走进职工家庭住所、工作单位宣传、识别；“看”就是要亲眼看到家庭居住情况，查验户口本、身份证原件，了解家庭成员情况等；“算”就是算准家庭年度总收入、家庭人均月收入，不能漏、不能错；“查”就是通过其他政府部门数据，核查申请人家庭非薪资年度收入、家庭实际状况；“议”就是集体讨论申请人是否符合建档条件。在此基础上，他组织基层工会干部按照网格化管理的模式，采取数据对比、信息共享等方式，全面准确掌握困难职工真实状况，并按照精准识别困难职工、精准对接解困脱困措施、精准落实解困脱困责任主体“三个精准”的要求建立档案台账。2019 年，在他的积极倡导和建议下，全市近百名工会干部深入 1000 户困难群体家庭入户走访调研，听民声、察民情、知民意，形成了《金昌市城镇困难群体生活状况的调研报告》，为市委、市政府脱贫攻坚提供了科学依据，推动金昌市出台《关于做好城市特殊困难家庭解困试点工作的意见》，被市政府列为 2020 年十件民生实事之一。

三、精准施策，用力用好解困脱困“组合拳”

工会帮扶工作就是要为党和政府分忧解愁、拾遗补阙，不让一户职工生活得不到保障，不让一名有就业能力的困难职工家庭成员找不到工作，不让一名困难职工子女因经济困难而辍学，真心实意为他们排忧解难，当好职工的“贴心人”。怎样才能从根本上解决困难职工家庭的贫困问题？瞄准贫困原因，开对脱困“方子”，将以往大水“漫灌”式的普惠救助改为“滴灌”式精准帮扶，是很重要的一个举措。在具体工作中，杜彦斌把“精准”二字贯穿困难职工解困脱困的全过程，针对有劳动能力但未实现充分就业的困难职工及其家庭成员，协调人社部门通过实施“技能培训促就业”“创业援助”、开发公益性岗位、政府购买服务等方式实现就业脱困；针对因病致困的职工家庭，采取“确诊即救助”的方式，减少救助环节、加大救助力度，协调医保、民政等部门，通过临时救助、重特大疾病医疗救助等途径实现脱困；针对因学致困的职工家庭，将职工子女纳入工会“金秋助学”活动进行常态化帮扶，减轻困难职工家庭子女上学负担；针对低收入困难职工家庭，加大工会常态化帮扶救助力度，协调人社、民政部门通过职业培训、职业介绍、纳入低保等政策，保障其家庭生活水平达到全市低保标准，实现脱困。

四、健全机制，用功打好解困脱困“持久战”

“授人以鱼不如授人以渔”，救济式帮扶只能管一时，实现就业才能管长远。只有建立起常态化的工作机制，才能彻底解决好困难职工的解困脱困问题。为建立和完善困难职工帮扶工作的长效机制，一方面，杜彦斌坚持“输血”和“造血”并举、“扶贫”与“扶志”并重，注重从源头上开展帮扶，持续聚焦重点群体，深化工会就业创业服务，帮助困难职工学习更好的生产技能、找到更适合的工作岗位。这不仅让他们解决了眼前的困难，而且有了长远的生计保障。另一方面，他指导县（区）规范化建立困难职工帮扶中心，市属大企业及行业建立工会帮扶站 35 个，督促指导基层工会建立困难职工档案，实行动态管理，探索出一条符合市场经济规律、适应社会化趋势、具有金昌特点的工会帮扶工作新路子。

杜彦斌没有挽狂澜于既倒的传奇，没有惊天动地的壮举，有的只是一名普普通通的工会干部在平凡工作中勤奋敬业、任劳任怨、埋头苦干和无私奉献的点点滴滴。杜彦斌用勤奋向上的高尚品质、认真扎实的工作作风、吃苦耐劳的工作精神，诠释着一名共产党员工会干部的纯洁信仰和为民情怀。

韩海英

韩海英，女，撒拉族，青海省海东市循化撒拉族自治县总工会帮扶中心主任。

爱岗敬业敢担当　青春热血献帮扶
——韩海英同志事迹材料

循化县是全国唯一的撒拉族自治县，是国务院确定的首批扶贫开发工作重点县和重点扶持发展的少数民族地区之一。韩海英从事解困脱困工作已有6年。自从事工会帮扶工作以来，她立足本职岗位，潜心学习业务知识，将责任扛在肩上，把全部心思和精力投入城市困难职工解困脱困工作中。她紧盯城市困难职工帮扶工作，结合工作实际，主动积极作为，急职工所急、想职工所想，先后帮助1658户城市困难职工稳定实现解困脱困。

一、严把帮扶审核

多年来，韩海英走遍全县9个乡镇、6个街道社区、50余家企事业单位，全面了解掌握因下岗失业、收入过低、单亲、家庭成员患重特大疾病、重度残疾以及子女上大学等原因造成生活困难的职工家庭情况，建立健全帮扶工作第一手资料。为全面规范帮扶工作程序，严格工作流程，切实做到精准识别，她开创了“六五三”工作法，即严把单位推荐关、调查关、比对关、会议通过关、公示关、建档关；明确致困原因清、基本情况清、家庭成员清、家庭收入清、子女上学（就业）清；按照“先家访、后建档、再帮扶”的原则，严把审核关，做到帮扶对象家访全覆盖、救助全覆盖、过程全公开，确保在精准识别达到“严、准、全”的标准，将真正需要帮助的困难职工纳入帮扶系统中来，将每一笔帮扶资金都用到了刀刃上。

二、创新工作思路

为全面提高帮扶成效，韩海英创新帮扶思路和举措，强化工会倾斜性常态化帮扶措施，做到“一般困难机制帮、突发困难及时帮、突出困难重点帮”，做到对每一名困难职工心中有数。谁的家人患病，谁的孩子因家庭困难上不了学，谁遇到突发意外状况，她都惦念在心。困难职工韩某因肾衰竭无法正常上班，夫妻离异，两个孩子上初中，家庭一度陷入困境，治病花费了他所有的积蓄，昂贵的药费成了沉重的负担，家庭刚性支出严重超出每月的收入，韩海英获悉情况后立即按困难职工帮扶程序开展工作，在确认情况属实后，及时为韩某建档并申请帮扶资金，进行医疗帮扶和叠加救助，韩某很感动，拉着韩海英的手说：“你们工会真是我的娘家人，帮我渡过了难关……”韩海英听说民政局一位临聘职工马某（单亲）的儿子被大学录取，昂贵的学费对本来就生活困难的单亲家庭来说无疑是雪上加霜，在马某拿着录取通知书既兴奋又忧愁的时候，韩海英主动找到她，详细了解她家的经济状况，经信息比对等程序后，为她提供了 5680 元的“金秋助学”金。马某激动地流着眼泪说：“工会帮我解了燃眉之急，圆了我儿子上大学的梦，你们工会真是职工的贴心人”。

三、真心服务群众

韩海英组织实施“五个一批”帮扶工程，开展技能培训、大病医疗保障、社会兜底保障和生活救助等帮扶工作，积极组织开展“春送岗位”“夏送清凉”“金秋助学”“冬送温暖”四送行动。新冠肺炎疫情导致大部分工厂停工，想到工厂停工无疑会导致刚脱困的职工家庭遇到生活困难。韩海英焦急万分，她立即了解情况，为 38 户在档和 107 户解困脱困职工带去了 67.59 万元的疫情补助和春节慰问救助，把工会组织的关心和温暖传递到职工的心坎里。她通过自己的实际行动践行着工会帮扶人的初心和使命，怀着对困难职工的深厚感情，切实为困难职工办实事、办好事，赢得了困难职工的认可，广大干部职工们亲切地称她为职工的“贴心人”。2020 年 10 月，全国总工会城市困难职工解困脱困第三方评估验收工作期间，韩海英的丈夫因突发心肌梗死在省城住院，她却因工作忙碌没能及时看护。当她匆匆忙忙赶到医院时，丈夫已经被推进了手术室，好只能在手术室外默默哭泣。手术后的丈夫没有说一句埋怨的话，只说：“你不要自责，这些年你在帮扶工作上一直加班加点，而且这次第三方评估验收，不恰恰就是对你多年工作的检验吗？你看我这不是好好的吗？”这一刻，她再也忍不住号啕大哭起来。

“星光不问赶路人，岁月不负有心人。”韩海英从一脸青涩到芳华渐逝，巍巍积石山，滔滔黄河水，见证的是一个普通劳动者的成长历程。33 年来，她在平凡的岗位上作出了不平凡的业绩。2007 年，她荣获“青海省优秀工会工作者”荣誉称号；2010—2012 年连续 3 年被评为“海东地区工会办事处先进工会工作者”；2014 年被评为“海东市总工会先进个人”，“青海高原‘五一’巾帼标兵”；2017 年被评为“青海省优秀工会工作者”，2018 年被省总工会推荐当选为青海省政协第十二届委员。

王添皞

王添皞，男，汉族，中共党员，宁夏回族自治区总工会权益保障部一级主任科员。

兢兢业业勇担当　攻坚克难见实效
——王添皞同志事迹材料

王添皞同志已从事解困脱困工作5年。2016年，他由法律维权岗位调整到困难职工帮扶岗位，这对于一直从事法律相关工作的王添皞是一个全新挑战，之前对困难职工的帮扶工作一直停留在积德行善的肤浅认识上，在没有具体工作经验的情况下，他只能告诉自己“但行好事”，一切从学习和实践开始。

2016年，全国总工会大力推动城市困难职工解困脱困工作，作为承担此项工作的具体工作人员，王添皞深感“生逢其时，重任在肩”。解困脱困是对困难帮扶的深化和细化，对工作任务有了更高的要求。王添皞认为，解困脱困工作要做到知行合一主要有两个方面：一是要真知。真知的唯一途径就是学习，不仅要学习全国总工会和区总工会的制度，更要掌握了解中央和自治区党委的大政方针，着眼于大局，研机析理，真正将相关政策融会贯通，不能在为困难职工和基层工作人员解答的时候无话说、说错话，要用学习来克服、解决本领恐慌，做业务工作中的“活字典”。二是要真行。真正地付诸行动，用理论知识指导工作，将对困难职工的关心关爱转化成实际行动，必须做到急职工之所急，发自内心地为困难职工担当与付出。

面对全区5.9万户建档立卡困难职工，如何尽快解困脱困的实际问题，王添皞和同志们明确了“发挥工会优势、统筹社会资源、志愿结对帮扶、助力解困脱困”的工作思路，并从以下三个方面开展工作。

一、在“谁来帮”上想办法

一是起草下发《自治区总工会关于开展“助力脱贫富民·志愿结对帮扶”活动的通知》，发动全区有条件、有资源、有能力的大中型企业以及机关事业单位和慈善机构，将 6532 户深度困难职工分类分配到了 217 家结对单位工会。二是指导由结对单位工会发动所属基层单位、党群组织、车间班组、志愿团队、职工个人，采用“1+1”“1+n”“n+1”的模式进行志愿结对认领，发挥帮扶主体特色和优势，凝聚全社会助力解困脱困强大力量。三是起草下发《关于切实做好困难职工家庭数据比对和信息共享工作的通知》，摸清底数，采取拉网式排查、逐户走访、电话回访、大数据比对等形式核实信息，重点对困难职工致困原因进行详细登记和分类，为建档和资金分配夯实基础。王添皞格外重视专项帮扶资金的分配，深知困难职工急切盼望着这笔救命钱，所以不允许自己出现任何差错，总是一遍遍地核对困难职工档案、测算帮扶标准、信息比对、核算医疗费用支出数额，确保每一分帮扶资金都能得到科学、准确地使用。

二、在“如何帮”上出实招

为实现稳定脱困，指导各级工会避免出现“一刀切”“大漫灌”的情况，王添皞通过结对双方“一对一、面对面”沟通，制订个性化的帮扶方案，明确责任人、时间表和任务书等方式在长效帮扶上下功夫；针对因下岗失业致困的帮扶对象，免费提供就业服务和“订单式培训”，每年组织 200 多家企业与困难职工专场对接，累计提供 4000 多个就业岗位；针对因患大病致困的帮扶对象，开展“爱心助疗”专项救助，帮助联系医院医生，协办医保手续，发放免费体检卡；针对有需求的困难职工，通过组织“12351”心理咨询专家入户走访、谈心聊天等方式，开展心理疏导；针对因子女上学造成家庭负担过重而致困的帮扶对象，通过联系企业为子女提供勤工俭学岗位，代办助学贷款、筹集应急钱款等方式，帮助他们渡过难关；建立每月入户家访、全区四级“结对帮扶微信群”“帮扶动态定期公示”等制度，促进帮扶工作比学赶帮，压实责任、压茬推进，增强内生动力。

三、在“帮到位”上见成效

王添皞推动制定出台了《宁夏回族自治区总工会困难职工帮扶管理实施细则》《宁夏回族自治区总工会“工会班”管理办法（试行）》《宁夏回族自治区总工会金秋助学管理办法（试行）》《关于全面完成在档困难职工解困脱困工作的通知》《关于进一步规范和加强困难职工帮扶工作的通知》等多项制度文件，形成对不同困难程度、不同困难类别的困难职工的帮扶工作体系，即由全国级建档立卡困难职工、自治区级建档立卡困难职工、工会班（工会资助）、金秋助学、结对帮扶、医疗互助、技能培训促就业、临时救助、常态化送温暖 9 项帮扶品牌组成的“帮到位”的梯度帮扶工作体系。为出台管用好用措施不畏艰辛，召开了 17 次座谈会，广泛听取各方意见，收集 200 多条意见建议，极大地充实了制度的内容。

经过他和全区各级工会干部的不懈努力，累计使用各类帮扶资金 2.2 亿元，帮扶职工 195233 人次，困难职工由 2016 年的 5.9 万户减少到如今的 2502 户，脱困率达 96.61%。宁夏回族自治区总工会在全国困难职工解困脱困工作座谈会上交流发言，他所在的法保部也多次受到上级表彰，先后被评为“全区抗击新冠肺炎疫情先进集体”和“全区脱贫攻坚先进集体”。

阿依努尔·艾里

阿依努尔·艾里，女，维吾尔族，中共党员，新疆维吾尔自治区巴音郭楞蒙古自治州总工会困难职工帮扶中心干部。

为职工撑起一片蓝天
——阿依努尔·艾里同志事迹材料

阿依努尔·艾里同志从事解困脱困工作已有11年。她政治立场坚定、思想积极进取，注重个人修养、严格要求自己，讲团结、顾大局，有原则、有作为。工作期间，她被自治州党委机关委员会评为2008—2010年度“优秀共产党员”、在庆祝中国共产党成立90周年之际，被评为“州直机关三十佳优秀共产党员”、2010年度自治州“优秀工会工作者”、2017年度自治区“民族团结一家亲”先进个人、2017年自治州“民族团结一家亲”先进个人。她于2015年、2018年、2019年参加3年“访民情，惠民生，聚民心”工作，其间得到了各族群众的一致好评。

一、坚持学习，不断增强业务能力

作为困难职工帮扶中心干部，阿依努尔·艾里始终抱着“干一行就要爱一行”的思想，牢固树立全心全意为人民服务的思想宗旨，充分发挥好党与职工群众的桥梁和纽带作用。她始终把学习放在首要位置，并贯穿到工作的全过程，学习研究全国总工会、区总工会下发的困难职工帮扶工作相关文件、方案，详细掌握帮扶工作的一系列政策，不断提高自己的业务素质和工作能力，进一步加深对全州困难职工帮扶工作特点及发展规律的认识，使自己的思想更加贴近现实，为做好帮扶工作打下良好的理论基础。

二、严格审核，努力解决问题短板

她带着深厚的感情，10 余年来致力于困难职工帮扶工作。认真起草下发《关于规范困难职工建档立卡工作的通知》，细化措施、严格审核把关，做好困难职工建档立卡、动态管理工作。为提高全州帮扶干部工作水平，她组织常态化业务培训 20 余场次。她认真开展困难职工的入户走访、信息审核等工作，确保每一个环节都准确无误，把党的温暖送到各族困难职工的心坎上。为迎接自治区城市困难职工解困脱困工作成效第三方评估，她组织工作人员对 8 个县开展“地毯式”走访排查，入户走访困难职工家庭 200 余户，组织开展帮扶业务培训 8 场次，找准问题和短板，通过梳理分析制定有效措施，逐条指导整改，保证顺利通过评估验收。她探索解困脱困有效工作方法，制定《巴州困难职工基本情况表》《巴州在档城市困难职工解困脱困督导牌》，为顺利召开自治州城市困难职工解困脱困工作协调会议，围绕“就业创业、医疗保障、落实社保、子女助学、住房保障、社会救助兜底保障、送温暖活动”等政策措施，推动政府有关部门各司其职、联动帮扶形成合力。

二、无私奉献，默默践行初心使命

阿依努尔·艾里在自己平凡的工作岗位上恪尽职守、默默无闻地辛勤工作着，没有豪言壮语，没有慷慨激昂，只是在平稳地踏着心中的节拍在平凡的岗位上，始终奉行全心全意为人民服务的一贯宗旨。她在工作中勤勤恳恳，任劳任怨，淡泊名利，乐于奉献，时时处处以一个共产党员的标准严格要求自己，恪守“奉献不言苦，追求无止境”的人生格言。她用自己的实际行动书写了新时代党的干部最真实的理想和追求，把自己全部的情和爱倾注在帮扶工作上，随时去迎接着新的机遇和挑战。

李倪豪雄

李倪豪雄，男，汉族，中共党员，新疆生产建设兵团第三师困难职工帮扶中心主任。

坚守在平凡的岗位上　做一盏灯　一颗钉
——李倪豪雄同志事迹材料

李倪豪雄同志从事困难职工解困脱困工作已有15年。2012年，他被全国总工会授予“全国工会帮扶工作先进个人”荣誉称号。都说“铁打的营盘流水的兵”，而他就是帮扶中心的营桩子，困难职工贴心的“娘家人”，解困脱困工作中的一盏灯、一颗钉。他秉持为民情怀，多措并举、精准发力，有力推动了困难职工精准帮扶精准脱贫工作的有效开展。

一、舍小家为大家，奉献显担当

新疆生产建设兵团第三师图木舒克市地处国家“三区三州”深度贫困地区，是兵团脱贫攻坚的主战场。2012年，师市困难职工为19632户57490人，贫困发生率达27.9%。2017年底，师市建档立卡困难职工为1973户8600人，占兵团困难职工的70.44%。困难程度深、发展能力弱，维护社会稳定、脱贫攻坚任务艰巨繁重。

在入户走访时，李倪豪雄看到困难职工家徒四壁，困难职工家庭学子捧着大学录取通知书悲喜交加和期盼的眼神，心里很不是滋味。他暗下决心，一定要让困难职工过上好日子。身为党员的他，在实际工作中率先垂范，严格要求自己，时刻把职工的冷暖安危放在首位，把带领职工致富记在心间。

有困必解、有难必帮、有困难找“李子”已经成为职工的第一反应。

“5+2”“白 + 黑”是李倪豪雄的工作常态。由于长期持续超负荷工作，他无暇顾及自己的身体健康。2018 年，在 51 团 9 连精准摸排比对期间，因血压升到 150/200，他出现头晕、呕吐现象，晕倒后被送往医院抢救。2020 年 7 月，因胃病大出血，他被切除了一半的胃，瘦了 43 公斤。“能不能请你停下脚步，往后望一眼。我不希望与你最后的距离，是你的背影。”妻子的话就像一块石头一样压在李倪豪雄的心里。在 400 公里之遥的图木舒克市工作的他，无暇顾及家里的琐碎。年迈的父母生病住院，年幼的女儿高烧不退，他都不能陪伴。都说陪伴是给父母最好的爱，他觉得自己不是好儿子，也不是好女婿。所谓“温暖”就是同孩子一起成长，但在孩子成长教育过程中缺失了父爱，他觉得自己也不是好父亲。家是什么？是夫妻之间互相依靠，共同经营，然而繁重的家庭责任都交给了妻子，他觉得自己也不是好丈夫。那他究竟是什么？他是共产党员，困难职工心中的“大拇指”，老百姓嘴里的“亚克西”。一头是 4 个年迈的老人、两个年幼的孩子和一个负重的妻子，一头是充满期盼需要帮助的困难职工群众，心尖尖上的天平怎么倾斜？“困难就像是一座山，我们每一个人都应该是‘攀登者’”，他留给妻子的只有这句话。在维稳一线、救灾现场、困难职工家中，处处都留下了他的身影和足迹。15 年来，他跑遍了师市 16 个团（镇）175 个连队，用实际行动诠释着初心使命，用责任和担当书写着解困脱困故事。

二、真情帮扶暖人心、见实效

精准识别，落实好“扶持谁”。李倪豪雄始终将“精准”作为解困脱困工作的出发点和立足点，没有人数的限制和规定，不符合条件的坚决不予识别，满足条件的做到“应识尽识”全部纳入。2018 年 5 月，他组织协调师团连 100 余名工会干部经过 3 个月艰苦奋战，按照“团不漏连、连不漏户、户不漏人”的要求，经过“一申请、一评议、两公示、一比对、一公告”等工作程序，精准识别出师市困难职工 1093 户 4131 人。在建档立卡过程中，坚决要求做到“一户一策”和“一人一档”，摸清了致困原因、分布情况，理清了基本思路，明确了工作重点，做到了有的放矢，职工群众认同感、满意度达到百分之百。

注重“扶志”和“扶智”相结合。本着“帮种帮收不如帮观念、帮款帮物不如帮技术”的思路，李倪豪雄坚持扶贫与扶志、扶智、扶本相结合，加大对困难职工的“感恩教育”和技能培训力度。15 年来，他组织开展各类实用技术培训班 123 场次，培训困难职工 1536 人。组织农业一线非在岗劳动力转移就业培训 7326 人，职业技能培训 3962 人。每户贫困职工中培养一名可以讲得清政策的“明白人”，培养各类“脱贫之星”637 人，成立“草根宣讲团”6 个；组织集中宣传国家政策法规以及惠民政策 217 场次，受教育职工群众达 73900 余人次，深入基层走访慰问困难职工群众 2316 户，让各族职工群众充分感受到党的关怀和温暖。

多元增收促就业、拔穷根。“不仅要腰包鼓囊囊，更要精神亮堂堂。”李倪豪雄说，“只有这样，才能让职工群众真正感受到党的惠民政策带来的实实在在的好处！”根据困难职工家庭的实际情况，他制定“一户一巩固”措施，不断加大贫困人口富余劳动力转移就业力度。2017 年以来，他通过开展订单式输送培训，帮扶自主创业，成立合作社等方式，帮助具有劳动能力的 1853 名困难职工全部实现就业。为解决种植养殖合作社产品出售问题，他带头当起了合作社和困难职工的“推销员”，2020 年疫情期间，帮助合作社和困难职工促销哈密瓜、苹果、梨、西梅等近 400 万元的滞销农副产品 500 多吨，对此，困难职工看在眼里、记在心里，勤劳致富的积极性、主动性得到了大大提高。

2017 年来，李倪豪雄坚持精准施策，狠抓“四个一批”措施、“七个行动计划”和“五个加大力度”，共计筹集帮扶资金 2303.25 万元，帮扶 6356 户困难职工。截至 2021 年 4 月 10 日，第三师图木舒克市总工会在档深度贫困职工家庭仅存 44 户。李倪豪雄将“送温暖”和困难职工解困脱困工作做成了第三师图木舒克市总工会一项深受职工信赖和社会各界认可的工作。经过多年的攻坚克难，困难职工精准帮扶精准脱贫深入人心，困难职工的获得感、幸福感显著增强，解困脱困工作取得了决定性成效。

全国五一劳动奖状获得集体事迹材料

云南省总工会职工帮扶服务中心

高位推动　精准发力
扎实推进城市困难职工解困脱困工作
——云南省总工会职工帮扶服务中心事迹材料

近年来，云南省总工会职工帮扶服务中心在省总工会党组的正确领导下，坚持以“制度保障”为主线，创新出台困难职工帮扶服务“1+10”制度文件，率先组织第三方动态管理核查评估，扎实开展“户户清”专项攻坚行动，积极协调政府相关部门做实精准识别、精准施策、精准退出等工作，做实每一个帮扶项目。全省全国级在档困难职工从 2017 年的 7.1 万户下降到目前的 2000 余户，解困脱困工作成效显著。

一、坚持高位推动，压实各级责任

职工帮扶服务中心积极争取云南省委、省政府、省总工会党组重视支持困难职工解困脱困工作。时任省委书记陈豪多次作出指示批示；时任省长阮成发主持召开政府与工会联席会议，研究困难职工解困脱困相关帮扶政策；省委分管副书记多次听取专题汇报，召开全省会议研究推动困难职工解困脱困工作；省人大常委会副主任、省总工会主席王树芬亲自筹划、亲自部署，召集政府相关部门负责人多次召开专题会，制定帮扶政策，开展专题调研，面对面帮助基层解决现实难题；省总工会党组书记、常务副主席孔贵华牵头制订帮扶政策、方案计划，推动具体工作措施落实落地。职工帮扶服务中心推动出台《云南省人民政府办公厅关于进一步做好困难职工解困脱困工作的实施意见》，16 个州市均出台了贯彻意见，成立了地方党政领导任组长的困难职工解困脱困领导小组，构建了“党委领导、政府主导、工会牵头、部门负责、社会参与”的工作体系，进一步细化压实了责任，形成了推进困难职工解困脱困工作的强大合力。

二、坚持制度保障，加强顶层设计

2017 年，职工帮扶服务中心制定《云南省工会困难职工解困脱困工作规划（2017—2020 年）》，出台了精准识别、建档立卡、考核评价、进入退出机制等方面的相关文件 11 个；制定《云南省工会困难职工解困脱困考核评分表》，从 6 个方面共 25 个具体项目对解困脱困进行百分制量化考核。2019 年，按照“一般困难机制帮、突发困难及时帮、突出困难重点帮”的要求，职工帮扶服务中心会同省级有关部门出台了《云南省总工会等八部门关于进一步落实困难职工解困脱困相关政策的通知》和《云南省总工会关于建立健全困难职工帮扶长效机制的意见》等 10 个配套文件，形成了独具特色的困难职工帮扶服务“1+10”制度文件，对深度困难职工、相对困难职工、意外致困职工、一般困难职工、普通一线职工都有相应的帮扶慰问办法，构建了层次清晰、相互衔接、各有侧重、保障适度的长效梯度帮扶体系。

三、坚持聚焦精准，做实专项行动

2016 年，职工帮扶服务中心全面开展建档立卡和精准识别行动，最终确定符合条件的困难职工 7.1 万户。2018 年，深入开展困难职工精准识别“回头看”行动，最终精准退出 8474 户、注销 2979 户、新增 671 户困难职工。2019 年，坚持以问题为导向，率先在全国组织困难职工动态管理第三方核查评估，进一步摸清了底数，掌握了实情，推动了问题整改。2020 年，开展“户户清”专项攻坚行动，查找出困难需求 5037 个，制定精准帮扶措施 5909 条，各部门协力解决困难 4815 个。同时，部门积极建设帮扶工作管理系统，主动与相关部门建立信息共享、核查比对机制，在入户核查的基础上，进一步做实精准识别工作。

四、坚持分类施策，增强帮扶实效

充分发挥各级工会及结对帮扶干部作用，针对在档困难职工的不同困难需求，按照“六个一批”要求，因人施策、因户施策、精准施策，运用政府兜底保障和工会常态化帮扶助力困难职工解困脱困。近来年，各级工会共投入 9 亿余元资金，对在档困难职工实施了 30 万余户次生活救助、2.5 万余户次子女助学救助、1.3 万余户次医疗救助和 7.8 万人次技能培训、就业咨询、就业指导。通过政府联席会、解困脱困工作领导小组推进会、集中调研座谈会、交办精准帮扶任务清单等方式，职工帮扶服务中心积极协调人社、教育、民政、住建、医保等部门共同精准施策，帮助在档困难职工共落实就业 9725 户、社会保险 6405 户、医疗保险 11914 户、子女助学 33533 户、住房保障 3337 户、低保保障 8722 户，所有困难职工基本实现了“两有五保障”，所有在档困难职工全部实现解困。

五、坚持创新推动，全力打造品牌

指导各级工会结合实际、大胆创新，因地制宜开展解困脱困工作。大理州祥云县县委书记、县长亲自负责，统筹推进困难职工解困脱困和脱贫攻坚工作，充分整合资源，运用系统集成方法，将全县各部门社会救助、脱贫攻坚政策措施与困难职工解困脱困有效对接，形成了“祥云样本”。红河州党政领导亲力亲为，发动对困难职工进行“部门一帮多、领导一对一”的结对帮扶，共有 36 名厅级干部、62 名正处级干部、928 名科级以上干部、州县两级 341 个部门进行了结对，形成了“红河经验”。近几年来，全省各级工会不断创新工作方法，省总工会本级、红河州、大理州、楚雄州、祥云县总工会的 7 篇经验做法被列入全国总工会权益保障部编写的《困难职工解困脱困指导手册》，文山州总工会的经验做法被《云南改革快报》2019 年第 4 期刊发，普洱市总工会的经验做法于 2020 年 8 月在云南省总工会第十二届委员会第七次全体会议上作了交流。这些不断涌现出来的经验做法，为推动困难职工解困脱困工作发挥了良好的先行示范作用，营造了全社会关心关爱困难职工解困脱困工作的浓厚氛围，在全国范围内创立了独树一帜的困难职工解困脱困的云南经验。

柳州市总工会职工服务中心

聚焦精准帮扶　共赴小康大道
——柳州市总工会职工服务中心事迹材料

近年来，柳州市总工会职工服务中心认真贯彻落实中华全国总工会、广西壮族自治区总工会关于城市困难职工解困脱困的工作部署，在柳州市总工会的正确领导下，把“精准”贯穿困难职工解困脱困工作全过程。5年来，职工服务中心累计筹集近5000万元资金用于帮扶救助，帮助在档困难职工累计脱困3649户、注销9744户、解困308户。

一、积极争取党政支持，将帮扶工作融入全市脱贫攻坚大局

2016年以来，柳州市总工会多次向市委、市政府汇报，推动困难职工解困脱困工作列入市政府与市总工会联席会议题。2017年，推动市政府出台《柳州市关于进一步做好困难职工解困脱困工作的实施意见》，建立联席会议制度并印发工作规划；2019年，推动市委、市政府出台《关于进一步做好城镇困难群众脱困解困工作的实施方案》，为困难职工构建基本生活、基本医疗、教育救助、基本住房安全、就业创业、社会保险政策待遇“六条保障线”和实现临时救助、社会资源帮扶“两个全覆盖”目标提供政策支撑，形成党委领导、政府主导、总工会和民政牵头、部门落实、社会参与的工作机制。

二、建立“五个精准”机制，始终帮助困难职工排忧解难

在柳州市总工会的指导下，职工服务中心建立“五个精准”机制，准确把握住解困脱困的“五个关键性问题”。2020 年，职工服务中心全力推进百日攻坚行动，提前完成解困脱困任务，代表广西圆满完成全国总工会城市困难职工解困脱困工作成效第三方评估。

一是精准识别困难职工，通过“一户一档案”摸清帮扶底数，确定“帮扶谁”。2018 年以柳州市总工会作为全自治区困难职工信息管理系统试点为契机，率先开展无纸化建档工作，从提出申请、入户调查、信息比对、审批建档等方面规范建档程序，通过与民政、人社、公安、银行等多层次联网、跨部门核对，实现对困难职工的精准识别。

二是精准分析致困原因，通过“一户一计划”分类帮扶措施，明确“帮什么”。将当前政府已有的扶贫、社会保障、社会救助、就业扶持等各项政策与城市困难职工的需求精准对接，重点在涉及困难职工就业、就医、住房及子女就学等方面发力。

三是精准实施帮扶清单，通过“一户一措施”细化帮扶举措，确定“如何帮”。以市、县、区职工服务中心为依托，组成以基层工会干部为主体的精准识别组，采集分析困难职工家庭需求。坚持“输血”式帮扶和“造血”式帮扶相结合，列出帮扶服务清单，因户、因人制定帮扶措施。

四是精准整合帮扶资源，通过“一户一责任”健全帮扶机制，落实“谁来帮”。建立困难职工“一户一档一卡”，各基层工会主席作为帮扶责任人，履行走访慰问、政策宣传等职责；与民政、医保、人社和卫健等部门建立每月数据信息互通共享机制，实现多部门联合救助的无缝对接。

五是精准规范退档跟踪，通过“一户一评估”引入第三方监督，解决“如何退”。严格落实解困脱困标准，引入第三方评估，重点突出对困难职工

的精准识别、帮扶措施和帮扶效果、帮扶工作满意度的评估。困难职工经过工会帮扶困难程度得到缓解，认可工会解困脱困工作。

三、坚持提质扩面精准施策，不断打响四季帮扶品牌

在关爱服务困难职工的路上，职工服务中心通过健全工会困难帮扶和常态化“送温暖”工作机制，打响“春送岗位、夏送清凉、秋送助学、冬送温暖”四季帮扶品牌。一是开展就业援助月、春风行动、“送培创工程”，充分发挥工会培训教育阵地作用，让困难职工再就业有渠道、有阵地、有盼头。二是开展医疗救助和医疗互助保障，推动未享受医保的困难职工家庭纳入政府基本医疗制度保障范围。三是开展“金秋助学”和困难职工家庭高校毕业生“阳光就业”行动，将有子女入学的困难职工家庭纳入国家助学体系，减轻困难职工家庭子女入学负担。四是推动符合政府低保、低收入标准的家庭纳入政府社会救助体系，开展元旦、春节“送温暖”、中秋国庆慰问等活动，多方面加大精准帮扶力度。

四、整合多方社会资源，引入第三方监督营造阳光帮扶环境

职工服务中心在全区率先开展“点亮微心愿　凝聚正能量”活动，推动建立以工会组织为主导、社会各界资源共同参与的帮扶工作格局。2019年，引入社会组织作为第三方监督机构，负责申请对象的入户核查和帮扶成效的评估工作；2020年，联合志愿者协会，入户核查困难职工家庭“六条保障线”和“两个全覆盖”的落实情况，困难职工对工会帮扶工作满意度达95.76%。第三方监督既弥补了基层工会人手不足问题，又避免了人情帮扶、关系帮扶和过度帮扶的发生，保证了解困脱困工作的覆盖面，加大了解困脱困工作的监督力度和社会化程度。

五、试点提供心理关怀项目，关注困难职工身心健康

职工服务中心以柳州市总工会作为全自治区关爱职工心理健康工作试点和柳州市创建社会心理服务体系建设试点为依托，以困难职工家庭为重点服务对象，疫情期间在全市范围内开通了 24 小时心理援助热线、心理测评、微课堂、直播间等服务项目，为职工群众提供免费咨询和心理援助服务；配合中国职工发展基金会，协助柳州市总工会率先发起针对困难职工的公益捐赠，提供不受地域限制的全科医生视频咨询和个人健康管理定制化服务。

长沙市职工服务（帮扶）中心

打赢攻坚战　迈向新征程

——长沙市职工服务（帮扶）中心事迹材料

2016年以来，长沙市职工服务（帮扶）中心围绕习近平总书记重要讲话精神，在上级工会的指导下，着力“建机制、夯基础、保成效”，在奋力打赢城市困难职工解困脱困攻坚战中发挥了主力军作用，得到了党政群众的一致认可。

一、构建党政主导、群策群力的解困脱困工作机制

职工服务（帮扶）中心立足脱贫攻坚大局，精准把握城市困难职工解困脱困工作的重要作用，形成了“党委领导、政府主导、部门联动、工会推动、社会支持”的工作机制，确保解困脱困工作行稳致远、成效突出。一是构建“党政主导”工作机制，确保城市困难职工解困脱困与精准扶贫同部署、同要求、同推进。市委、市政府多次专门听取职工服务（帮扶）中心关于城市困难职工解困脱困工作的汇报，并做出重要指示，将解困脱困工作纳入全市绩效考核，纳入脱贫攻坚工作大局。市委办、政府办联合印发《关于开展城市特殊困难群体帮扶活动的实施方案》，明确部门职责，细化工作任务，着力开辟了全面小康路上保障城市特殊困难群体不掉队的“长沙路径”。二是构建“双联共责”工作机制，营造群策群力的工作氛围。推动成立由市委副书记任

组长，市人大常委会副主任、市总工会主席和分管工业经济的副市长任副组长，相关部门负责人为成员的长沙市“双联”和困难职工帮扶工作领导小组。党政机关联系困难企业，机关干部联系困难职工，全力以赴推进落实落地，共计发动660个机关单位（市直单位78个，县直单位582个）、11040名干部职工投入“双联”和解困脱困工作中，累计联系困难企业928家。三是构建“部门联动”工作机制，形成齐抓共管的工作合力。职工服务（帮扶）中心在市委领导下，紧密联动相关部门，营造解困脱困的良好局面。市财政局每年安排200余万元专项资金用于开展困难帮扶活动，市教育局对工会建档立卡困难职工家庭的在读学生实行免审核，直接纳入救助帮扶。市总工会筹集帮扶资金3515.34万元全面开展“金秋助学”、大病救助、生活救助、技能培训、女职工特别关爱等活动，帮扶救助困难职工22909人次，投入送温暖资金3000余万元，为5万余人次送去党和政府以及工会组织的温暖。2016年，长沙市2万多名建档立卡困难职工于2020年12月10日全部脱困。

二、夯实精准识别、动态管理的解困脱困工作基础

职工服务（帮扶）中心坚持“以人为本”，在“精准”上做创新，在“动态”上强作为。一是创新联动做实“信息共享”，与民政局联合印发《关于切实做好工会组织和民政部门困难职工家庭数据比对和信息共享工作的通知》，通过政府社会救助管理系统对困难职工家庭财产信息进行数据比对，大大提升了对象识别的精准度；构建了诚信申报—基层入户—民主评议—公开公示—信息比对—第三方评估—逐级审核—建档立卡—实时更新—及时救助的帮助救助流程。二是集中力量做实“五核实、四规范”，职工服务（帮扶）中心严格按照“分级负责、精准识别、一户一档、动态管理”的要求，坚持“核实现有、核实脱困、核实错漏、核实更新、核实结对”工作法，强化“规范原始、规范电子、规范流程、规范资金”，组织专门帮扶干部队伍，对全

市困难职工档案进行全面清理。三是拉近距离做实“红本本”，职工服务（帮扶）中心为拉近与困难职工距离，加强困难职工归属感，精心制作了《城市困难职工解困脱困结对帮扶台账》，职工亲切地称之为“红本本”。带着“红本本”，职工服务（帮扶）中心的 6 支解困脱困工作小组定期到困难职工家庭开展走访活动，全面了解困难职工家庭的人员、财产信息变化情况和帮扶政策落实情况，及时更新档案资料，建立困难职工档案动态管理工作机制。

三、确保全面解困、全员脱困的解困脱困工作成效

按照全国总工会“全面解困、全员脱困”的工作要求，职工服务（帮扶）中心力求将解困脱困工作做实、做优、做出成效。一是广动员，形成工作合力。市总工会多次召开主席办公会、市总工会常委会，专题研究部署解困脱困工作。职工服务（帮扶）中心广泛动员开发区和区县（市）总工会、产业（系统）工会、直属企业工会，组织帮扶专干 100 余人，全面参与城镇困难职工解困脱困工作；二是抓落实，强化责任担当。出台实施方案、操作指南、信息比对等指导文件，“领导分片包干联区县，干部分头指导强业务”，全市各级工会组织担纲鼎力，全面打响城市困难职工解困脱困攻坚战；三是引资源，团结社会力量。职工服务（帮扶）中心积极引入长沙市培源社会工作服务中心、长沙市地衣社会工作服务中心、时代倾城助学基金、湖南朝阳公益慈善基金等社会资源共同助力城市困难职工解困脱困，积极联系中联重科、三一重工、广汽三菱等大型企业开展“金秋助学暑期行”活动，开拓困难学子视野，扶贫扶智同行；四是优服务，助推便民富民。在建档立卡的基础上，职工服务（帮扶）中心拓宽服务范围，优化服务质量，开展在职职工医疗互助活动，向 9.5 万人次发放补助金 5800 万元，有效缓解了职工因病致贫、因病返贫的风险，并成功与从长沙市医保系统数据对接，开通微信申报功能，极大地方便了职工群众；五是强宣传，厚植劳模精神。5 年来解困脱困工作硕

果累累，涌现了一大批先锋模范、学习典型，职工服务（帮扶）中心充分发挥工会融媒体作用，运用“互联网 + 工会”模式，大力宣传帮扶典型、感人事迹，广泛弘扬劳模精神，长沙市雷锋艺术团采编结对帮扶对象谭志军的典型案例在十八洞村上演，经验做法多次在《工人日报》等中央、省、市媒体宣传报道，在群众中引起强烈反响。

哈尔滨市困难职工帮扶中心

心系困难职工　践行使命担当 扎实推进城市困难职工解困脱困工作

——哈尔滨市困难职工帮扶中心事迹材料

哈尔滨市困难职工帮扶中心自 2002 年 12 月成立以来，始终坚持心系困难职工，守初心、担使命，把精准帮扶和常态化帮扶服务紧密结合在一起，打造救助、就业、维权、服务“四位一体”的综合型服务职工格局，为全市困难职工提供各类帮扶救助 33.5 万余人次，提供资金及物资救助 1.4 亿元。困难职工帮扶中心先后获得全国“工会模范帮扶中心”、全国“工会职业介绍示范点”、省“五一劳动奖状”等荣誉称号。

一、完善机制建设，不断提高帮扶工作水平

困难职工帮扶中心以困难职工解困脱困为工作重点，按照“建机制、强功能、增实效”的工作要求，充分发挥服务窗口作用，切实做好困难职工解困脱困工作；按照全国总工会、省总工会关于困难职工解困脱困工作的部署，与市人社局、市财政局等 10 个部门联合出台《关于建立完善困难职工扶贫解困帮扶机制的实施意见》，明确建立完善困难职工就业援助、生活救助、医疗救助、教育救助、住房救助和法律援助等机制，为困难职工每月发放 15 元水电、煤气补助，减免取暖费、电视费等生活费用，重点解决困难职工生活困

难；制发《关于进一步做好困难职工解困脱困工作的实施方案》，明确工作思路、目标任务和主要工作内容，确定了“五个一批”工作措施，做好困难职工的“第一知情人、第一报告人、第一帮扶人”；制定《哈尔滨市困难职工和帮扶对象档案管理暂行办法》，实行分级建档，解决长期困扰基层的困难职工建档标准模糊、识别不清、界定不准等问题，做到有章可循、有据可依，使更多相对困难的职工得到帮扶救助。

二、突出精准识别，切实做到困难职工应帮尽帮

困难职工帮扶中心竭诚服务职工，牢记使命担当，全身心服务困难职工。一是加强培训，提高服务能力。建立了工会帮扶工作学习微信群和 QQ 群，组织基层工会干部通过线上线下等学习方式，深入学习全国总工会、省总工会文件政策。采取网上答疑、座谈交流等方式，帮助基层工会查缺补漏，提高服务能力和水平；二是建档立卡，摸清底数；做到了“五清三结合”。围绕建档工作程序和困难职工界定标准，制定家庭成员清、家庭住址清、家庭收入清、致困原因清、子女入学（就业）情况清的“五清”建档法，按照“先家访、后建档、再帮扶”的原则，通过查看资料和入户实地考察、电话回访、核实收入相结合的“三结合”方法，真正做到家访全覆盖、救助全覆盖、公开全过程，实现“符合条件的一个不漏，不符合条件的一个不建”，帮扶资金严格管理依卡发放；三是精准识别，动态管理。做到数据信息一月一比对、一月一反馈。通过市政府与市总工会联席会议，确定了困难职工家庭数据比对和信息共享工作机制。依托省、市两级民政、公安、住建部门家庭数据信息两次比对，在精准识别上做到“严、准、全”，实现解困脱困对象有进有出，动态管理，做到应纳尽纳、应帮尽帮；四是加大排查，全面覆盖。先后召开专题会议 145 次，参会人员 5905 人次，实施全市重点行业困难职工专项排查行动，排查职工 21 万户。印制 5000 余份《困难职工精准排查建档立卡

指导手册》和《困难职工申报说明（模板）》，对不同企业分门别类摸底排查核实困难职工的人员数量、家庭人口、家庭可支配收入及生活状况。对哈尔滨市工业资产公司管理的80余家困难企业进行集中排查，重点排查停产、半停产困难企业，将需要帮扶的困难职工分级建档救助，实现全覆盖。

三、细化帮扶措施，全力做好解困脱困工作

困难职工帮扶中心整合资源，努力做到“困难有救助、求职有岗位、医疗有帮扶、信访有回音、侵权有援助”。一是分类帮扶，措施得力。在充分掌握困难职工状况的基础上，深入分析致困原因，开展“五个活动”，即专项就业创业培训，提高技能活动；“金秋助学”活动，跟踪助学、勤工助学；职工医疗互助保障活动，在档困难职工由工会缴纳保障费用；依法维权活动，督促企业依法为职工续缴社保费用；困难职工关爱互助活动。同时，采取资金帮、物资帮、大病帮、就业帮、就学帮、技能帮、政策帮、维权帮的“八帮”措施，确定助困帮扶方式，做到“一户一措施、一户一联系人”。二是线上服务效果显著。建立网上服务平台，全方位服务困难职工。利用“哈工e家”平台了解职工需求，开展各类优惠服务，帮助职工解决生活困难。开通快手直播职业介绍，与市人社局合作推出了“哈尔滨就业地图”，为有就业需求的困难职工家庭推送岗位，实现网上快捷找工作。三是梯度帮扶，持续发力。发挥以困难救助、“送温暖”、互助保障等为主要内容的不同帮扶措施的优势，对深度困难、相对困难、意外致困等不同困难类型的困难职工家庭精准帮扶、分类施策，构建各有侧重、有机衔接的梯度帮扶格局，建立梯度常态化“送温暖”预防返困机制，从注重短期效应到发挥长效作用。成立志愿者服务队，组织劳模企业、劳模工匠和爱心人士为困难职工献爱心，从职工最现实、最关心、最直接、最需要解决的生产生活问题入手，由“输血”变“造血”，防止已解困脱困职工返贫。

2016 年以来，哈尔滨市共有 6126 户困难职工实现脱困，累计筹集助学款 2963 余万元，帮助 10242 名困难职工家庭子女圆了大学梦。受助学子顺利完成学业，有的继续深造，有的走上重要工作岗位，甚至承担国家重点项目，不仅改变了家庭困难状况，还以自身行动回报社会。

济南市职工服务中心

情系困难职工　共筑小康梦想

——济南市职工服务中心事迹材料

近年来，济南市职工服务中心认真落实全国总工会、省总工会工作部署，聚焦城市困难职工解困脱困，全面提升各类帮扶、维权、服务保障项目。2016年以来，服务中心累计发放帮扶资金7468万元，帮扶困难职工2.6万余人次，全面完成困难职工解困脱困任务。服务中心获评首批山东省模范职工服务中心，并获得济南市事业单位脱贫攻坚专项奖励集体嘉奖。

一、健全平台机制，高标准建设职工服务阵地

一是构建省市联动、线上线下融合的综合服务平台。设置包括服务大厅、全省工会12351职工热线、智慧工会网上平台、大病互助保障、工会法律维权等在内的8项服务功能，构建起立足济南面向全省职工延伸服务的综合服务平台。服务大厅设置困难救助、就业创业、法律援助、普惠服务等8个服务窗口，设立了劳动争议调解室、劳动仲裁庭、创业培训室等多个功能服务室及职工心理健康中心。同时，依托“齐鲁工惠”App建设与实体平台联动的网络服务平台，形成省市县三级线上、线下联动的职工服务体系。泉城工会被评为20家全国最具影响力“互联网+”工会服务平台之一。

二是健全完善工作平台、资金档案管理、责任落实制度体系。着眼于工

作平台的提质增效，健全完善各项规章制度，规范服务流程，为困难职工帮扶提供方便快捷的一站式服务。着眼于分类管理、精准施策，制定出台帮扶资金、困难职工档案管理制度，进一步发挥困难职工档案的基础性作用，规范帮扶专项资金管理，切实提高财政专项帮扶资金使用效益。着眼于形成分级负责、层层落实的工作责任制，明确各级工会困难职工解困脱困的职责定位、任务分工和时间进度，任务落实到人，形成工作台账。

三是切实抓牢、抓实、抓准困难职工的精准建档和动态管理这个关键。首先，严格标准、建档立卡。每年严格按照困难职工认定标准，对全市困难职工家庭进行入户调研和信息采集录入，健全完善困难职工家庭信息档案，及时更新录入困难职工家庭情况的变化。其次，分级建档、动态管理。建立健全了全市困难职工帮扶救助体系，对困难职工实行全国、省、市、县分级建档管理，形成了立体帮扶格局。最后，分类管理，精准施策。根据职工困难程度，将困难职工家庭分为深度困难、相对困难、意外致困 3 个类别，实行分类管理，精准施策，定期引入第三方机构对困难职工档案进行审验核准，科学合理实施各项帮扶救助措施。

二、分类精准施策，实现帮扶救助精准化、常态化、社会化

一是困有所帮，兜住困难职工基本生活底线。职工服务中心建立完善了困难职工帮扶和“送温暖”慰问相互衔接、各有侧重的梯度帮扶服务体系，将包括在档困难职工和一线职工在内的 6 大类群体纳入“送温暖”慰问范围。2016 年以来，发放送温暖资金共计 5421 余万元，救助困难职工、困难农民工、单亲困难女职工 51601 人次；2020 年，为了缓解疫情对困难职工生活的冲击，保障疫情期间困难职工的基本生活，为在档困难职工发放疫情生活补贴 139 万余元。

二是学有所助，倾心深化“金秋助学”。职工服务中心坚持扶困与扶智相

结合，推动落实国家资助政策。扩大困难职工家庭就学子女救助范围，将就读高中、大学的困难职工家庭子女作为重点帮扶对象，同时对幼儿园、义务教育阶段困难职工子女给予一定帮扶，确保每一名困难职工子女顺利完成学业。2016 年以来，共资助困难职工子女 1653 人次，发放助学金 609 万余元。

三是大病保障，解决困难职工最直接、最忧心的致困难题。职工服务中心扎实开展大病救助，引入第三方机构对困难职工大病救助项目进行审验核准，落实医疗救助政策项目，自 2016 年以来，共救助患病困难职工 2951 人次，发放医疗救助金 1191 万余元。大力开展职工大病互助保障，为身患大病的职工提供“二次报销”保障。自 2016 年起，每年为在职劳模和困难职工办理一份互助保障，实现了对在职劳模和特困职工群体大病互助保障的全覆盖。人民网、新华网、学习强国平台、《工人日报》等新闻媒体对此进行了报道，收到了良好的社会效应。

三、拓展延伸普惠服务，形成竭诚为职工排忧解难的综合服务效应

一是深化困难职工联系人制度，全力打造帮扶救助升级版。职工服务中心紧扣“精准”核心要求，在全市各级工会建立困难职工联系人制度，推行困难职工家庭与联系人一一对应安排，实现工会和困难职工“一对一”精准对接。联系人承担困难职工“第一知情人、第一报告人、第一帮扶人”任务，每季度至少入户走访调查一次，不光是了解真情实况的调研员、讲解政策法规的宣传员、对接帮扶项目的信息员，更是排解心理压力的辅导员、解决临时困难的服务员。目前，全市各级困难职工联系人已家访更新困难职工家庭情况 8 万余项。

二是开展线上线下结合的职工心理健康服务。职工服务中心建立了职工心理健康中心，为全市职工提供心理健康服务，接待来访 3106 人次，提供心理健康咨询 592 人次。疫情期间开通疫情心理援助热线，为一线医护人员和

援鄂队员提供24小时热线服务，截至目前，疫情心理援助热线共提供心理咨询服务1158人次。

三是依托职工服务中心做实法律援助。建立以职工服务中心为中心节点，覆盖13个区县、161个街道的工会法援工作平台；探索形成职工法援“六步工作法”，持续完善职工法律援助工作机制建设。2020年以来，服务中心为职工提供法律援助和信访咨询服务3100多件次，协商调解劳动争议997件，办理法律援助案件905件，援助职工1660人，为职工挽回经济损失2238万元；与市劳动仲裁院合作，建立了劳动争议仲裁庭，已经开庭处理3起劳动争议，有效促进了劳动关系和谐与职工队伍稳定。

呼伦贝尔市职工服务中心

精准施策　靶向发力
多措并举推动城镇困难职工解困脱困
——呼伦贝尔市职工服务中心事迹材料

近年来，在呼伦贝尔市总工会党组的正确领导下，呼伦贝尔市职工服务中心认真贯彻落实全国总工会、区总工会关于城镇困难职工解困脱困工作决策部署，把城镇困难职工解困脱困工作作为党交给工会组织的一项重要政治任务，坚持精准对接、精准施策、明确目标任务、突出工作重点、抓住关键环节于 2020 年如期完成全市城镇困难职工解困脱困任务。

一、加强领导、健全机制、明确责任

职工服务中心认真学习贯彻习近平总书记关于脱贫攻坚工作的重要指示精神，积极落实中国工会十七大报告提出的“构建以精准帮扶为重点的工会服务职工体系”工作要求，推动成立困难职工解困脱困工作领导小组，抽调 14 名精干人员集中办公开展解困脱困攻坚工作。市总工会党组通过专题会议多次专项研究困难职工解困脱困工作，并召开全市困难职工解困脱困工作部署会和推进会，夯实市、旗两级工会城镇困难职工解困脱困工作责任和任务；通过定期督促检查和调研指导，发现问题及时指导旗、市、区，找出对策与解决办法，确保各项政策真正落实，各类问题得到及时解决。

二、聚焦精准、建章立制、规范实施

职工服务中心始终把“精准”贯穿困难职工解困脱困工作全过程，建立健全困难职工帮扶救助和解困脱困管理完整的工作体系，制定出台5个城镇困难职工解困脱困相关文件，按照“属地管理、分级建档、突出精准、各司其职”的原则，落实“一户一档案、一户一计划、一户一措施”，因困施策、以因定策、分类帮扶，确保精准识别困难职工，全面落实解困脱困计划；积极开展工会组织与民政部门困难职工家庭数据比对和信息共享工作，加大对致困原因、困难程度、技能水平、家庭收入等基础信息逐人逐项核查力度，精准掌握城镇困难职工及其家属的生产生活等现状，做实精准识别、精准施策、精准退出等工作，分级规范困难职工档案，形成相互衔接、各有侧重的梯度帮扶服务格局，为城镇困难职工解困脱困奠定坚实基础。

三、动态管理、全面掌握、成效显著

职工服务中心以不断加强困难职工档案规范化动态管理为抓手，按照“分级负责、精准识别、动态管理”原则，分级管理困难职工档案，采取“定时定期调查”与“随机随时筛查”相结合的方式，开展动态管理工作，通过对家庭收入和财产的调查，全面真实了解和掌握困难职工家庭状况变化，填写入户核查表，及时汇总更新数据库，深入分析致困原因，找准解困脱困措施，使底数更精准、原因更精准、措施更精准、解困脱困更精准。全市在档全国级困难职工由2017年底的4005户下降到2020年的207户，3798户困难职工家庭实现解困脱困。

四、精准帮扶、暖心服务、做实品牌

职工服务中心秉承“为民服务解难题”的定位，把为困难职工做好事、解难事、办实事作为解困脱困工作的重要一环。

扎实做好帮扶救助工作，严格帮扶资金分配、使用和管理。2017 年以来，累计筹集发放中央和自治区财政专项帮扶资金 2553.6969 万元，帮扶救助困难职工家庭 8916 户次，累计脱困 6844 户、解困 207 户，全市城镇困难职工解困脱困工作显著成效。

做亮工会“四送”品牌活动。2020 年，职工服务中心筹集疫情防控专项资金 626.264 万元，慰问一线疫情防控单位 539 家，慰问抗击疫情医护人员及疫情防控一线职工 89121 人；筹集送温暖资金 1954.328 万元，走访慰问企事业单位 179 家、一线职工 11891 人、困难职工 10883 户；筹集“金秋助学”资金 32.84 万元、救助困难职工家庭子女 111 人；全面开展“春风行动”“民营企业招聘周”“阳光就业”等活动，提供就业岗位 3208 个，达成就业意向 1003 人，为符合救助条件的 20 名困难职工家庭高校毕业生发放就业援助金 4 万元；充分发挥工会组织在促进就业再就业工作中的作用，培训下岗失业职工 3525 人次、农牧民工 2165 人次、困难职工家庭高校毕业生 173 人次，有效帮助职工与企业无缝对接，确保就业扶贫政策及时、有效落实，坚定困难职工脱贫信心。

加快推进医疗互助保障。为困难职工提供更多“定心丸”，职工服务中心与呼伦贝尔市医疗保障局联合下发《关于做好全市职工医疗互助保障工作的通知》，共有 5278 名患病职工成功申领互助金 5080147.28 元，职工群众的获得感、幸福感、安全感不断提升。

今后，职工服务中心将坚持以服务职工为工作导向，以解决职工群众急、难、愁、盼问题为工作重点，积极拓展和巩固城镇困难职工解困脱困成果，推进城镇困难职工常态化帮扶工作，不断开创服务职工新格局，建功“十四五”、开启新征程。

承德市职工服务中心

不能让一名职工兄弟在小康路上掉队
——承德市职工服务中心事迹材料

几年来，承德市职工服务中心坚持以习近平新时代中国特色社会主义思想为指引，从全面建成小康社会的全局和战略高度出发，把做好困难职工解困脱困工作作为重大政治任务和主要工作来抓，积极争取党政重视支持，加强组织领导，科学谋划，创新举措，精准施策，取得明显成效。截至 2020 年 12 月底，承德市原有全国级在档困难职工 8435 户实现了脱困注销，其中 138 户通过被纳入政府兜底保障和工会常态化帮扶救助实现解困，圆满完成了困难职工解困脱困工作目标任务。

一、提高政治站位，争取党政重视支持

职工服务中心主动争取党政重视支持，把困难职工解困脱困工作纳入全市脱贫攻坚大局，并连续 3 年列入联席会议议题，建立工会与扶贫、人社、民政等部门协同工作机制，努力构建大帮扶格局；积极协调市总工会与市人社局、市民政局、市财政局等 14 部门，联合出台《关于全面推进城市困难职工解困脱困工作的实施意见》，结合《承德市职工困难帮扶防贫实施办法》，进一步梳理帮扶政策，不断完善社会救助体系。市财政局将职工解困防贫工作所需资金纳入年度预算，为建立精准防贫机制提供资金保障；多次召开全

市专题推进会议安排部署，进一步明确“属地管理、分级建档、突出精准、各负其责”的工作原则，夯实了市、县两级解困脱困责任。时任承德市委书记周仲明、市长常丽虹先后对全市困难职工解困脱困工作作出重要批示。

二、健全规章制度，创新方法夯实基础

职工服务中心积极学习相关政策，认真研究省市文件要求，建立完善学习培训、规范管理、督导检查、考核评比等规章制度；先后 3 次组织由分管副主席和相关工作人员参加的大规模集中学习培训；每月安排专人对所有电子档案进行审核，督导各单位加强档案动态管理，及时调整、补充、完善相关信息。定期对市本级直属工会、产业工会所有困难职工档案进行统一装订成册、专柜存放，为全市统一、有序、规范困难职工档案管理树立了榜样。

在具体实践中，职工服务中心总结了困难职工解困脱困“八步四清工作法”，即“必入户、知家情、算收支、讲政策、民主评、贴公示、析困因、定措施”，做到“致困原因清楚、劳动能力清楚、年龄行业清楚、技能特长清楚”；分成两个工作小组多次深入各县（市、区）开展调查摸底，先后走访 800 余户困难职工家庭，详细了解困难职工家庭成员、经济收入、致困原因等实际情况，经过分析和归类，详细掌握第一手资料。对符合申报条件的，告知其可享受的各项政策，帮其树立克服困难的信心；对不符合申报条件的，说清原因，讲明政策，确保让退出的职工心服气顺。

三、精准帮扶施策，合力攻坚取得实效

在具体实施帮扶工作的过程中，职工服务中心坚持“政策兜底 + 工会补充”的工作思路，进行分类指导，认真贯彻落实好“四个一批”帮扶救助政策，实现“一户一策”；对有劳动能力的困难职工，与人力资源公司合作，定期举办就业招聘会，为其提供工作岗位；对丧失劳动能力的困难职工，整合

社会资源合力攻坚，积极推动纳入社会保障兜底，帮助他们解困脱困；对现有政策不能完全覆盖的困难职工，有针对性地开展帮扶工作；同时，大力开展“互助一日捐”“两项免费保障”等关爱职工系列项目，为患病的低收入家庭、无劳动能力困难职工家庭提供生活补贴，为患重特大疾病的深度贫困职工家庭提供医疗救助。逢年过节，职工服务中心都会组织基层工会到困难职工家里慰问，让他们感受到工会的温暖。职工服务中心干部带头号召结对帮扶干部根据实际情况开展有温度的帮扶活动，先后开展了“送一件棉衣、送一本书、送一瓶药”的暖心行动。几年来，根据困难职工实际情况，职工服务中心共落实帮扶政策 7200 余户，实施创业就业帮扶项目 3860 个，重点走访慰问困难职工 1890 户，开展“金秋助学”等活动帮扶困难职工 736 户，累计投入帮扶资金 3600 余万元。

全面整合社会资源，助力解困脱困。职工服务中心结合全市普惠工作，积极引导社会力量共同参与困难职工解困脱困工作；先后动员组织市五交化电器公司为困难职工提供了 20 个电饭煲。承德大中电器为困难职工单独制定优惠政策，购买电器可以享受比普通会员低两个点的优惠；河北银行承德分行多次参与“送温暖”和“金秋助学”活动，为 120 多名困难职工送去米、面、油和子女的助学金。

几年来，经过全市各级职工服务中心的共同努力，承德市城市困难职工解困脱困工作取得扎实成效。《河北工人报》先后在头版以《承德完成解困脱困任务》《办实实在在培训　帮困难职工端上“饭碗”》《吹响“冲锋号”坚决打赢脱贫攻坚收官战》等为题，多次宣传承德困难职工解困脱困的工作做法，得到省总工会、市委、市政府的高度认可。2020 年，在省总工会聘请第三方机构对承德市困难职工解困脱困成效定向评估工作中，各项工作均达到省总工会要求，得到职工的普遍认可。

鹰潭市职工服务中心

锐意创新　开拓进取
打赢城市困难职工解困脱困攻坚战
——鹰潭市职工服务中心事迹材料

近年来，在鹰潭市总工会党组的正确领导下，鹰潭市职工服务中心认真践行习近平总书记“一个也不能少”的重要指示，把城市困难职工解困脱困工作作为党交给工会组织的一项重要政治任务；全面落实全国总工会、江西省总工会和鹰潭市委决策部署，锐意创新，开拓进取，决战决胜全市城市困难职工解困脱困攻坚战，在全省第三方评估中总评 99.1 分，名列第一位。

一、提高政治站位，强化责任担当

党政高位推动。鹰潭市委、市政府高度重视城市困难职工解困脱困工作，将其纳入全市脱贫攻坚大局，同部署、同督查、同考核。市委常委会、市政府常务会每季度分别听取一次市总工会关于城市困难职工解困脱困工作情况的汇报，并建立市级领导结对困难职工帮扶制度。市委、市政府主要领导亲力亲为，多次对困难职工解困脱困工作作出批示。市政府与总工会在每次联席会议上都把城市困难职工解困脱困工作列为第一要务，在人、财、物上予以支持和保障。

工会主动担当。全市工会系统把城市困难职工解困脱困工作列为第一要务，作为落实“听党话、跟党走”的具体行动。市总工会成立了以工会主席为组长的鹰潭市城市困难职工解困脱困领导小组，下设办公室，由职工服务中心主任兼任主任，抽调 4 名精干人员集中办公。城市困难职工解困脱困工作被列为市总工会党组会和主席会议的第一议题，做到常抓不懈。

强化制度落实。建立全市困难职工解困脱困工作调度机制，实行“每季一汇报、一比对，每月一调度、一督查、一通报，半月一协调”。即每季度市总工会分别向市委、市政府汇报一次全市城市困难职工解困脱困工作；与民政等部门比对一次困难职工信息，确保精准识别、应建必建。每月市总工会解困脱困领导小组召开一次调度会议，重点研究帮扶谁、帮什么、谁来帮、怎么帮、怎样退等问题；开展一次全市督查活动，及时了解各项工作推进情况；通报一次各地工作进展情况。每半月职工服务中心召开一次区（市）及有关部门的协调会议，重点了解政策落实、动态管理、信息互通等情况，确保全市解困脱困工作有序有效推进。

二、坚持多措并举，开展精准帮扶

开展结对帮扶行动。全市 32 名市级领导、64 名市直单位主要领导、76 名区（市）领导，每人结对帮扶一名困难职工。全市工会系统实行领导挂点包片、干部职工结对帮扶困难职工全覆盖。结对帮扶做法得到省总工会高度认可，并在全省予以推广。

开展精准帮扶行动。一是强身健体“造血”，按照“六有”要求，打造了 8 个扶贫车间，设立困难职工脱困专岗，吸纳了 500 多名困难职工、家属就业。二是保障长期“输血”，对 84 名自身脱困无望的特困职工，按照每人每月 800 元的标准进行长期救助，确保了他们“两不愁三保障”。三是对症定期“补血”，针对因病、因残等特殊原因造成生活困难的职工，因人施策，为困难职工及其家属开展了家庭保洁、心理咨询等个性化精细服务。

开展常态帮扶行动。积极探索运用信息化手段，打造困难职工“一户一码”监测查询服务系统，有力推动政策落实精准化、帮扶服务便捷化、基层工作减量化。持续开展“春送岗位、夏送清凉、金秋助学、冬送温暖”和“职工大病医疗互助”等品牌活动，帮助困难职工解决生产生活中的实际问题。

三、积极整合资源，形成帮扶合力

建立联动机制。协调市人社、民政、财政、教育等 16 个市直部门，按照职责分工、各司其职、联动帮扶，实现困难职工精准对接、信息共享。近年来，全市共有 560 名困难职工及其家属享受了就业创业帮扶，439 名困难职工享受了医疗保障，107 名困难职工子女享受了教育救助政策，139 名困难职工享受了社会保险扶贫，216 名困难职工享受了基本住房安全保障，148 名困难职工享受了免费体检和心理咨询等服务。

汇聚社会力量。充分整合社会资源，引导企业、社会组织等力量，积极对接困难职工需求，助推精准帮扶。通过多方合作、购买服务等方式，市职业培训学校、市医学心理学会、市义工联合会等 70 多个社会组织，市邮政公司、江西渥泰公司、百盛健康体检中心、菊兰家政公司等 43 家企业参与到困难职工解困脱困工作中，提供了 5000 人次的帮扶服务。

营造良好氛围。坚持扶志、扶智、扶贫并举，举办全市困难职工实用技术培训班 37 期，培训 500 余人次。近年来，通过传统媒体和新媒体，广泛宣传城市困难职工解困脱困工作中涌现的典型经验和先进事迹，先后在《工人日报》、中工网、《江西日报》、江西电视台、《江西工人报》等媒体发表报道 40 余篇，形成了全社会都来关心、关爱、关扶困难职工的良好氛围。

鹰潭市职工服务中心多项创新举措得到上级组织和职工群众高度认可。江西省脱贫解困领导小组办公室专题刊发了鹰潭市职工服务中心的经验做法，

《工人日报》头版头条报道了鹰潭市职工服务中心创建“一户一码”监测查询服务系统助力解困脱困工作的实践探索，江西省总工会将鹰潭市“一户一码”做法在全省予以推广，各级工会组织和职工群众充分体验到“一户一码”的高效便捷。

淮北市职工服务中心

聚焦精准　务实创新
全力打好困难职工解困脱困攻坚战
——淮北市职工服务中心事迹材料

近年来，淮北市职工服务中心认真学习贯彻习近平总书记关于工人阶级和工会工作的重要论述及考察安徽时的重要讲话精神，始终坚持以职工为中心的工作理念，充分发挥服务职工“主阵地”“桥头堡”作用，强力推进城市困难职工帮扶民生工程，稳步提升帮扶质量和救助效益。2016 年以来，服务中心精准帮扶 17000 余户建档在册困难职工家庭实现解困，11440 户困难职工家庭实现脱困，在 2020 年全省城市困难职工帮扶民生工程考核中位列第一名。

一、建机制、压责任，凝聚解困脱困“一条心”

一是强化组织领导。成立由市总工会主要负责同志为组长的困难职工解困脱困工作领导小组，将困难职工解困脱困列入年度重点工作，作为“为职工办十件实事”中的头等大事，出台《淮北市工会帮扶资金使用管理实施细则（试行）》等制度文件，将解困脱困工作纳入制度化、规范化轨道。

二是争取高位支持。主动将解困脱困工作融入全市脱贫攻坚大局，通过市总工会与市政府联席会议，将解困脱困工作纳入全市 33 项民生工程范围，依照《淮北市困难职工帮扶民生工程绩效评价办法（试行）》《淮北市困难职工帮扶民生工程实施办法》，确保解困脱困工作高起点谋划，高质效落实。

三是健全工作机制。责任落实机制，细化任务指标和责任分工，形成责任链闭环管理；调度考评机制，月调度、季通报，并将工作成效作为“五型工会”竞赛指标，层层传导压力、级级压实责任；信息共享机制，与民政、人社等救助信息互通互联，精准识别对象、制定帮扶措施；动态调整机制，每季度开展一次摸底排查，对新产生的困难职工及时建档帮扶，确保不漏一人；结对帮扶机制，建立工会干部“1+3+3”联系制度，每名干部联系帮扶 3 名困难职工、每年走访帮扶不少于 3 次，实现帮扶常态化、长效化；跟踪回访机制，对拟解困脱困的困难职工家庭严格落实评估、核查、回访程序，确保真解困、真脱困。

二、瞄靶向、精施策，下活解困脱困“一盘棋”

一是温暖救助，纾解困难职工现实之困。深入开展“两节”送温暖、“万名干部进万家”帮扶解困、“五个一”帮扶救助、“保障疫情期间困难职工基本生活”等关心关爱行动，加大对困难职工生活救助、医疗救助力度，累计筹集、发放帮扶救助资金 3656 万元，救助困难职工家庭 18009 户次。建立大病救助标准动态调整机制，降低救助门槛、扩大救助覆盖面，最高救助标准由 1.5 万元提升至 5 万元，先后为 13 名因病致困职工申报 5 万元的高额救助，解了困难职工的燃眉之急。同时，连续 2 年为 2000 余名困难职工赠送互助保障，帮助他们撑起医疗“保护伞”。

二是帮扶就业，实施解困脱困根本之策。搭建线上线下就业促进平台，2020 年针对疫情影响，组织开展“网上就业创业援助月”活动，开展“创业带头人”“创业标兵”“金秋助学・阳光就业”线上招聘活动 50 余场，提供包括困难职工及其家属的就业岗位 3 万余个。以去产能分流职工为重点群体，举办稳岗转岗技能培训 40 期，提升再就业者适应市场的能力，帮助职工特别是困难职工实现“转岗不下岗、转业不失业”。倾心打造职工创业就业指导中心，免费为有创业意愿的困难职工提供服务，提供多渠道精准援助。

三是圆梦助学，阻断贫困代际传递之根。创新推出“圆梦计划”“金牌蓝领”“微心愿”等特色品牌活动，持续助学 23 年。大力实施“圆梦成才”计划，建立与高校的联合帮扶机制，采用以奖代补的形式，对品学兼优的困难学子持续资助。实施“金牌蓝领”计划，对考入高职院校的困难家庭子女进行资助，倡导困难职工子女树立积极的升学观择业观。实施“微心愿 助成长”活动，引导社会资源力量帮扶困难学子，通过募捐、爱心捐赠等形式，组织社会爱心人士认领困难学子“微心愿”，圆梦“微心愿”近千个。

三、拔标准、求创新，再添解困脱困“一把力”

一是打造更加便捷的就业援助平台。依托专业人力资源公司，投资 7 万余元，在市职工服务网创新开发困难职工就业援助平台，设置岗位直搜、线上面试、效果监控等功能，平台与市总工会官方微信同步链接，涵盖全市大部分规模以上企业，用工企业动态维持在 600 家左右，求职者通过输入关键字即可实现快速求职面试，市总工会通过后台可对浏览量、面试率、签约率进行实时监控，打造求职、面试等高效便捷服务，力助困难职工解决求职难问题。

二是提供更加专业的维权服务。整合“工会 + 司法 + 律协”资源，组建 14 名律师为成员的职工法律援助志愿团，推行律师轮值制度，建设劳动争议调解室、劳动争议法庭，畅通职工诉求表达、权益维护渠道，全新打造“调、裁、诉”一体化维权格局，为职工提供“一站式受理、一条龙服务、一揽子解决”的维权服务。

三是推行更加广泛的普惠服务。加大资金筹集和投入力度，不断拓展困难职工会员普惠项目保障服务领域，先后开展“情暖防疫职工，免费健康体检”“关爱农民工、免费送体检”及困难职工健康疗养等活动，为 1700 余名社区一线防疫工作人员、农民工提供健康体检，努力为职工群众解决后顾之忧。面向基层一线职工、公安干警、患病困难职工开展疗养活动，保障他们的休息健康权益，2016 年以来，共计组织 6000 余人进行疗休养。

宜昌市总工会职工服务中心

强化责任落实　协调部门联动
全力推进城市困难职工解困脱困工作
——宜昌市总工会职工服务中心事迹材料

2016年以来，宜昌市总工会把城市困难职工解困脱困工作作为重大政治任务，履牵头之责，抓政策落实，创工作新路，圆满完成目标任务。宜昌市建档立卡2240户困难职工全部实现解困脱困，动态新增517户建档立卡城市困难职工同步实现解困脱困。

一、坚持高位推动，融入脱贫攻坚大局

宜昌市总工会积极争取市政府出台的专项政策，把实现城市困难职工“两有五保障”目标融入脱贫攻坚大局；健全党委领导、政府主导、部门负责、社会参与的工作体制，形成多部门、多方位联动的工作格局；与市政府每年度召开的联席会议将城市困难职工解困脱困工作纳入会议议题，将人社、医保、民政、住建、教育等单位作为责任部门，建立协调机制和工作流程，推动城市困难职工解困脱困工作向深处走、往实里抓。3年来，县级以上财政投入专项帮扶资金2819万元，县级以上工会投入专项帮扶资金853万元，全国级困难职工家庭户均获得各类帮扶资金超过1.2万元。

二、强化部门联动，整合帮扶工作资源

一是上下联动“一盘棋”。宜昌市总工会建立了市县工会统筹协调、分级协作机制，每年对基层工会申报的困难职工进行入户走访和信息比对，开展困难职工档案复核和帮扶资金大检查，确保困难职工信息全面、真实，准确界定解困脱困对象，每年编制《宜昌市城市困难职工解困脱困对象名册》，建立“一户一档信息卡”，牵头抓好帮扶清单的定制、转交、督办工作，市县工会、基层工会共同帮扶 1 名困难职工，多管齐下，逐户“对账销号”。

二是左右联动“聚合力”。宜昌市总工会每年召开解困脱困成员单位联系人会议，下发《宜昌市城市困难职工解困脱困对象名册》，把困难职工脱困解困任务分解到人社、民政、住建、教育、医保等各成员单位，压实帮扶责任，形成各司其职、各负其责的落实链条。各成员单位从自身职能和优势出发，落实帮扶措施，在就业、就医、就学、社会保险、住房保障等方面全方位帮扶。

三是内外联动“补不足”。在城市困难职工解困脱困工作中，宜昌市总工会整合社会机构、公益慈善组织力量，组织动员先进模范人物、社会爱心人士和企业家共同参与解困帮扶；争取宜昌市英才教育基金会进行资助，2018 年至 2020 年吸纳社会公益助学金 33 万元，资助困难职工就学子女 66 人；联合市委直属机关工委、市慈善总会等部门，对城市困难职工发生重疾重灾的，给予一次性社会捐助，3 年来共帮助 200 余名困难职工。

三、推动措施落实，着力展现工会担当

一是纾困解难，突出帮扶针对性、及时性。宜昌市总工会连续 3 年每年安排 100 万元资金，用于解困脱困专项工作；针对城镇困难职工因病致困、因病返困占比多的实际情况，加大资金投入，2018 年对患重大疾病的建档城

市困难职工给予5000元医疗救助，使2019年度、2020年度全国级建档困难职工医疗救助人均分别达到7900元、9600元；聚焦困难职工和下岗职工就业、再就业，每年举办不低于600人的下岗失业困难职工家政服务培训班，优先推荐其就业；聚焦2020年新冠肺炎疫情对困难职工生产生活带来的影响，精准实施帮扶救助，向全国级困难职工家庭发放疫情特殊生活补贴144.4万元。

二是发挥优势，实现帮扶常态化、长效化。自2017年以来，宜昌市总工会充分发挥服务职工、联系企业的职能优势，在全市工会系统开展“联、帮、代、扶、促”活动，推行工会机关干部“四个一”联系结对机制；通过印发宣传资料、举办专题培训，在困难企业和困难职工中开展政策问答活动，持续加大对困难职工帮扶政策的宣传力度，提高社会知晓度。全市各级工会唱响“四季歌”，把重点帮扶和临时帮扶相结合，实现困难帮扶和“送温暖”常态化、长效化。

三是提质扩面，提升帮扶覆盖率、普惠度。宜昌市总工会围绕教育扶贫工作、加大投入，加强排查，对建档的全国级和省级困难职工家庭子女实施全过程、全方位助学；2020年重点对遭受重大疾病和意外灾害以及受疫情影响生活的困难家庭子女进行助学，市县工会投入资金382.1万元，助学人数达1102人。近年来，宜昌市总工会还以职工需求为突破口，探索试行职工法律咨询、职工心理咨询、农民工公益法律宣传、职工生活小课堂等服务职工项目，全方位服务包括困难职工在内的全体职工，增强服务实效。

四、积极开拓创新，全面提升帮扶实效

一是应用大数据。宜昌市总工会积极适应“互联网+”和做好线上群众工作的新要求，主动融入和对接宜昌市社会治理创新、“智慧城市”服务体系和“信息惠民”工程，以困难职工帮扶服务为主要内容，建立一套较为完

善的基础信息系统和快速服务系统，走出一条“互联网 +”工会困难职工解困脱困工作的新路子。全国总工会在宜昌召开现场会议，全面推介“宜昌模式”，“互联网 +”服务系统被评为“全国‘互联网 +’工会普惠服务最具影响力平台”。

二是实现“e 走访”。“e 走访”系统依托建档困难职工数据库，实现走访任务线上发布，困难职工基本信息自动推送，走访无纸化、可追溯。系统推行使用后，全市各级工会仅用半个月时间即完成 1000 多名建档困难职工入户走访工作，实现工作环节智能化，有效提升了走访入户效率，减轻了基层工会组织工作负担。

三是聚合社会力量。宜昌市总工会通过购买服务等方式，联合工作契合度较高、社会影响力较大、热心帮扶事业的公益性社会组织，开展“发现 · 帮助 · 温暖”困难职工关爱行动。关爱行动公益服务组织已累计协助寻找申报 86 名困难职工建档，审核通过率达到 90% 以上。社会组织还对困难职工家庭开展“一对一”个性化服务，增强了困难职工家庭的获得感、幸福感。

贵阳市服务职工中心

健全体系　精准施策
全力推动困难职工解困脱困工作
——贵阳市服务职工中心事迹材料

近年来，贵阳市服务职工中心在贵州省总工会、中共贵阳市委和贵阳市总工会的正确领导下，带领全体职工紧紧围绕中心、服务大局，按照全国总工会和省总工会关于困难职工解困脱困工作部署，立足贵阳市职工的实际情况，精心安排、精准施策，着力开展困难职工解困脱困工作，为贵阳市的脱贫攻坚大局作出了积极贡献，取得了显著成效。

近 5 年来，贵阳市建档困难职工累计脱困 12308 户、注销 36773 户。全市实现解困脱困的职工中，6556 户通过落实社保待遇政策实现脱困，627 户被纳入医疗保险实现解困，32 户通过社会救助兜底实现解困，4364 户通过子女就学帮扶实现脱困。

一、建体系，夯实帮扶救助基础

一是建设一个“服务圈”。近年来，贵阳市依托市、区（市、县）两级工会，建成市、区（市、县）、乡（镇、社区）、村（居）、企业五级职工服务中心（职工之家）共 1100 余家，为职工“有困难找工会”提供便利。2019 年，贵阳市总工会推动帮扶阵地转型升级，建成了贵阳市服务职工中心，为广大职工多元化、差异化、个性化帮扶服务提供阵地支撑。

二是构建一张“智慧网”。在“网上工会”建设中，贵阳市深化工会帮扶工作，通过运用“工会普惠云”“微愿”App、“筑工惠”公众号等帮扶服务平台，开发了“困难帮扶、金秋助学、就业援助”等板块，多渠道、多载体解决城市困难职工在日常生活、就业、子女教育、疾病医疗等方面遇到的实际困难，充分发挥工会在加快推进以改善民生为重点的和谐社会建设中的积极作用。

三是完善一份“路线图”。为推动贵阳市城市困难职工解困脱困工作与时俱进，贵阳市先后制定、修订出台了《贵阳市困难职工帮扶资金管理暂行办法》《关于开展困难职工精准识别工作的通知》《关于联合开展创业及技能培训工作的通知》《贵阳市职工互助活动实施细则（试行）》等一系列政策规定和实施办法，让各级工会开展困难帮扶工作有据可依、有章可循、依规帮扶；同时，每年举办困难职工解困脱困培训班，不断提升帮扶队伍服务职工的能力素质。

二、抓规范，入户识别精准建档

近年来，贵阳市严格按照“分级负责、精准识别、一户一档、动态管理”的原则，每年度都组织全市各级工会（工委）开展困难职工精准识别和建档立卡工作，对已纳入全国总工会帮扶系统的困难职工档案对标、对表反复核查梳理，精准识别；特别是自 2018 年以来，委托有资质的第三方社会组织开展入户精准识别工作，累计对全市范围内 4855 户在档或新增的困难职工进行入户摸底调查和公示，核定了困难职工基本情况。

三、多渠道，分类施策真情扶助

贵阳市始终坚持“帮扶多一点、贫困少一户”理念，通过深入开展“四季送”工程建设，在生活上扶贫、精神上扶志、能力上扶技、经济上扶业，从根本上帮助困难职工解困脱困。一是“春送岗位”。2020 年，市总工会充分发挥网上平台作用，加大再就业工作力度，举办线上招聘活动 2 场，提供岗位 50361 个。二是“夏送清凉”。2020 年，市总工会慰问企业 30 家，慰问职工 1 万余人，送去价值 50 万元的慰问物资。三是“金秋助学”。针对困难职工子女入学难的实际，市总工会每年在全市工会系统开展“金秋助学”活动；2020 年，筹集 290 余万元资金帮助 450 余名困难职工子女和农民工子女实现就学梦。四是“冬送温暖”。2020 年，发放各类帮扶资金及物资 1467.85 万元，帮扶困难企业 89 户，慰问困难职工（包括农民工、环卫工人、困难劳模等）及其子女 18523 人（次）。另外，近年来，依托全市开展的职工医疗互助活动，出资为在档的城市困难职工参加职工互助活动，2019 年、2020 年分别出资 30 余万元将在档的 1000 余名困难职工纳入职工互助保障计划，一定程度上有效化解了患病职工因病返贫的风险，为困难职工筑起了一道“防护墙”。

四、促长效，推动工作常态化管理

贵阳市为全面开展困难职工解困脱困工作，及时做好返贫致困职工的帮扶救助积极采取相关措施。一是加强政策宣传。及时下发全国总工会、省总工会、市总工会关于解困脱困工作的相关文件，定期或不定期组织基层干部开展各类帮扶培训、观摩交流等活动；二是规范工作流程。在现有困难职工建档的基础上，进一步健全完善返贫困难职工申请、基层工会上报、第三方入户、个人承诺、对外公示、建档立卡的流程，对经识别的返贫困难职工及时进行建档再帮扶；三是开展分类扶助。精准识别困难职工返贫致困原因，因人施策，分类通过技能培训、创业扶持、就业援助、助学救助、医疗救助、兜底帮扶等方式开展精准帮扶；四是实行动态管理。按照困难职工解困脱困相关政策要求，每年对在档或提出申请的困难职工开展第三方机构入户识别核实，对符合困难帮扶条件的，依档进行精准帮扶，对符合脱困标准的，按程序脱困退出。

五、谋发展，推动工作转型升级

贵阳市总工会在认真做好城市困难职工解困脱困工作的同时，充分认清当前工会帮扶服务工作面临的新机遇、新问题，紧紧围绕新时期工会的主责主业，准确把握工会帮扶服务职工的发展方向，立足职工多样化需求，积极构建困难帮扶、职工互助、送温暖走访、生活保障、心理服务和职工福利相互衔接、层次清晰、各有侧重的工作格局，推动工会帮扶服务工作转型升级。

新疆维吾尔自治区总工会
塔城地区办事处困难职工帮扶中心

立足工会职能　深化精准帮扶
——新疆维吾尔自治区塔城地区办事处困难职工帮扶中心事迹材料

新疆维吾尔自治区塔城地区办事处困难职工帮扶中心紧紧围绕全国总工会、自治区总工会和地委、行署关于困难职工解困脱困的工作部署和要求，立足工会职能，在打好脱贫攻坚战的同时，坚持精准导向，整合各方资源形成工会工作合力，立足“全覆盖、不遗漏”，推动城市困难职工解困脱困工作落地见效。

一、上下推动，构建城市困难职工解困脱困“大格局”

困难职工帮扶中心坚持高位推动，将城市困难职工解困脱困工作融入脱贫攻坚大局，集中力量加以推进。一是完善机构设置，强化力量配备，确保工作有力推进、有序开展；发挥编制资源的最大效益，形成梯次有序的人员补充机制，2020 年通过“绿色通道”引进研究生人才 2 名，事业单位公开招聘人才 1 名。二是争取党政支持，明确责任和目标，推动工作长效发展。2020 年，以地委、行署两办名义下发了《塔城地区城市困难职工解困脱困工作实施方案》，做到城市困难职工解困脱困与农村脱贫攻坚同安排同部署同解困。三是工会牵头，党政参与，形成协同推进的合力。成立以塔城地委分管工会工作的副书记为组长，行署联席工会工作副专员为副组长，各单位负责同志为成员的城市困难职工解困脱困工作协调推进领导小组，在全地区范围内形成了“党委统一领导、工会牵头协调、各部门分工协作”的工作格局。

二、分级负责，完善城市困难职工解困脱困“路线图”

困难职工帮扶中心明确工作要求、标准，让各级工会开展困难帮扶工作有据可依、有章可循、依规帮扶。一是建立常态化学习机制，做到了学思践悟和以学致用。采取辽宁援疆送出培训与本地党校培训相结合，通过每年参加地区工会集中办班、专项培训、聘请专家教授举办专题讲座、现场会、多媒体网络会议等多种方式丰富学习形式。二是把准制度执行力，明确责任、目标和要求。围绕“制度完整、对象明确、程序清晰、管理有序”的要求，树立大抓基层的鲜明导向。先后科学制定了《塔城地区城市困难职工家庭认定和档案管理实施细则（试行）》及《塔城地区工会帮扶资金使用管理实施细则（试行）》等各项制度，准确界定解困脱困对象。三是精准识别、精准发力，健全规范了工作方法和步骤。发挥全地区帮扶中心优势，将解困脱困作为工会服务塔城地区脱贫攻坚大局的核心举措进行部署。塔城市实行工会干部定点联系基层工会工作制度、社区工会工作联络制度、基层工会主席约谈制度，提高基层工会工作的效率和质量；和布克赛尔县制定“12517”工作机制，以“早、准、实”，建立“总工会＋访惠聚工作队＋社区服务站”保障服务体系，推进互联网“五级联审”大数据比对机制；额敏县、沙湾县、裕民县分别建立多部门联动机制，确保困难职工精准识别，同时沙湾县还建立了困难职工与民政兜底全覆盖机制，做到城市低保应纳尽纳；乌苏市以“三级联审联办”联席会议制度为载体，做到困难职工“逢申请必受理”“申请全程留痕”；托里县通过“一进、二看、三算、四比、五查、六议”方法，实行“谁入户、谁签字、谁负责”的责任制，确保困难职工解困脱困情况精准识别。

三、齐心协力，建设城市困难职工解困脱困“服务圈”

困难职工帮扶中心以“重补促”为主线，统筹多方资源汇聚解困脱困合力。2016 年至今全国级的建档立卡户由 17563 户降至 195 户，注销 6219 户，脱困 11149 户。一是坚持短期帮扶与经常帮扶共济。充分发挥全地区 7 个县（市）145 个乡镇街道社区工会和企业帮扶工作站点的作用，实行乡镇、社区网格化管理，每年不少于 1 次入户核查，运用全国工会帮扶工作管理系统对在册困难职工实行动态监管，实现精准帮扶。特别是 2020 年加大了工作力度，安排督查指导 3 次，由帮扶中心“点对点、面对面”进行业务指导。二是坚持帮扶与促进再就业相结合。采取“一对一”结对帮扶困难职工目标责任制，大力实施“四个一批”，认真落实“七个行动”。向困难职工子女 834 人发放助学金 246.769 万元，形成了物质解困脱困与精神解困脱困同步，“输血”与“造血”解困脱困并举。三是坚持“送温暖”和解决实际问题相结合。依托县（市）建设局、教育局、人社局、民政局等相关部门，充分发挥各自职能作用，动态掌握困难职工需求，扎实开展节日送温暖、临时救助活动助力解困脱困工作，专款划拨中央财政和自治区帮扶资金 2458.6757 万元。

四、宣传行动，创新城市困难职工解困脱困“信息网”

困难职工帮扶中心坚持以习近平新时代中国特色社会主义思想为指引，切实提高困难职工帮扶政策的知晓率，让党和政府的惠民政策深入人心。一是用好微平台，发挥政策解读“杠杆效应”。设置了“亮点聚焦”“政策荐读”“一线传真”等特色专栏，提高政策解读的知晓度和影响面。通过线上和线下相结合的方式，最大限度方便职工群众“足不出户”就能精准地了解到属于自己的政策信息。二是拓宽宣传渠道，强化思想政治引领。联合地区广播电视台制作专题栏目《工会在线》，设置 6 个板块，每月 1 期，推出 8 期，征集扶贫一线感人故事和先进典型作品 16 个，推荐上报的“牵线搭桥　消费扶贫”短视频，获得全国总工会颁发的优秀奖。三是走访宣传，扩大工会的影响力和凝聚力。制定下发《关于进一步加大城市困难职工解困脱困工作摸底调查的通知》，发动各县（市）工会组织认真调查了解困难职工的工作生活状况，做到“三清”，即基本情况清、致困原因清、帮扶需求清。

工作流程
结案归档
回访职工
事务所
银川市职工服务中心
银川市职工维权调解中心
工作职责
（一）帮扶服务工作
赠：银川总工会
法律援助伸援
公平正义解职
原宁夏喜多连锁超市全体
二零一九年三月十
银川市总工会
黄河农村商业银行

银川市职工服务中心

发挥优势　精准施策
探索困难职工解困脱困新路子
——银川市职工服务中心事迹材料

银川市职工服务中心以习近平新时代中国特色社会主义思想为指导，全面贯彻全国总工会关于解困脱困工作的部署要求，坚持高位推动、社会联动、创新举措，通过精准识别、因户施策、精准帮扶，解困脱困工作取得明显实效，困难职工由2016年初的4114户降至目前的207户。

一、坚持高站位推动，全面融入脱贫攻坚工作大格局

提升政治站位。牢固树立"一盘棋"思想，把困难职工解困脱困融入党政工作"大盘子"，集中推进、合力攻坚，形成党委领导、政府主导、部门负责、工会协调、社会参与的困难职工解困脱困工作格局。2016年以来，市政府连续5年召开困难职工解困脱困工作政府联席会议，每年拨付经费50万元用于困难职工解困脱困。

强化思想引领。发挥工会组织联系职工群众的桥梁纽带作用，以思想引领扶志，以模范带动补精神之钙，全面助力脱贫攻坚；指导全市4000余个工会组织，发动全市1.5万余名工会干部、劳动模范开展"中国梦·劳动美"、社会主义核心价值观教育，累计开展宣讲教育和职工文化活动300余场次，

发放《工会帮扶工作资料汇编》《农民工权益保障问答》等各类资料10万余份，提供各类咨询1.2万余人次，解决贫困户实际困难近200件。

构建党工共建。坚持“党建带工建、党工共同建”，加强乡镇、街道、园区小三级工会组建和会员发展工作，协助镇、村选好配强“两委”班子，指导全市各级工会组织与帮扶联系单位签订共建协议；建立健全企业工会组织，做到规模以上企业工会组织全覆盖，打造一批“职工之家”和“会、站、家”一体化建设典型和示范点，新建、升级改造各级“职工之家”200余处，“户外职工爱心驿站”33个，真正把工会服务工作落细、落小、落到实处。

二、创新多举措帮扶，建立困难职工解困脱困长效机制

实施精准识别。严格按照困难职工认定标准，通过实地走访入户，拉网过筛式排查，精准识别全市困难职工数量规模、分布类型，重点关注职工家庭收支情况、身体状况、住房保障设施、生活用品及家中固定资产和生活状况，摸清全市困难职工底数，掌握第一手资料；建立困难职工动态管理网络，做到“一户一档案”管理。搭建困难职工与救助资源信息核对平台，通过“互联网＋困难帮扶”技术，将困难职工基本信息数据与公安、住建、工商、民政等多个部门实时比对，做到程序上严格要求，标准上严格把关，口径上全市统一，实现困难职工精准识别建档。

深化结对帮扶。组织基层工会干部深入开展“一对一”“一对多”结对帮扶工作，聚焦困难职工在生活、医疗、子女就学等方面的实际需求，通过为困难职工家庭购买生活物资，捐赠生活用品、补贴生活费用等方式，帮助困难职工解决急难愁盼问题；鼓励困难职工子女入学读书，帮其申请“工会班”及“金秋助学”资金，确保困难职工子女顺利完成学业；多渠道帮助患病困难职工申请医疗补助金，构筑医保之外第二道互助屏障。目前，全市214名工会干部与困难职工建立结对联系制度，345名工会代表及机关干部访贫困、

办实事，走访职工 6436 人次，帮扶困难职工 1000 余人次；投入资金 98.34 万元，将在档困难职工考入高中子女 144 人纳入“工会班”助学范围；投入资金 543 万元，帮助 1313 名困难职工家庭学生圆了大学梦；累计共为 3400 余名患病职工报销医疗互助金 900 余万元。

聚焦创业就业。发挥“会、站、家”作用，以“工会就业创业服务月”“工会技能培训促就业行动”服务品牌为载体，为困难职工提供有针对性的创业政策咨询、就业指导和就业创业信息服务，帮助其尽早实现就业创业；加强工会培训基地建设，通过各级工会就业培训基地、农民工技能培训示范基地、工会系统就业培训机构，开展针对困难职工群体的定向、定岗、订单化培训，提高其就业技能；主动与企业对接，提供“点对点”服务，有针对性地帮助困难职工家庭成员实现就业；5 年来，共发布用工信息 530 期，开展线下招聘活动 35 场次，涉及企业 3000 余家，提供就业岗位 40000 个，12200 人次职工实现了创业就业，举办困难职工（农民工）技能培训班 617 期，培训职工达 6260 人次，取得技能等级证书的达 4952 人。

严格档案管理。认真贯彻落实《宁夏回族自治区总工会困难职工帮扶管理实施细则》，做到档案规范齐全，资料完整；对符合两级建档标准的困难职工档案进行动态管理，确保纸质档案信息与电子档案信息完全一致；加强信息比对，精准识别，每季度进行一次集中脱困、调整、注销、清理等工作；严格困难职工退档流程，对符合脱困标准规定的，由建档单位集体研究讨论、公示、申报后进行退档处理，退档后每 3 个月进行一次回访，防止退档脱困人员返贫。5 年来，各级工会对全市在档困难职工家庭状况进行 100% 入户走访，银川市职工服务中心按照不低于 30% 的比例不定期对全市困难职工建档情况进行抽查、入户复核，做到底数清、情况明，确保符合条件的困难职工都能得到帮扶救助。

三、汇聚社会组织力量，形成困难职工解困脱困工作合力

每年安排一定的专项经费，积极推进“春送岗位、夏送清凉、金秋助学、冬送温暖”四送活动；发挥社会组织在困难职工解困脱困工作中的作用，鼓励面向城市困难职工开展募捐捐赠、公益慈善、普惠服务活动，动员工会会员、社会各界爱心人士捐款捐物资助困难职工，改善困难职工基本生活；组建扶贫帮困志愿服务队，采取“一对一”“一对多”“多对一”等形式精准帮扶困难职工，通过志愿者队伍解决困难职工家庭日常生活所急所需所盼；先后联合创维集团宁夏分公司、银川爱尔医院、艾齿口腔医院开展了“普惠职工·工会行动”“爱心牵手·普惠职工·光明行动”“关爱自己·健康口腔”等为主题的公益捐赠、救助和帮扶活动，既为困难职工解决了眼前困难，又帮助其解困脱困，形成关爱困难职工的多重温暖氛围。

首钢集团有限公司工会

深化“送温暖”工程建设 构建帮扶救助服务工作体系

——首钢集团有限公司工会事迹材料

首钢集团有限公司作为一个始建于1919年的百年企业，从历史的进程中深刻感悟到，没有共产党就没有首钢的新生，首钢集团正是在工人阶级翻身得解放之后，在新中国建设和改革开放的时代大潮中，不断激发职工的主人翁积极性、创造性，才有了一次次发展的历史跨越，必须始终坚持发展为了职工、发展依靠职工。

进入新时代，在北京市总工会的关怀支持下，在首钢集团党委领导下，首钢集团工会以高度的政治责任感打造“职工之家”，心系职工，携手同行。特别是围绕提升困难职工群体的获得感和幸福感，首钢集团工会实施体系化建设，加强目标化管理，搭建“五道连心桥”，加大困难职工解困脱困力度，使困难职工群体由2017年初的392人减少到目前的53人，解困脱困成效显著。

一、以政治站位落实主体责任，搭建立体化组织体系

首钢集团工会为更加有效地开展对困难职工群体的帮扶救助工作，结合困难职工群体帮扶救助工作实际，落实责任做到“四个坚持”，即坚持党的领

导，落实帮扶主体责任；坚持问题导向，落实帮扶主体；坚持精准化精细化，增强帮扶实效性；坚持方式创新，推进帮扶力度提档。建立党委书记第一责任人、工会主席直接责任人和党支部、工会分会、工会小组最基层组织制度，形成三级帮扶救助网络体系。走访慰问做到“四及时”“两必访”，即及时掌握、及时报告、及时介入、及时救助；每月必访、节日必访。底数清、致困原因清、帮扶方式清、脱困目标清，“个性化”“点对点”帮扶，从而不断创新帮困救助新思路，深化服务职工体系建设，建立健全帮扶困难职工和服务职工困难的长效机制。

二、以方式创新提升送温暖活动，搭建帮困救助“五道连心桥”

首钢集团工会以深入开展“心系职工、携手同行”送温暖活动为载体，以创新驱动为基点，完善保障和制度体系建设，逐步搭建起困难职工帮扶救助“五道连心桥”，形成困难职工弱势群体帮扶救助立体化网络。

第一道连心桥：实施常态化帮扶，构建困难职工基本生活保障连心桥。健全完善梯队困难职工档案管理体系，每年组织对困难职工群体进行全面排查，在困难职工群体充分享有北京市、市总工会相关救助政策的基础上，随时动态化调整三级帮扶救助网络。以解决困难职工家庭基本生活保障为导向，在实施“四个及时”“两个必访”“点对点”贴心服务队入户慰问困难职工家庭的前提下，针对困难职工困难程度、致困因素、帮扶需求，全程排摸、分类施策，在节庆日以及疫情期间等特殊时期，按照深度、相对、意外致困以及职工困难帮扶救助对象四种类别，实施困难职工帮扶救助动态化、常态化管理。2017 年以来共发放慰问金、救助金 900 余万元。

第二道连心桥：完善帮扶制度建设，构建困难职工应急救助保障连心桥。组织制定《首钢集团关于进一步做好困难职工解困脱困及帮扶救助工作实施意见》《携手同行·首钢·北京市温暖基金子基金管理细则》等制度，逐步形成首钢困难职工突发重大疾病、重大灾害的多层级救助制度体系，增强了困难职工抵御风险的能力；针对医药费负担巨大这一致困返贫首要因素，将依档帮困改为按比例阶梯式救助，将救助额度由3000~10000元调整为最高5万元，并增加恶性肿瘤、器官移植等特殊情况；推动建立北京市温暖基金“携手同行·首钢温暖基金”子基金，帮扶救助金额最高可达20万元，形成叠加效应；3年来，共发放帮扶资金、温暖基金316万元，救助职工201人次，其中3万元以上27人，20万元2人。

第三道连心桥：量身定制无死角，为困难职工构筑帮困助学保障连心桥。在北京市帮困助学救助范畴的基础上，不断拓宽帮困助学救助覆盖面，加大帮困助学救助力度。一是拓宽了救助对象范围，将救助范围向意外致困户困难职工、首钢职工困难帮扶救助对象延伸；二是拉伸了帮困助学救助学籍台阶，将帮困助学重点救助九年义务教育以外阶段（除单亲职工）扩展为首钢全过程教育阶段救助；三是提升了帮困助学力度，针对学籍相应提高了帮困助学金的助学金额，形成了首钢帮困助学所特有的四大类、九小项不同类别助学标准。自2017年以来，共为686名困难职工子女审批发放助学金219.25万元。

第四道连心桥：拓宽帮扶救助范围，缓解职工临时困难连心桥。针对部分职工生活困难尚未达到规定困难职工标准，徘徊于困难标准线之上，但又存在实际困难的情况，为避免出现相对困难职工“陡崖效应”的现象，2017年以来共筹措470万元用于开展职工困难临时性救助工作，以缓解职工临时性生活困难。

第五道连心桥：开展职工互助保险，增强困难职工抵御风险连心桥。不断完善互助保险结构体系建设，形成包括两项公益型保障计划和五项互助保障的险种，涵盖基本医疗、重大疾病和意外伤害三位一体的职工互助保险体系。参保人数从2016年的11.8万人次增长到2020年的22万人次，累计参保 81.3 万人次，同比增长 86%；受益职工达 2.8 万人、14.4 万人次，互助理赔金额 4221 万元。创新帮扶形式，拓展帮扶救助范围和力度，在互助保险理赔基础上，根据职工自付额度开展分档医疗补助金帮扶，4 年来，帮扶救助 2972 人次，发放救助金 424.8 万元，在受到广大职工一致认同的同时，也受到北京市职工互助保险管理单位的肯定。

奉节县总工会

千方百计解脱困　同舟共济奔小康

——奉节县总工会事迹材料

奉节，古称夔州，贫地而多山，现有人口107万人。2019年，奉节县摘掉戴了33年的“贫困帽”。自1992年开始，近20年的三峡库区企业关停并转，全县1118家企业破产关闭，导致大量职工进入困难行列。按照全国总工会和市总工会的统一要求，奉节县总工会坚持精准识别、分类施策、志智双扶，不断探索困难职工解困脱困的新办法、新措施，团结带领全县各级工会集中人力、物力、财力，完成2083户困难职工解困脱困，打赢了一场困难职工解困脱困的攻坚战。

一、凝聚合力、高位推进，把困难职工解困脱困工作作为头等大事来抓

奉节县高位统筹推动，成立以县委副书记为组长，县人大常委会副主任、县总工会主席和县政府联系副县长任副组长的专项工作领导小组，督促困难职工解困脱困工作落实落地。奉节县总工会建立联动机制，主动加强与人社、民政、卫生、教育等政府多部门联系沟通、协作配合，建立协商联动工作机制，开展联席会议11次，研究重难点问题34个、解决突出问题28个，将城市困难职工解困脱困工作纳入全县保障和改善民生工作大局，健全工会帮扶

体系，动员全县494个基层工会组织、2027名工会干部，层层立下军令状、人人签订责任书，建立“一帮一”结对帮扶制度，严格落实全国总工会和市总工会相关要求，保持“开局就是出发，出发就是冲锋”的信心，以“不破楼兰誓不还”的决心坚决打赢这场攻坚战。

二、精准帮扶、分类施策，把困难职工解困脱困工作当作绣花的活来做

摸清底数，建立动态管理机制。2016年10月，奉节县总工会经过认真摸排、识别、审核，确定2083户家庭符合困难职工建档要求，将其录入工会困难职工帮扶工作管理系统，其中生活困难1953户、因病致困30户、因学致困100户；按照“分级负责、精准识别、一户一档、动态管理”的原则建立动态管理机制，做到一年一摸查，一年一清退，从2016年起每年对符合清退标准的一个不留，新发现的及时建档，同时做到困难职工数据与社会救助信息管理系统、居民家庭经济状况核对平台的数据真实共享，实现在档困难职工档案动态化管理。

分类施策，落实“四个一批”。奉节县总工会结合工会特点和优势，把有限的经费用在困难职工帮扶这个“刀刃”上，针对困难职工具体致困原因和脱困需求，严格按照全国总工会统一要求积极实施“四个一批”措施，把“精准帮扶”贯穿解困脱困工作全过程。就业创业援助解困脱困一批，以创业就业的增量减少困难职工的存量，开展职业培训困难职工和农民工12期2206人次，联合开展“就业援助月”“春风行动”“民营企业招聘周”“夔州工匠”劳动技能大赛等品牌活动52场，累计帮助3398人实现再就业；推动纳入社会保险覆盖一批，实现778名符合标准的困难职工纳入社保统筹；大病医疗保险保障一批，将47名困难职工纳入职工医疗互助保障范畴，落实救助金152万元。如困难职工宋某，因患胸腔恶性肿瘤，面对高额的治疗和长

期药物费用一筹莫展，在被纳入医疗互助保障后，工会为其资助 12.7 万元；社会救助兜底一批，投入救助资金 422 万元，实现困难职工帮扶经常化、常态化，“六大节日”慰问中 18759 人次受益。30 名特别困难职工被纳入城乡低保兜底。落实下岗职工廉租房 4 套，筹资 52 万元做实困难职工子女“金秋助学”行动，帮助 120 名困难职工子女顺利完成学业。

志智双扶，激发内生动力。奉节县总工会抓点带面，积极开展典型引路，帮助“全国五一劳动奖章”和“全国自强模范”获得者残疾绣娘石胜兰打造“困难职工就业创业工作室”，累计开展 107 人次困难职工刺绣培训，帮助 50 人实现再就业；开展“劳模·工匠进基层”，在全县 33 个乡镇（街道）每年开展餐饮、美发、建筑、电工等 14 个项目的实用性技术培训和竞赛，积极鼓励 4283 名城市下岗职工和困难农民工报名参赛，打造学习技能和展示才能的平台，促使他们尽快实现再就业；竭力抓好“送法律”活动，累计为困难职工、农民工开展 92 场法律讲座，提供尊法守法保障；2016 年以来，共办理维权案件 216 件，惠及 650 人，为困难职工、农民工追讨劳资和赔偿 1739.24 万元。2019 年，全国人大常委会副委员长、中华全国总工会主席王东明，副主席阎京华分别到奉节县总工会驻武汉青山区总工会双向农民工维权站调研，听完“工棚律师”向永兴的汇报后，王主席连说了三个“好”。

三、巩固成效、收获认同，把困难职工解困脱困工作作为持久战来打

奉节县总工会始终践行习近平总书记“强三性、去四化”的要求，在解困脱困工作中连续多次被县委、县政府评为脱贫攻坚工作先进单位；连续 4 年获得市总工会综合目标考核特等奖，连续 3 年获县委综合目标考核优秀单位；持续为职工办实事解难题，与困难职工建立了深厚的感情，累计收到“扶贫济困”“感恩娘家人”等锦旗 12 面、感谢信 7 封，成为最可信赖的“娘家人”，搭建了最温暖的“职工之家”；按照“扶上马，送一程”的工作原则，

在继续巩固解困脱困成效的基础上不断探索城市困难职工解困脱困工作的新办法、新措施。继续坚持上级抓下级、一级抓一级、层层抓落实的责任制，坚持不懈把解困脱困工作做深、做细。

南通市海门区总工会

汇聚资源　精准施策
让困难职工共享改革发展成果
——南通市海门区总工会事迹材料

近年来，南通市海门区总工会通过突出帮扶重点、健全帮扶机制、汇聚各方资源、完善帮扶方式，扎实开展困难职工解困脱困工作，及时把党和政府的关怀送到困难职工心坎上，有力地促进了职工队伍的稳定与社会和谐，帮助城区 861 户困难职工家庭全部实现解困脱困。

一、源头参与，高位谋划困难职工解困脱困工作

一是积极提出工会主张。海门区总工会发挥工会系统人大代表、政协委员的参政议政作用，增强工会话语权，提出工会建议主张。近年来，《关于建立多层次职工医疗保险制度》《关于解决困难企业退休职工医疗保险的问题》等提案中涉及的问题均得到圆满解决。其中，《关于将特困职工纳入城乡医疗救助体系的建议》提案得到高度重视并落实，促成区总工会认定的特困职工与城乡低保户同样纳入海门城乡医疗救助范围，为特困职工争取到了更多的政策福利。

二是扎实推进政策落地。海门区总工会推动海门区政府出台了《关于进一步完善海门区特困职工帮扶救助机制的实施意见》，协调民政、财政、教

育、住建等 14 个部门就特困职工就业、教育、医疗、住房、生活等方面建立救助机制，给予优惠政策，形成工作合力。

三是细化量化目标责任。海门区总工会及时制订下发《关于进一步做好困难职工解困脱困工作的实施方案》，明确每年解困脱困的目标任务；建立严格的困难职工解困脱困工作目标责任制，将扶贫帮困、解困脱困列入区镇（系统）工会年度工会工作目标管理绩效考核；建立困难职工解困脱困联系卡，明确联系人，严格责任落实，做到每户困难职工都有一名干部长期负责。

二、明确标准，规范实施困难职工解困脱困工作

一是严格审核程序。在界定困难职工上，海门区总工会严格对照省总工会要求规范和申报程序，经基层工会申报、区镇（系统）工会初审后，由区总工会主席、副主席带领工作小组对申报对象 100% 入户调查，全面核实状况，再提出审核意见。

二是实行社会监督。为体现公平、公正、公开的原则，海门区总工会每年将特困职工公示名单通过《海门日报》、海门工会网站、海门工人微信公众号公示 5 个工作日，接受社会监督，并根据社会反馈意见确定最终名单。

三是规范建档标准。确保每个困难职工档案都包括困难职工申请、公示证明、身份证、户口簿、困难证明附件、帮扶联系卡等，并且做到困难职工联系人每季度入户一次，动态掌握困难职工家庭状况的变化情况，发现新增的困难职工及时建档立卡，确保全覆盖，对已经实现解困脱困或其他不符合特困、困难职工条件的进行及时注销或脱困。

三、定向发力，精准推动困难职工解困脱困工作

一是常态帮扶保障基本生活。对建档立卡的困难职工家庭定期进行基本生活保障补贴。一是每年元旦、春节前夕集中慰问。为每位困难职工发放慰

问金和春节年货大礼包，并逐年提高慰问标准。二是助残日、“六一”儿童节慰问，在助残日慰问残疾困难职工家庭，在“六一”儿童节举办集体生日会，让困难职工子女同其他小朋友一样感受节日氛围，快乐成长。三是年中慰问。通过上门走访了解困难职工在工作生活方面的需求和心愿，为下半年精准帮扶奠定基础。

二是技能培训促进创业就业。搭建困难职工及家庭成员就业平台。联合举办“庆三八、架金桥、促就业”女职工就业专场招聘会、“阳光就业·扬帆起航”困难职工学校毕业生阳光就业行动等大型专场招聘活动。加大对困难职工技能培训力度。每年委托市职工学校开展职工电工、电焊工等职业技能培训，困难职工家庭成员在定点培训机构进行免费技能培训。3 年来对 1247 名困难职工（农民工）发放培训补贴 47.88 万元。鼓励自主创业。以选树创业典型为重点，开展创业示范基地和创业带头人评选活动。同时发放自主创业小额贷款，对符合条件的，给予自主创业者 5 万元至 10 万元的小额贷款。实施“关爱·圆梦”工程。发动爱心企事业单位和社会力量为困难职工家庭子女提供勤工俭学、社会实践机会，优先实现就业。

三是爱心传递延伸助学链条。实行政策帮扶。把困难职工子女在幼儿园、小学、初中、高中阶段的就学纳入各级教育资助政策体系中。开展金秋助学。自 2019 年起扩大助学范围，并且提高助学标准。3 年来帮助困难学子 260 人，累计发放助学款 73.79 万元。搭建爱心人士助学平台。联系青海商会南通分会、区中医院等单位爱心人士连续多年资助学生就学，不断传递正能量。开展心理关怀。开设“海门职工心乐坊”微信公众号，聘请专业心理咨询师通过线上线下互动，为 947 人次的困难职工及其家庭成员提供心理援助。

四是医疗救助破解因病致贫。将年度特困职工及家庭成员信息纳入政府大病医疗救助范畴，使特困职工家庭享受医疗救助绿色通道待遇，得到二次救助。对患重大疾病的特困职工家庭按照不超过个人及家庭自付部分进行资金帮扶。3 年来，发放医疗救助金 67.23 万元，较好地缓解了特困职工的经济负担。

五是社会救助形成浓厚氛围。主动与供电局、自来水公司和燃气公司沟通，解决特困职工家庭每月 5 立方水、20 度电和 5 立方燃气费用补贴。与民政、财政、物价部门沟通，为特困职工及其家庭成员解决参合参保免缴补贴、物价补贴和阶梯式医疗救助补贴。联合慈善总会每年为困难职工开展免费体检公益活动，筑牢健康防护墙。建立区总工会党员干部与特困职工结对帮扶制度，深化困难职工“圆梦微心愿”活动，在社会上形成了争相扶贫帮困的热潮。

白银市职工服务中心

坚持目标导向　强化责任担当
全力打赢城镇困难职工解困脱困攻坚战

——白银市职工服务中心事迹材料

2016 年以来，白银市职工服务中心认真贯彻全国总工会、省总工会部署要求，紧紧围绕党和政府脱贫攻坚大局，把困难职工解困脱困作为党政所需的政治任务、职工所急的现实需要、工会所能的光荣使命，明确工作目标、突出工作重点、抓住关键环节，采取有力举措，补齐短板，精准发力，全面完成城镇困难职工解困脱困目标任务。

一、当好第一报告人，在“融”字上求突破

提高政治站位，坚持将城镇困难职工解困脱困融入脱贫攻坚大局协力推进，建立工会与政府有关部门的工作联席机制和与社会资源的联系对接机制，构建起“党委领导、政府主导、工会牵头、部门负责、社会参与”的工作格局。

一是争取党政重视。市委常委会专题听取工会困难职工解困脱困工作汇报，制定下发了《白银市贯彻〈甘肃省推进城镇困难职工解困脱困三年行动计划（2018—2020 年）实施方案〉》，把困难职工解困脱困工作纳入全市脱贫攻坚工作整体布局，聚合各类解困资源对全市困难职工的解困脱困工作整

体推进。二是争取部门支持。推动建立与有关部门协商解决困难职工问题的联动工作机制，积极与人社局联合举办“就业援助月暨春风行动”专场招聘会，为困难职工家庭未就业成员提供就业岗位信息；与市民政局协作建立困难职工家庭状况数据比对、信息共享机制，将符合低保条件的城市困难职工家庭及时纳入民政兜底保障和临时救助范围；与教育部门沟通联系，协调解决困难职工家庭子女就近入学。三是争取社会参与。积极鼓励和动员有条件的社会组织及个人参与解困工作，积极协调与市慈善总会开展慈善育才助学资助金项目合作，2016 年以来，市慈善总会对 1200 名困难大学生、806 户单亲家庭累计发放助学救助金 858 万元，实现各方参与配合帮扶的有效衔接。

二、当好第一知情人，在“清”字上抓落实

把“精准”二字贯穿始终，坚持“分级负责、精准识别、一户一档、动态管理”的原则，精准识别困难职工身份，严格界定困难职工范围，科学制订困难职工帮扶计划，确保帮扶成效。

一是精准识别，做到底数清。以建立工会组织的各类企事业单位中与单位保持劳动关系的职工为建档范围，按照“先入户、后建档、再帮扶”的原则，对全市原有建档困难职工家庭进行入户走访，采取“一进、二看、三算、四比、五查、六议”的识别方法，见人、见物、见家底，准确掌握困难职工家庭情况，填写登记表，建立联系卡。二是精准建档，做到管理清。经过本人申请、基层入户核实、民主评议、单位公示、上级总工会审核等程序后，为困难职工建立纸质和电子档案，将其纳入工会帮扶工作管理系统，做到困难职工档案应建尽建、档案数据信息及时更新、帮扶信息录入完善精准，实现困难职工档案动态化管理。三是精准帮扶，做到责任清。深入调查研究，在全面准确掌握困难职工致困原因、帮扶需求等情况基础上，制定解困脱困措施，建立结对帮扶制度，把帮扶责任分解到具体单位、分解到人，做到一

户一档案、一户一计划、一户一措施，坚持一帮到底，不达目标不脱钩。

三、当好第一帮扶人，在“帮”字上下苦功

结合工会工作特点和优势，坚持因户施策、因贫困类型施策，克服“大水漫灌”，实施精准“滴灌”，多措并举、多管齐下，打出“组合拳”，真正帮到点上、扶到根上。

一是梯度建档分类帮。对建档困难职工，按照深度困难重点帮、一般困难机制帮、临时困难及时帮的原则，确定多层梯度帮扶制度，及时覆盖各类城市困难职工，确保这些困难职工能得到常态化救助。二是“四个一批 ”重点帮。开展技能培训就业一批，采取“企业订单 + 工会培训 + 就业岗位”的培训模式，举办各类培训班，让困难职工或家庭成员拥有一技之长，通过就业实现脱困。纳入国家社会保险制度覆盖一批，针对因企业欠缴社会保险费或没有落实相关社保待遇的困难职工，推动纳入国家社会保险制度覆盖，监督企业贯彻落实好社会保险制度，保障困难职工社保权益。大病医疗保险保障一批，实现在档符合条件困难职工医疗救助全覆盖；连续 3 年为在档困难职工赠送重大疾病险，缓解职工因病造成的家庭困难，帮助他们增加抵御风险的能力。社会救助兜底一批，将 563 名困难职工纳入社会保障和救助体系，由政府兜底确保最低生活保障。三是四大品牌真情帮。持续开展春送岗位、夏送清凉、金秋助学、冬送温暖“四季送”工作。大力开展就业援助月、“春风行动”、民营企业招聘周等品牌活动；升级“金秋助学”行动，中等职业和全日制本专科阶段，全过程落实资助政策；筹集送温暖资金慰问一线职工、困难职工、模范先进，实现帮扶工作的经常化和制度化。四是脱困退档长期帮。以脱困退档困难职工为重点，完善“渐退期”管理制度，建立困难职工返困监测机制，把已脱困但致困原因没有完全消除、工作不稳定职工、低收入职工作为动态监测对象，按照“脱困不脱责任、脱困不脱政策、脱困不脱

帮扶、脱困不脱监管”的原则，加强联系慰问救助，预防返困情况发生。

城镇困难职工脱困解困不是终点，而是新生活、新奋斗的起点。白银市职工服务中心将乘势而上、再接再厉、继续奋斗，在构建长效机制上下功夫，在优化创新政策上下功夫，在不断扩大覆盖上下功夫，让脱贫基础更加稳固、成效更加可持续。

内江市惠民帮扶和职工服务中心

强化“133”举措
全力打好城市困难职工解困脱困攻坚战
——内江市惠民帮扶和职工服务中心事迹材料

近年来，内江市惠民帮扶和职工服务中心认真贯彻落实党中央、省委、市委关于脱贫攻坚的决策部署，按照全国总工会、省总工会的部署要求，按照市总工会的安排，聚焦城市困难职工解困脱困工作目标，强化“133”（即着力一个强化，聚焦三个精准，落实三个保障）务实举措，全力打好城市困难职工解困脱困攻坚战。2018 年以来，中心共筹集使用各级各类帮扶专项资金 3515.1 万元，开展生活、医疗、助学救助 15589 人次，就业帮扶 2864 人次，解困脱困职工 25296 户次；参与撰写的《聚焦精准 注重实效 扎实推进城镇困难职工解困脱困工作》作为四川省唯一典型案例，入选全国总工会《困难职工解困脱困工作指导手册》。

一、着力一个强化，高位组织推进

内江市委、市政府高度重视城市困难职工解困脱困工作，把城市困难职工解困脱困工作融入脱贫攻坚大局，纳入市委、市政府民生工程目标任务，作为市委、市政府目标督查的一项重要内容，层层压紧压实工作责任。市委、市政府主要领导坚持每年带头走访慰问城市困难职工，着力营造全社会关心关爱城市困难职工的良好氛围。市委常委、市总工会主席多次主持召开会议，专题研究城市困难职工解困脱困工作。内江市惠民帮扶和职工服务中心按照市总工会统一安排部署，协调各级工会落实工会干部结对帮扶困难职工责任制，开展“一对一”结对帮扶困难职工家庭活动，每年走访慰问不少于2次。

二、聚焦三个精准，增强工作实效

一是精准识别。严把入口关，对照建档标准，按程序分层级精准建立困难职工档案。创新信息共享机制，把困难职工帮扶资金发放纳入“一卡通”发放范围，对困难职工拥有房产、经商办企业等情况，进行大数据比对，务求困难职工档案准确全面真实。狠抓动态管理，坚持每年开展一次档案集中清理。2020年11月，修订调整了《内江市工会困难职工帮扶工作指南》，对建档条件、建档类型、建档程序、脱困条件等进行规范，指导基层工会建立梯度困难职工档案。2021年2月，制定下发《内江市总工会中央财政专项帮扶资金使用管理实施细则》，确保识别精准、建档精准。

二是精准帮扶。按照“四个一批”的要求，分类实施创业帮扶、技能培训、生活救助、医疗救助、助学救助等；按照职工困难程度，分类别、按梯度、全方位对全国级困难职工实施深度帮扶、对省级及以下困难职工实施困难帮扶。特别是新冠肺炎疫情发生以后，组织专班对建档困难职工生活状况进行全面摸排，开展“送一封慰问信、送一批慰问金、送一袋口罩、送一份持续关爱”活动，为45户全国级建档困难职工发放疫情期间临时生活救助金29.55万元，为523户市级以上困难职工发放送温暖资金33.78万元，把党委、政府的关心及工会组织的温暖送到广大职工群众的心坎上。

三是精准脱困。结合全国总工会帮扶资金专项审计情况，及时制定了《全国级困难职工脱困工作流程》，按程序对拟脱困人员进行渐退期和脱困处理，并在渐退期3个月和6个月时进行动态回访。2020年5月顺利通过全省城市困难职工解困脱困工作成效第三方评估。2020 年底，如期完成城市困难职工解困脱困工作目标任务。

三、落实三个保障，夯实工作基础

一是注重创新，落实工作制度保障。在全省率先推动出台《关于进一步做好城镇困难职工解困脱困工作的实施方案》，进一步明确工作职责。建立了联席会议制度，统筹推进全市城市困难职工解困脱困工作。建立工会与民政部门信息共享机制，实现了救助信息的互通互联。编制《内江市工会困难职工档案管理工作指南》，指导基层工会开展城市困难职工解困脱困工作，提升工作质量。

二是整合资源，落实资金投入保障。市财政每年投入 300 余万元专项资金，市、县（市、区）总工会在本级留成经费中预算安排部分专项资金，用于帮扶城市困难职工解困脱困。2018 年以来，市总工会共筹集使用各级各类帮扶专项资金 3515.1 万元，年度个人帮扶资金最高达到 5 万元，为困难职工帮扶工作提供了坚实的资金保障。

三是严格程序，落实资金监管保障。严格资金分配，认真执行市总工会党组工作规则、主席办公会议事规则和“三重一大”事项集体决策制度，资金分配均按程序集中研究决定。严格资金使用，落实“先建档、后帮扶、实名制”的要求，依档施助，有针对性地开展生活、医疗、助学等救助。严格资金发放，除少数现场走访慰问时采取现金发放实名制签字外，其他一律通过工会会员服务卡（银行卡）转账支付（从 2019 年 9 月开始使用“一卡通”平台发放困难职工帮扶资金），确保资金使用安全有效。严格资金审计，每年市、县（市、区）总工会经审会把帮扶专项资金纳入重点内容进行审计。2019 年 4 月，在全国总工会对 2018 年度帮扶资金、“送温暖”资金分配管理使用情况专项审计和全国总工会权益保障部帮扶处专题调研中均获好评。

南平市职工服务中心

依规建档帮扶　稳步精准脱困
——南平市职工服务中心事迹材料

南平市职工服务中心的前身为困难职工帮扶中心，是福建省最早开展困难职工帮扶工作的服务窗口，2012 年升级为独立法人事业单位。在南平市总工会的领导下，中心把困难职工帮扶工作作为重中之重，建立“生活救助、信访接待、就业帮扶、医疗互助、法律援助”五位一体的帮扶服务体系，服务职工工作获得地方党委、政府的充分认可和广大职工群众的广泛赞誉，先后荣获“南平市服务发展最佳科室”“福建省巾帼文明岗”“全国巾帼文明岗”等荣誉称号。

一、提高站位，积极争取党政支持

职工服务中心将困难职工帮扶工作作为工会服务大局、服务职工群众的重要抓手，每年都将职工帮扶工作作为与同级政府联席会议的重要议题提交会议研究，争取地方党委政府在帮扶资金、政策、部门协调联动等方面的支持。从 2014 年开始，职工服务中心持续通过政府联席会议为环卫工、农民工等弱势群体争取待遇提高、住房改善、医疗保障等各项帮扶政策，市本级职工温暖工程的财政预算从原来的 10 万元提高到 50 万元；环卫工人的待遇整体提升，困难环卫工人的住房问题得到解决，各县（市、区）政府在每年新增或腾退的公租房房源中确定一定数量的公租房分配给住房困难的环卫工人。在党政的大力支持下，南平市的困难职工帮扶工作从“一人一户”的帮扶提升到对一个群体的整体帮扶和推动。党政的重视支持也极大调动了市、县两级工会结合服务职工各项职能做好帮扶工作的积极性和主动性，2016 年以来，南平市各级工会为职工提供医疗互助保障服务达 47849 人次，支出互助金 3200 多万元；为困难职工子女提供助学帮扶 5125 人次，支出助学金 1371.29 万元；为职工提供就业创业服务 173184 人次。

二、完善制度，夯实精准帮扶基础

职工服务中心出台完善《南平市职工服务中心帮扶专项资金管理办法》《南平市帮扶专项资金使用管理和监督制度》等政策文件，全面落实“先建档、后帮扶、实名制”和 100%“银行卡发放”等措施，做到让每份档案都经得起查，每一分帮扶资金都用在困难职工身上；加强档案动态管理，每年组织两次对全市辖区内困难职工档案的核查调整，截至 2016 年 1 月，共计核查困难职工档案 15905（含新增）户，调整注销退休、已脱困档案 9604 户，新增困难职工档案 1141 户，核查整改后严格按照“三种类型”建档的困难职工为 6331 户；落实应建尽建，密切关注停产、半停产企业动态，关注“僵尸企业”中靠微薄生活费度日的职工生活状况，主动将处于低保边缘线的职工纳入困难职工档案。如面对全员下岗的南平水泥股份有限公司，与企业留守处配合，对其中符合条件的困难职工全面建档帮扶。经动态管理，结合“一户一策”措施加大帮扶力度，在档困难职工逐年稳步解困脱困，截至 2017 年 12 月 31 日，解困脱困困难职工达 2569 户；至 2018 年 12 月 31 日，解困脱困困难职工达 3683 户；截至 2019 年 12 月 31 日，解困脱困困难职工达 645 户；截至 2020 年 4 月 28 日，实现全市困难职工全面解困脱困。

三、精准发力，拓展创新帮扶模式

职工服务中心紧贴困难职工的所急所盼，不断拓展创新帮扶模式，切实帮助困难职工家庭增强“造血”功能。一是创新金秋助学“全程帮扶”。为阻断困难职工家庭的代际贫困，2017 年开始，中心对品学兼优的困难职工家庭子女实施助学“全程帮”，受助职工家庭子女除享受金秋助学一次性帮扶外，还享受大学就读 4 年期间每学年 10 个月每月 500 元的生活补助。此举在取得良好社会反响后持续至今，目前仍有 16 位困难职工子女享受全程帮扶，已投入生活补助 24.9 万元。二是实施大病职工“温暖加持”。中心在“两节”送温暖工作中对大病职工单列地送温暖，即让身患大病的职工能够在享有职工医疗互助、省级大病补助、市级配套补助的基础上，“两节”期间无须基层工会和本人申请，由市、县职工服务中心在医疗互助大病补重疾病系统中提取信息，直接给予大病职工不低于当年度慰问标准的“送温暖”帮扶，并由工会领导入户慰问，给予大病职工“温暖加持”。2016 年以来，全市共对 230 位大病职工叠加关爱送温暖 53.61 万元。三是联动部门“巩固帮扶”。中心主动对接民政等部门，帮助虽已到达解困标准，但本人或家庭成员重病、重残的职工争取纳入低保、享受临时救助等社会兜底救助；同时用好本级帮扶资金开展常态化送温暖帮扶工作，从而保障困难职工逐渐稳步脱贫脱困。全市最后一批解困脱困的 24 户职工家庭中，有 6 户被纳入民政低保、3 户被纳入临时救助、3 户拟被纳入低保，12 户对接民政及社区适时给予临时救助。

四、紧扣大局，攻坚克难解困脱困

职工服务中心结合“不忘初心、牢记使命”主题教育，分三阶段组织开展“万名工会干部进万家”行动。第一、第二阶段对全市 288 名在档困难职工进行逐一走访，对已脱困解困的 6293 户进行回访，为落实“五个一批”帮扶摸底拿依据。第三阶段根据走访回访的成果，对已达到解困标准的按程序解困一批，并配合常态化帮扶巩固至其脱困；对一时无法解困脱困的，落实帮扶目标责任制，挂钩帮扶脱困；对确实无法脱困的，推动纳入政府救助体系。通过“主题教育”，全市工会干部将主题教育焕发出来的热情转化为“为民服务解难题”的实际行动，截至 2019 年 11 月，全面完成走访和回访工作，全市共计走访回访困难职工 5301 户。

在城市困难职工解困脱困工作中，南平市职工服务中心不忘初心、勇挑重担，通过发挥职工权益保障的综合职能，实现城市困难职工解困脱困工作与扶贫攻坚大局同频共振，使工会组织真正成为职工群众可以信赖的“娘家”，工会干部真正成为职工群众的“娘家人”。

确山县总工会

使命担当开新局　精准脱困展作为
——确山县总工会事迹材料

近年来，河南省驻马店市确山县总工会以习近平总书记“小康路上一个都不能掉队”的指示精神为使命，积极响应全国总工会和省、市总工会的号召，推动将城镇困难职工解困脱困工作纳入全县脱贫攻坚工作大局，从根本上解决了城镇困难职工“两不愁五保障”问题；曾获得“全省五星级帮扶工作先进单位”荣誉称号，连续8年被市总工会评为城镇困难职工解困脱困工作先进单位，2020年综合工作和城镇解困脱困工作又一次获得全市第一名。多年来，全县共投入帮扶资金1000多万元，帮扶困难职工6470户2万余次，解困脱困困难职工达6442户19326人。

一、高度重视担责任

确山县总工会高度重视困难职工解困脱困工作，积极争取县委、县政府对该项工作的大力支持，成立了由县委书记任组长的帮扶工作领导小组，制定了《确山县城镇困难职工解困脱困工作实施方案》，完善了确山县城镇困难职工解困工作考核激励机制，印发了《确山县城镇困难职工解困脱困工作考核办法》，明确了目标任务，落实了工作职责。

二、创新机制入大局

确山县把城镇困难职工解困脱困工作纳入全县十件民生实事和重点工作考评体系，建立多部门联席会议制度，形成政府主导、部门配合，多方参与的工作格局，实现了与农村脱贫攻坚工作同部署、同实施、同考核、同验收。《确山县城镇困难职工解困脱困工作的实施意见》《确山县城镇困难职工解困脱困暂行办法》被市政府采用，为全市解困脱困工作提供了“确山方案”。

三、精准识别分级管

开展双入户走访。确山县总工会印发了《确山县总工会关于对全县困难职工进行精准核查的通知》，建立了每季度定期走访和平时随访机制，组织县乡工会干部对全县在档困难职工进行双入户走访核实，并实施动态管理；加强与工商、税务、民政、城建、土地、房产、车管等部门的联系，建立数据比对和信息共享机制，签订保密协议，进行多领域精准化识别，准确把握困难职工的实际状况；

实施分级管理。对符合国家级建档条件的困难职工，帮助其建成国家级档案；对个别困难职工家庭收入超出标准，但又因意外、大病等原因花费巨额费用导致家庭困难的，放宽车辆和住房条件限制建立地方档案，并将其一同纳入帮扶工作大盘，同等对待、同享解困脱困政策；落实主管单位负责制，明确帮扶责任人，签订帮扶责任书；发放帮扶明白卡，针对困难原因制定解困脱困措施，有针对性地开展帮扶。同时，确山县总工会把帮扶工作作为工作中的重中之重，落实目标责任制，实行网格化管理，建立帮扶工作督查制度，对帮扶工作进行督查指导。

四、瞄准贫根施对策

落实生活保障。确山县总工会开展低保和基本养老保险等政策落实工作，着力解决困难职工生活难的问题；为27人办理低保手续，为5名困难职工家庭成员每人每月发放40元高龄补贴，对80名符合缴纳居民养老保险条件的困难职工及其家庭成员缴纳每人200元的居民养老保险；为13人办理慢性病救助证，为6人发放轮椅，为3人发放精神病服药补贴，为1人进行家庭无障碍改造，为1人进行假肢安装。

落实住房保障。为确保困难职工有房住，确山县帮扶工作领导小组多次召开联席会议，着力解决困难职工住房难的问题。2016年以来，确山县为全县433名符合条件的困难职工解决了住房问题，在住房保障方面实现了无缝隙、全覆盖。

落实就医保障。确山县总工会统筹为城镇困难职工缴纳基本医疗保险、大病保险、意外保险、补充医疗保险，开展就医报销一站式结算服务；实施“两提高、一取消”政策，加大重症慢性病救助、长期慢性病救助力度，加大对严重精神障碍患者的救助力度，开展健康体检及健康巡诊，着力解决就医难问题；为符合条件的181名困难职工每年足额缴纳城镇基本医疗保险；为37名困难职工一站式报销共计60万元；为全县所有在档困难职工及其家庭成员每人缴纳20元意外保险金，为2名困难职工进行了理赔；为16岁以上、65岁以下的179户困难职工及其家庭成员提供每人每年300元健康体检一次，每季度上门问诊一次。同时，通过大病救助和职工医疗互助活动，解决患大病困难职工高额就医费用。累计投入大病救助金、互助金360多万元。

落实就学保障。确山县总工会以“金秋助学”活动为载体，着力解决就学难问题，累计发放助学金330余万元；加大教育资助力度，将助学金由原来的2000~3000元提高到5000元；降低助学条件，将原来的本科以上扩展到中专、职专以上教育；扩大覆盖面，由原来的中招高、招助学扩展到从幼儿教育到义务教育、特殊教育、高中教育，直至大学本科；实施连续救助，对困难职工子女在就学期间每年实施连续救助，直至学业完成。

落实就业保障。确山县总工会以“春风送岗、诚信留岗”行动为载体，多渠道为困难职工创造就业环境，积极促进就业；同时落实职业技能提升补贴政策、支持自主创业，实施免费技能就业培训，增加就业岗位资金支持和技能扶持，着力解决就业难问题；2016 以来，筹办 9 次就业洽谈会和企业招聘会，对接就业困难职工 800 余人次，开展家政、烹饪、电气焊、制冷维修等技能培训班 26 期，免费培训困难职工家庭人口 380 人次，实现困难职工家庭人员就业 229 人次，为 18 户困难职工提供小额贷款 180 万元，帮助困难职工家庭从源头上实现解困脱困。

城市困难职工解困脱困工作中作出重要贡献的个人事迹材料

01- 北京市

韩孝乾，男，汉族，中共党员，北京市总工会职工服务工作部二级主任科员，从事解困脱困工作 4 年。他认真履职、勇于创新，先后组织开展两次全市规模的入户调研工作，涉及困难职工 9400 多户，形成调查报告并提出帮扶建议 20 多条。他积极整合各部门、各单位帮扶资源，构筑起包含技能助推、应急救助、“二次报销”等多措施的帮扶体系；建立“三核实一发放”工作法，将帮扶资金直接汇入职工银行账户，使帮扶资金发放更加精准及时。

孟峰，男，汉族，中共党员，北京市朝阳区职工服务（帮扶）中心主任，从事解困脱困工作 6 年。他探索总结“四化工作法”，即“档案管理动态化、梯度帮扶多元化、政策融合深入化、帮扶机制长效化”，主张提高救助比例、扩大助学范围，注重日常帮扶、节日帮扶、突发事件帮扶“三结合”，为促进本区困难职工全部解困脱困作出了较大贡献。

02- 天津市

张景龙，男，汉族，中共党员，天津市河东区总工会权益保障部部长，从事解困脱困工作 15 年。他把工会保障工作作为自己的毕生事业，把为职工办实事、做好事、解难事作为自己的人生追求，及时贯彻落实全国总工会、市总工会解困脱困工作部署要求，用真情、实干架起与困难职工的“连心桥”，先后制定出台了《天津市河东区总工会送温暖资金使用办法》等 3 项政策文件，通过“春送岗位、夏送清凉、金秋助学、冬送温暖、普惠服务”等活动，累计落实帮扶资金 1100 余万元，使建档困难职工全部实现了解困脱困。

李丽芳，女，汉族，中共党员，天津市宁河区总工会权益保障部负责人，从事解困脱困工作 10 年。她紧密结合本区实际，全面掌握各类困难职工家庭情况，始终坚持精准落实政策、精准识别建档、精准开展帮扶，实现了“不漏一户、不落一人”。5 年来，她落实区总工会部署，发放帮扶类资金 1800 余万元，推动 300 余名工会干部与 323 名困难职工结对子，主动为困难职工子女争取政策，帮助 57 名贫困学生完成学业，有效推动了困难职工解困脱困工作的落实。

03- 河北省

李华杰，男，汉族，中共党员，邢台市总工会权益保障部部长，从事解困脱困工作 6 年。他在工作中创造性地提出“一入、二看、三算、四比、五查、六议”的精准识别“六步工作法”和“帮扶多一分、扶贫少一户”的工作理念，指导县工会实行了“止血式脱困”“造血式脱困”“输血式解困”等举措。他充分借助社会力量，指导有关单位实施创业增量减少困难职工数量的解困脱困举措，并先后被刊登在《工人日报》《河北工人报》头版。他把解困脱困与工会普惠工作相结合，累计为困难职工在购物、购药、日常生活等方面节省开支近百万元。

王增光，男，汉族，中共党员，沧州市总工会权益保障和法工部部长，从事解困脱困工作 3 年。他积极推动市委、市政府将困难职工解困脱困工作列为“不忘初心、牢记使命”主题教育成果来检验，通过“三明确一覆盖”的工作方法，对全市困难职工全覆盖式“遍访调研”，提出了“一户一计划，一户一措施”方法，围绕“就业创业、医疗保障、子女助学、社会保险、住房保障、兜底保障”6 个方面，因户施策，精准帮扶，解决困难职工急、难、愁、盼问题。

董世玉，男，汉族，中共党员，邯郸市总工会保障工作部部长、四级调研员，从事解困脱困工作 4 年。他注重政策法规和业务学习，制定解困脱困规范文件 30 余个。他坚持深入基层，走遍全市 20 个县（市、区），深入基层企业 210 家，走访困难职工家庭 530 户。他对困难职工进行多轮次识别，规范档案管理；强化“三包一”包联机制，结对帮扶覆盖率近 100%；开展创业就业扶持，实施创业项目 426 项，安置和带动 2070 人就业；为困难职工办理《优待证》，减免费用 1100 万元；为 645 名职工建立起省、市、县三级防困档案，及时对其进行帮扶救助。

04- 山西省

苗杰文，男，汉族，中共党员，阳泉市总工会保障工作部部长，从事解困脱困工作 4 年。他推动阳泉市总工会在全省率先出台地市级解困脱困实施办法，构建起“3+9”工作体系，成立解困脱困专项领导小组，建立党政领导“一对一”结对帮扶和工会“双包”联系制度，为建档立卡的困难职工发放《特困职工证》4566 份，协调减免困难职工 50% 的水费、煤气费、取暖费、有线电视收视费等费用，累计接待办理来电来访 1300 人次。

田永明，男，汉族，中共党员，大同市新荣区人大常委会副主任、区总工会主席，从事解困脱困工作 5 年。他坚持把精准理念贯穿工作始终，积极探索建立工会班子成员“一对一”帮扶制度，主动联系民营企业吸纳 330 名下岗职工，实现困难职工的二次就业。他亲自为因病致困的职工联系所在单位参加“大病互助”，通过开展“春雨助学”“六一”儿童节慰问留守困难儿童、设立 10 万元临时救助基金等举措，确保困难职工家庭子女不因贫失学，处处彰显了服务职工的民生情怀。

闫鑫，男，汉族，中共党员，山西省总工会保障工作部一级主任科员，从事解困脱困工作 5 年。他始终把服务职工，特别是服务困难职工作为最核心的事、最重要的事来对待，在全面决胜城市困难职工解困脱困工作阶段，不断提高站位、厘清思路、创新举措，冲在第一线、干在第一线、爱在第一线，推动各项解困脱困制度政策落实、落细、落到实处，用实际行动践行新时代年轻工运人的“三牛”精神。

05- 内蒙古自治区

刘荣，女，汉族，中共党员，内蒙古自治区包头市总工会权益保障部部长，从事解困脱困工作 4 年。她始终以饱满的工作热情和忘我的敬业精神全身心地扑在困难职工解困脱困工作上，创造性地制定《申报困难职工材料清单》《费用支出汇总表》，减轻了基层工会负担；探索入户走访困难职工与开展困难职工心理健康服务相结合的新模式；将符合条件的在档困难职工纳入互助保障。

杨宝俊，男，汉族，中共党员，内蒙古自治区察右前旗总工会常务副主席，从事解困脱困工作 4 年。他通过民政系统对旗市困难职工家庭进行信息比对，创新建立了家庭信息承诺制和签字委托制；实施帮扶困难职工家庭联系人制度；主动结对帮扶困难职工家庭，连续 3 年为一户子女患重大疾病的困难职工家庭解决生活、上学等困难，帮助其脱离困境。他始终情系困难职工、真诚服务群众，为全旗困难职工解困脱困工作作出了积极贡献。

王蓓，女，汉族，中共党员，内蒙古自治区总工会保障工作部一级主任科员，从事解困脱困工作 5 年。她先后参与起草关于做好困难职工解困脱困工作的规范性政策、工作部署、报告等文件百余个；多次参与解困脱困工作专项行动，多次牵头配合各类专项督查、审计、检查、三方评估等各项工作。几年来，她入户走访全区各级各类困难职工近百户，深入全区各级帮扶中心开展工作，舍小家、顾大家，用实际行动诠释着对工作的热爱。

06- 辽宁省

马驰，女，汉族，中共党员，辽宁省阜新市总工会服务中心职工服务部副部长，从事解困脱困工作 6 年。她始终恪守严谨务实的工作作风、敬业奉献的职业情怀，做实困难职工解困脱困工作；把入户走访作为首责，累计走访困难职工家庭 1000 余户次，针对性地解决他们的实际困难；狠抓就业稳脱困，以家政等多种实用技能培训为抓手，全面提升困难职工再就业能力；在疫情防控期间开展互联网招聘、互联网培训等，持续巩固解困脱困工作成果。

李永江，男，汉族，中共党员，辽宁省葫芦岛市首钢东华机械有限公司党委副书记、工会主席、高级人力资源管理师，从事解困脱困工作 4 年。他采取“五清”措施和“七帮七扶”工作法，实现厂级领导交友式帮扶，劳模、基层党政干部结对式帮扶，累计开展生活救助、医疗救助、子女助学共 915 人次，为困难职工发放帮扶资金 191 万元；积极举办就业技能培训 25 个场次，组织指导招聘活动 15 个场次，从源头上解决了困难职工就业难题。

赵宁，男，汉族，中共党员，铁岭市总工会保障工作部副部长，从事解困脱困工作 12 年。他积极参与制定《铁岭市工会困难职工解困脱困工作实施办法（2018—2020 年）》《铁岭市城市困难职工解困脱困责任制工作考核办法》等文件，深入 20 多家基层单位、400 多户困难职工家庭入户走访，根据困难职工致困原因，为他们量身定制精准的解困脱困措施，帮助全市 1579 户在档困难职工全部实现解困脱困。

07- 吉林省

宋艳，女，汉族，中共党员，吉林省延边自治区州总工会副主席，分管解困脱困工作 4 年。她始终把城市困难职工解困脱困工作摆在突出位置，不断凝聚困难职工解困脱困工作合力，建立完善“党委领导、政府支持、工会运作、社会参与”的工作格局。4 年来，州总工会共走访慰问困难职工、困难劳模、困难农民工家庭 34139 户次，助学救助困难职工家庭子女 2137 人，开展技能培训 3895 人，困难职工解困脱困工作成效显著。截至 2020 年 12 月底，全州存量档案的 12047 户和 2020 年新增档案的 976 户困难职工全部实现解困脱困。

张立华，女，汉族，中共党员，吉林省总工会权益保障部四级调研员，从事解困脱困工作 10 年。她参与起草多个政策性文件，对基层工会困难职工解困脱困工作提供实时解答指导；开展常规性帮扶工作的同时积极投入创新性工作，参与职工“双创”小额贴息贷款项目和“吉工·励志”优才奖励计划先期调研并起草活动方案。她负责的奖学金项目已有 1205 人次从中受益。2017 年，她被派驻蛟河市总工会任主席助理一年，其间全面规范基层保障帮扶工作，并为当地培植“一站一品牌”项目，得到当地工会干部和职工广泛认可。

08- 黑龙江省

蒋莉，女，汉族，中共党员，黑龙江省齐齐哈尔市总工会权益保障部部长，从事解困脱困工作 3 年。她多方奔走、不遗余力地为困难职工争取更多资源，通过政府与工会联席会议，将困难职工解困脱困工作纳入全市脱贫攻坚大局，构建起国家兜底保障、工会全力推动、社会各界助力、政府部门职能共享的解困脱困工作机制。她满心满眼都是职工，通过建立分类帮扶、就业服务、创业扶持三位一体的“大帮扶”体系，千方百计帮助全市 3.8 万户困难职工实现解困脱困。

侯鹤南，男，汉族，中共党员，黑龙江省总工会政研室副主任，从事解困脱困工作 13 年。他恪尽职守、履职尽责，充分发挥工会组织牵头抓总作用，推动各级党委政府将解困脱困工作纳入脱贫攻坚议事日程，协调各相关职能部门、指导各级工会组织出色完成解困脱困目标任务，得到困难职工的一致好评；连续两年在全国城市困难解困脱困座谈会上作经验交流，被省政府评为黑龙江省解决企业工资历史拖欠工作先进个人，省直机关“三个好把式”，多次被评为机关优秀公务员、优秀共产党员。

王静侠，女，汉族，中共党员，黑龙江省漠河市总工会职工服务中心主任、权益保障部负责人，从事解困脱困工作 20 年。她推动将解困脱困工作纳入市委、市政府脱贫攻坚大局，建立“分类排队、定向帮扶、保包推进”机制，挨家挨户走访困难职工，实现全市 280 户贫困家庭全部脱困；实施帮扶中心“转型升级”工程，实现漠河市所有社区帮扶职能全覆盖。5 年来，累计发放救助金 93 万元，救助困难职工、学生 410 人次；向上级争取“送温暖”资金 150 万元，走访慰问送温暖 2245 人次。

09- 上海市

周珺，女，汉族，中共党员，上海市机电工会保障部部长，从事解困脱困工作 5 年。上海市机电工会现有会员 46998 名，因历史原因，离岗待岗困难职工较多，解困脱困任务较重。她作为帮扶主要执行人，倾注热情不懈怠，解困帮扶有温度。她制定完善生活保障、帮扶救助、子女就学等制度文件；通过开展“一日捐”，5 年累计募集帮困资金 2748 万余元，全部用于帮扶帮困工作；开展“结百对走千家”帮扶，指定责任人和 100 个困难职工结对，走访慰问 1000 名困难职工，确保解困脱困工作落到实处。

钱海东，男，汉族，中共党员，上海市金山区总工会维权保障部部长，从事解困脱困工作 3 年。他围绕“对象精准、需求精准、服务精准”，总结提炼“三访六问工作法”，在走访企业、走访村居、走访家庭过程中，关心询问职工的基本情况、经济状况、致困原因、共性需求、个性心愿和工作建议，全面掌握困难职工基本情况和需求；精心打造“走访、排摸、分级、定策、对接、救助”帮扶工作链，科学制定“关‘癌’行动”“送护上门”“群群配送”等 16 项金山工会“爱在鑫工”服务困难职工实事项目，做到应帮尽帮。

10- 江苏省

解军英，女，汉族，中共党员，江苏省镇江市总工会党组成员、副主席，分管解困脱困工作 5 年。她坚持从源头争取政策，推动市政府将困难职工救助项目由原来的 16 个增加到 28 个。她坚持创新开展工作，增强工会“造血”功能，通过“互联网 +”帮扶项目，着力解决困难职工培训、就业等难题。她注重整合社会资源，联合社会团体开展为困难职工送“年夜饭”、送互助保障，为困难职工子女建设“爱心小屋”等活动。全市 3000 余户在档困难职工全部实现解困脱困。

邓舒友，男，汉族，中共党员，江苏省宿迁市总工会权益保障部科员，从事解困脱困工作 11 年。他勇于创新，通过“线上 + 线下 + 第三方评估”实现精准识别、建档立卡、因户施策、分类帮扶。宿迁市在全省率先出台《关于深入做好城市困难职工帮扶工作实施意见》，实现多项政策突破。他多方筹集帮扶资金，成立 8 支爱心基金，认捐总额 1930 万元，年可用孳息 130 多万元，专项救助重大疾病特困职工。2016 年全市工会在档困难职工家庭 4637 户，2020 年减少至 397 户。

11- 浙江省

应金岚，男，汉族，中共党员，浙江省金华市磐安县职工服务中心主任，从事困难职工帮扶和解困脱困工作 8 年。他在实际工作中始终把困难职工解困脱困工作与脱贫攻坚结合起来，对纳入贫困对象的人员做到家访全覆盖、救助全覆盖、公开全过程，实现了“一对一”结对帮扶管理，主动落实困难职工的就业、就医、就学、社保、住房和民政兜底保障等政策措施，摸索出具有磐安县特色的“一般困难机制帮、突发困难及时帮、突出困难重点帮”的工作原则。

林宇，女，汉族，中共党员，浙江省温州市职工法律维权中心副主任，从事困难职工帮扶和解困脱困工作14年。她始终不忘初心，以职工需求为工作导向，以制度完善促政策保障，以业务规范推有效提升；在情感上不断投入、在方法上不断探求，履职尽责，想职工所想、急职工所急、解职工所难，以真情和真心温暖相待，满怀热忱为困难职工做好事、办实事、解难事，以实际行动谱出一曲曲“工会娘家人”的动人旋律，温暖更多的职工群众。

12- 安徽省

徐华玲，女，汉族，中共党员，安徽省黄山市总工会困难职工帮扶中心工作人员，从事解困脱困工作10年。近10年来，她始终勤勤恳恳，狠抓学习，不断提高自己的业务能力水平，从帮扶“门外汉”变成“行家里手”，是辛勤耕耘的“老黄牛”。她精益求精，是永不生锈的“螺丝钉”。她实施的走访调查“入、看、照、审、算、示”六字法，真正做到了精准帮扶。她古道热肠，坚持以职工为本，真心实意帮助每一位困难职工，成为他们的“好亲戚”“贴心人”。

丁倩，女，汉族，中共党员，江苏省广德市总工会帮扶中心副主任，从事解困脱困工作7年。她做事踏实，一心扎在解困脱困岗位，为核实职工信息，不顾40℃的高温在山路上奔波近3个小时；遇到身体不便的困难职工，都是她亲自帮忙跑路办理手续；针对就业困难的职工，她总是想放设法，多方协调，及时解决。7年来，她凭着独特的人格魅力与敬业精神，感染着身边的每一个人，用日复一日的坚持，在解困脱困路上筑起了一道亮丽的风景线。

13- 福建省

聂裔光，男，汉族，中共党员，福建省总工会权益保障部部长、一级调研员，从事解困脱困工作 5 年。在精准识别方面，他既充分依靠基层工会干部入户走访核实，又全面利用民政信息平台进行精确比对；在精准建档方面，他创造性地建立起全国总工会档案、地方档案和一般性慰问档案，三个层次分明、相互衔接、各有侧重的梯度帮扶格局；在精准帮扶上，他创新完善职工医疗互助、大病补助、特别救助项目，开展医疗叠加帮扶和“金秋助学”“全程帮”；在精准退出方面，他组织“万名工会干部进万家”专项帮扶行动对 3.4 万多户困难职工家庭进行全面回访，健全完善常态化送温暖工作机制，全面巩固解困脱困成果。

王茂泉，男，汉族，中共党员，福建省泉州市总工会党组书记、常务副主席，从事解困脱困工作 5 年。他立足泉州民营经济大市、用工大市、外来工大市特点，贯彻工会帮扶一批、挂扶落实一批、政府兜底一批、社会帮忙一批“四个一批”解困脱困思路，制定“两坚持五精准”解困脱困攻坚措施（坚持走访见面、坚持线上线下，做到精准底数、精准识别、精准建档、精准帮扶、精准退档），因人制宜开展“牵手帮”“健康帮”“创业帮”等分类帮扶措施。泉州工会率先设立工会“金秋助学”专项基金、开启线上帮扶通道、实施“四大重疾”补助、开展困难职工就业创业一条龙服务等经验做法并在全省交流推广。

14- 江西省

余晓琴，女，汉族，中共党员，江西省上饶市总工会党组成员、副主席，从事解困脱困工作 5 年。她带领全市工会干部积极探索困难职工解困脱困的“上饶路径”：一是精准识别，动员千名工会干部进入千家万户摸实情、办实事；二是精准施策，动员千名劳动模范进入千家万户教技能、强本领；三是精准帮扶，动员千家爱心企业进入千家万户稳就业、增信心。帮助 3631 户困难职工家庭、12316 人实现解困脱困，全面完成了城镇困难职工解困脱困任务。

张淑华，女，汉族，民革党员，江西省吉安市吉州区总工会副主席、四级调研员，从事解困脱困工作 13 年。她总结用好帮扶“三字经”，在“融”字上有创新，将工会帮扶政策与标准融入城镇脱贫解困大局，依托吉州区数字民政“云平台”，进行信息比对；在“联”字上做文章，完善帮扶联系人制度，构建“工会—社会组织—职工”联动帮扶；在“帮”字上下苦功，总结形成吉州区困难职工解困脱困“八位一体”工作法。通过精准“滴灌”，全区 1049 户困难职工家庭顺利实现脱困。

费蕾，女，汉族，民进会员，江西省宜春市总工会财务部部长，从事解困脱困工作 3 年。她走遍市本级在档 1415 户困难职工家庭，探索出“五步”识别法，规范帮扶管理；争取市财政帮扶资金 302 万元，联系企业助困帮困；办好“金秋助学延伸”“爱心托管”“就业招聘”等实事，探索试行线上企业与职工、线下散报与团报等模式，让 2000 余名困难职工获得技术、实现就业。

15- 山东省

李翠芹，女，汉族，中共党员，山东省淄博市职工服务中心副主任，从事困难职工帮扶工作 19 年。她热情接待求助的困难职工，耐心倾听他们的困难诉求，做好困难职工建档立卡和档案管理。她熟悉帮扶政策，精通帮扶业务，当好困难职工联系人，做好入户调查、数据比对等精准识别和认定工作，逐户为困难职工想办法、定措施、找出路，为他们提供最大力度的帮扶。同时，她积极协调社会机构和职工所在单位，给困难职工提供岗位和政策方面的帮扶，5 年共帮助 1400 余户困难职工实现脱困。

李敏，女，汉族，中共党员，山东省高密市总工会帮扶中心主任，从事困难职工帮扶工作 13 年。她始终牢记服务宗旨，高质量推进困难职工解困脱困工作，不断加大帮扶力度，拓展帮扶范围，创新帮扶措施。她建立健全帮扶联系人制度，通过每季度入户走访、发放职工“连心牌”等措施，动态管理困难职工档案，全力笃行精准帮扶，帮助 98 名在档困难职工实现解困脱困，受到职工群众好评。

李广涛，男，汉族，中共党员，山东省泰安市总工会经费审查委员会办公室主任，从事困难职工帮扶工作 5 年。他积极开展困难职工家庭信息数据核查，与政府相关部门联合进行数据比对；深入困难职工家中走访调查，了解掌握困难职工家庭情况；为 2138 名职工办理特困证，每年组织开展市直机关部门结对帮扶困难职工活动；推动建立大病医疗补助金制度，为 855 名患大病职工补助 947.87 万元；筹资 100 万元设立“光明基金”，为各级困难职工、农民工治疗眼科疾病提供资助。

16- 河南省

邓振武，男，汉族，中共党员，河南省开封市总工会权益保障部部长，从事解困脱困工作 2 年。他认真贯彻上级工会困难职工解困脱困工作的安排部署，把“精准”贯穿困难职工解困脱困工作全过程，经过不懈努力，开封市在档困难职工数从 2016 年初的 37990 户下降到 2020 年底的 203 户，实现脱困的困难职工家庭总计 9003 户，全市解困脱困工作取得明显成效。

刘波，男，回族，中共党员，河南省商丘市总工会权益保障部部长，从事解困脱困工作 5 年。他起草制订多项文件，推动将困难职工解困脱困工作纳入党政工作大局。自 2016 年以来，他组织开展 39 次解困脱困专题会议，举办 11 次工作培训会议，组织 135 次全市基层工会入户大走访，使 739 名有劳动能力的困难职工实现就业，1000 余户困难职工家庭脱困。

冯铭，女，汉族，中共党员，河南省平顶山市总工会权益保障部干事，从事解困脱困工作 5 年。她全心全意投入城市解困脱困工作中，发挥了先锋模范作用，展示了新时代工会工作者的风采。她连续数年担任县、区工会干部培训班帮扶工作授课教师，协助落实特困职工爱心医院等多项创新举措，参与本地帮扶政策的制定，为解困脱困提供了法规依据和规范手段，以实际行动为全市解困脱困工作作出了应有贡献。

17- 湖北省

彭海霞，女，汉族，中共党员，湖北省武汉市青山区总工会保障部负责人，从事困难职工帮扶工作 5 年。她全面掌握辖区困难职工家庭情况，先后为 220 户困难职工家庭建立档案，帮助 160 户家庭解困脱困。她为 179 名困难职工办理医疗救助、临时救助、四类重疾救助，为 271 名寒门学子助学。新冠肺炎疫情期间，她积极筹措抗疫款物，组织慰问建档困难职工、一线职工、医务工作者及家属等 3.5 万人。在她的努力下，城区帮扶资金得到规范使用，发挥了应有作用。

黄修鸿，男，汉族，中共党员，湖北省十堰市总工会职工服务中心主任，从事困难职工帮扶工作 3 年。他主动参与解困脱困帮扶政策的制定、任务分解、项目推广、资金使用、效果评估与督导等工作。延伸和拓展服务中心窗口服务功能，加强对各县市区解困脱困工作的指导、协调；编印帮扶政策宣传资料，组织开展帮扶干部和档案管理员的业务培训；多次带队深入基层开展走访认定，加强档案管理和信息核查；及时划拨和用好解困脱困帮扶资金，将解困脱困工作与免费技能培训、职业介绍、劳动争议调解、心理咨询等服务相融合，形成工作合力。

谢铭，女，汉族，中共党员，宝武集团鄂城钢铁有限公司工会委员会权益保障室科员，从事困难职工帮扶工作 5 年。她深入调研、准确界定、严格执行困难标准，精准聚焦困难职工，将有限的资金用到真正需要帮扶的人群。她善于统筹资源，形成社会、省、公司、直属单位等多渠道帮扶网络矩阵，通过“冬送温暖、夏送清凉，金秋助学、大病救助、临时救助”等帮扶措施，累计帮扶 3557 人次，发放救助金 1025.4 万余元。

18- 湖南省

单绪平，男，汉族，中共党员，湖南省衡阳市总工会党组书记、常务副主席，从事困难职工帮扶工作 4 年。他创新工作机制，开创性地将工矿社区、领军企业纳入“双联”企业，形成了“双联”帮扶“三联三同”工作模式。他忠实履职尽责，近 4 年来，多方筹集资金 3000 多万帮扶困难职工 7500 余名，职工医疗互助发放补助资金多达 7500 余万元，惠及 100 余万人次，“一户一产业”工程促进 40000 余人再就业。

李继文，男，汉族，中共党员，湖南省直单位困难职工帮扶中心主任，从事困难职工帮扶工作 12 年。他既当指挥员又当战斗员，始终以坚定的理想信念和舍我其谁的干劲，把困难职工解困脱困作为政治任务来落实，长期坚持在窗口一线坐班，直接服务职工，帮助困难职工解决急、难、愁、盼之事，提前一年完成 3705 户困难职工解困脱困任务，赢得职工的高度信赖和一致好评，生动诠释了共产党人的初心和使命。

刘敏，女，汉族，中共党员，湖南省总工会权益保障部二级主任科员，从事困难职工帮扶工作 4 年。她“吃得苦、霸得蛮”，敢于创新，充分发挥“双联”平台优势，推动整合 19 个部门的 51 项职能，形成解困脱困合力；不断强化政策规范，先后参与城市困难职工解困脱困工作近 30 个政策文件的研究与起草；在落实“精准”上苦下功夫，组织开展“精准识别百日攻坚行动”“万名干部进企入户”“精准识别回头看”和专项资金使用管理大检查等活动，为全省困难职工解困脱困工作作出了应有贡献。

19- 广东省

吴灏远，女，汉族，中共党员，广东省江门市新会区总工会职工服务中心主任，从事困难职工帮扶工作 2 年。她把自己当作困难职工的“服务员”，在入户走访、摸底调查过程中，利用休息时间到职工家中开展入户调查、宣传工会帮扶政策；在新冠肺炎疫情期间，通过微信公众号，“一对一”服务困难职工；在帮扶过程中，认真分析致困原因，分类帮扶，帮助困难职工争取了公租房，为已黑户 15 年的困难职工家属解决户口问题，为 30 多名困难职工家属解决就业问题等。

黄创智，男，汉族，中共党员，广东省阳江市总工会党组成员、副主席，兼任市职工服务中心主任，从事困难职工帮扶工作 12 年。他常怀为民之心，做职工群众的贴心人，经常到困难职工家里访贫问苦，开展常态化送温暖慰问活动。作为市政协委员，他经常把自己负责的帮扶工作议题带到政协，在参政议政工作中争取各方支持。他推动规范化建设，落实精准措施，注重帮扶实效，使全市 1.8 万多户建档立卡困难职工全部解困脱困。

肖伟旗，男，汉族，中共党员，广东省韶关市总工会党组成员、副主席，从事困难职工帮扶工作 6 年。他勇挑重担，推动困难职工解困脱困工作纳入了脱贫攻坚大局，建成首个省市共建示范点；他爱岗敬业，深入走访慰问困难职工家庭近千户，撰写报告材料 30 余篇，主持召开全市专题会议 20 余场；他攻坚克难，带头规范并实施帮扶制度机制，创新帮扶方式实施精准帮扶；他真抓实干，带头持续开展挂牌督导帮扶工作，查漏补缺提质增效，全力以赴推动韶关解困脱困工作走在广东前列。

20- 广西壮族自治区

黄芳，女，汉族，中共党员，广西壮族自治区总工会南宁市职工服务中心负责人，从事困难职工解困脱困工作 5 年。她协调政府建立南宁市困难职工解困脱困联席会议制度，在源头上为城镇困难职工构筑起“六条保障线、两个全覆盖”社会救助体系。她创新实践经验，引入大数据理念，实现困难职工建档无纸化申请、民政大数据平台精准比对、微信小程序自主申请、服务窗口“一门子办理”、App 采集数据的精准管理模式，做到档案清、脱困明、数字准。她精通政策，走企入户，做职工帮扶工作“引路人”，搭建起工会与困难职工的“连心桥”。

夏东，男，汉族，群众，广西壮族自治区总工会桂林市兴安县总工会干事，从事困难职工帮扶工作 10 余年。他身残志坚，始终工作在服务职工一线。为摸清困难职工底数，确保“不漏一户，不缺一人”，他克服腿脚不便，坚持入户走访，足迹遍布全县 6 个乡镇、5 个社区（街道），实地掌握困难职工家庭生活情况、实际困难，精准制定帮扶措施，使全县困难职工建档数从 2016 年的 52 户降到 2020 年的 7 户。

张涛，男，壮族，中共党员，广西壮族自治区防城港市工人文化宫主任，防城港市总工会劳动和经济工作部部长，从事困难职工帮扶工作 15 年。为打赢城市困难职工解困脱困攻坚战，他常年奋战在帮扶工作一线，不辞劳苦深入困难职工家庭了解困难，深入研判致困原因，研究制定帮扶措施，真正做到了精准帮扶，在他的努力下，全市近 3000 户建档立卡困难职工基本生活、就业、就医和子女入学等困难问题都得到了一一解决，为防城港市城市困难职工解困脱困工作作出了重要贡献。

21- 海南省

叶华杰，男，黎族，中共党员，海南省昌江黎族自治县人大常委会副主任、县总工会主席。他推动以县两办名义印发解困脱困工作实施方案，成立领导小组，召开联席会议，推动相关部门制定“8+1”方案；协调财政部门安排 240 万元帮扶资金，帮助困难职工购买人身意外险、大病医疗补充保险、城乡居民基本医疗保险、医疗互助险等，为20名困难职工子女发放教育补贴、为4户困难职工申请公租房、为5户困难职工发放住房补贴，将21户80名困难职工纳入医疗救助“一站式”结算服务。

洪雄，男，汉族，中共党员，海南省农垦投资控股集团有限公司工会职工服务中心主任，从事解困脱困工作5年。他牵头制定下发《困难职工档案管理办法》等5大帮扶管理制度，指导基层规范档案管理；推动垦区98家就业创业示范基地建设，帮扶困难职工就业182人次；开设农垦中专“巾帼班、励志班”，帮助382名困难职工子女就读；争取集团行政支持开展大病救助工作，累计为5189名大病职工发放1998万元救助金；5年来，共筹资8394万元帮扶资金，帮扶困难职工由2016年的5208户下降至目前的87户。

22- 重庆市

林静，女，汉族，中共党员，重庆市公共交通控股（集团）有限公司工会副主席、政工部部长、女工委员会主任，从事困难职工解困脱困5年。她践行“人民公交为人民，人民公交靠人民”的理念、心里装着公交职工、行动暖着公交职工，实施“一户一策”帮扶456名建档公交困难职工解困脱困，组织“金秋助学”圆了60名公交困难职工子女的大学梦，建立职工大病医疗帮扶基金和补助慰问机制防止职工因病致贫、因病返贫，是公交职工名副其实的“娘家人”“贴心人”。

杨华，男，土家族，中共党员，重庆市黔江区群团活动中心主任，从事困难职工解困脱困工作5年。他善谋划、勤作为，牵头制定解困脱困系列政策文件，建立跟踪服务常态化机制，完善临时岗位安置、四季帮扶等制度。他深入职工家中开展调研，了解民情、服务职工，他的足迹遍布了每一名建档困难职工家庭，是全区每个困难职工情况的“活字典”。他敢担当、勇创新，通过四季帮扶、助学成才、为建档困难职工家庭成员购买“精准脱困保”

等方式，帮扶困难职工 8000 余人次，资助 500 余万元，有效助力解困脱困。

王敏娟，女，汉族，中共党员，重庆市璧山区群团活动中心主任，从事帮扶工作 13 年。她业务精通、责任心强，被称为“帮扶专业户”。她心系困难职工，对职工家庭情况了然于心，对困难职工逐户走访调查，精准识别、动态管理，帮扶实行“一户一策”，措施精准、效果明显。她通过残疾职工特别慰问、职工互助保险全额补助、提供“助学成才”实践岗位等措施，有效拓宽了帮扶路径。璧山区解困脱困工作成效显著，共帮扶 3970 人次，发放帮扶金 538 万元，帮助 1121 个家庭实现解困脱困。

23- 四川省

李科，女，汉族，中共党员，四川省成都市锦江区总工会职工服务中心职员，从事解困脱困工作 4 年。她紧紧围绕解困脱困工作要求，不断创新工作机制，建立日常管理制度、加大帮扶救助力度、完善工作监督机制，促进帮扶工作规范化、正常化、经常化，确保困难职工解困脱困工作扎实开展；近 5 年来，共帮扶困难职工 682 人次，确保实现“应帮尽帮、应助尽助”；为建档困难职工全额购买互助保险，让建档困难职工多一份保障。助力攻坚，结合“锦江区对口支援炉霍县八大惠民帮扶行动”与炉霍县总工会建立友好结对关系，并联手锦基金向社会募资，共提供帮扶资金 100 余万元，帮助困难人群 1000 余人次，为锦江区 2021 年荣获“全国脱贫攻坚先进集体”作出工会贡献。

罗海英，女，汉族，中共党员，攀枝花市总工会保障工作部部长，从事解困脱困工作 5 年，她全身心投入解困脱困工作，一是以政协提案、政府联席会议题形式提出《将城市困难职工解困脱困工作纳入国家扶贫攻坚大局》提案，推动市政府出台工作实施方案；二是研究制定市级困难职工档案管理办法、困难职工信息比对和解困脱困协同工作机制等制度；三是精准建档、依档帮扶、因困施助，确保帮扶资金管理使用规范化；四是整合各类资源，打造生活、助学、医疗、“送温暖”、就业创业等一批响亮的工作品牌。

龙海琴，女，汉族，中共党员，四川省绵阳市梓潼县总工会党组书记、常务副主席。2017 年主持县工会工作以来，带领县总工会班子，全身心投入城镇困难职工解困脱困工作中，通过建立工作机制、规范工作制度、配强骨干队伍，规范建档、精准施策，切实做到了困难帮扶不错项，不漏人，帮扶工作实现动态化管理。在她的努力下，全县得到帮扶救助的困难职工多达 2705 人次，解困脱困 1085 人。

24- 贵州省

罗华，男，汉族，中共党员，贵州省铜仁市玉屏侗族自治县总工会党组成员、副主席，从事困难职工解困脱困工作 5 年。他深入调查研究，摸清困难职工底数，切实掌握全县城市困难职工的总体数量、分布态势、人员构成、痛点难点等问题；注重业务提升，经常给帮扶中心的工作人员和社区工作人员授课培训，保证工作流程规范、执行不走样；推动建立困难职工解困脱困工作联席会议制度，引导社会力量广泛参与；率先设立“继续就学救助”项目和“勤工俭学”项目，对品学兼优的困难学生进行资助，提供社会实践平台。

李萍，女，布依族，中共党员，贵州省黔南布依族苗族自治州总工会生产保护与法律保障部二级主任科员，从事困难职工帮扶工作 6 年。她勤学善为，熟悉政策，探索建立与民政、市场监管、不动产登记中心等部门合作联动的信息比对机制，实现困难职工档案精准识别、动态管理。她对职工怀有深厚的感情，用足迹丈量责任，深入基层开展困难职工摸排，确保不漏一人、不掉一户；坚持“帮扶多一分、扶贫少一户”的理念，通过生活救助、助学救助、医疗救助、常态化“送温暖”，精准施策帮助困难职工解困脱困。

25- 云南省

张龙平，男，汉族，中共党员，云南省煤炭产业集团有限公司田坝煤矿工会干事，从事解困脱困工作 19 年。他主动学习最低生活保障制度、社会保险制度等各项涉及职工权益保障的政策制度，深入基层入户走访，及时了解职工的困难诉求，及时为符合条件的困难职工建档，及时将各级工会的帮扶慰问资金送到困难职工手上；为企业建档 1411 户困难职工研究解困脱困政策要求，完善建档立卡台账，参与制定脱困政策，落实各项帮扶措施。企业困难职工从 2016 年的 1411 户下降至 2020 年底的 38 户，解困脱困工作取得明显成效。

杨家贵，男，汉族，中共党员，云南省德宏州总工会劳动和经济工作部部长，从事解困脱困工作 5 年。他深入基层了解困难职工家庭状况、致困原因、困难需求、解困脱困现状，有针对性创新帮扶办法，完善帮扶制度，推出了“明白卡”、《困难职工手册》等措施。扎实开展在档困难职工“户户清”专项攻坚行动，深入走访困难职家庭，了解困难需求，制定精准帮扶任务清单提交到政府相关部门，并积极协调落实，确保全州 3244 户困难职工基本达到“两有五保障”，全部实现解困脱困的目标任务。

刘贵红，男，汉族，中共党员，云南省昆明市总工会职工（会员）服务保障部部长，从事解困脱困工作 5 年。他经常深入基层、入户走访、调查研究，研究制定昆明市解困脱困“七个一批”“两有五保障”“结对帮扶”“就学帮扶”等贯彻落实措施，有序推进困难职工建档立卡、精准帮扶工作；推动与市工商联的合作，通过帮助困难企业健康发展解决困难职工基本生活难题；积极动员有劳动能力的困难职工参加技能培训，提高就业创业能力，解困脱困工作成效明显。

王天富，男，彝族，中共党员，云南省文山州总工会法律和维权工作部部长，从事解困脱困工作 5 年。他深入调研了解困难职工公益性岗位需求、大病救助需求、断保欠保等情况，为争取政府相关部门出台帮扶政策提供数据支撑，争当科学决策的“调查员”；积极协调有关部门开展就业、就医、就学等“六个一批”帮扶，探索建立“明白卡”二维码登记制度，争当政策落实的“协调员”；积极开展金秋助学、专项救助、技能培训等帮扶项目，用真心、真情、真行动来帮助困难职工，争当解困脱困的“战斗员”。

26- 西藏自治区

张卫，女，汉族，中共党员，西藏自治区林芝市米林县总工会党组成员、四级主任科员，从事解困脱困工作 5 年。她严格按照上级工会部署，深入走访和采集信息，全民了解困难职工家庭情况，认真审核相关材料和基本情况，做到了困难职工的致困原因清、基本情况清、家庭成员清、家庭收入清、子女上学（就业）清，实现精准识别、精准退出。按照“一户、一档、一计划、一措施”的办法因困精准施策，在平凡的岗位上积极贡献，践行工会人的使命担当。

27- 陕西省

奥建利，男，中共党员，陕西省渭南市总工会二级调研员，从事解困脱困工作 6 年。他工作恪尽职守、勇于担当，主动创新，主持起草《全市困难职工解困脱困精准帮扶工作》等文件，在全省率先提出了“五个一批”的帮扶措施，协调组织召开专题工作会，建立“月指导、季督查、半年通报、年终考评”工作制度，坚持精准建档、精准帮扶、精准退出，全市困难职工解困脱困工作帮扶成效较为突出，建档困难职工由 2016 年底的 5745 户减少到目前的 51 户。

惠瑞国，男，中共党员，陕西省延安市总工会困难职工帮扶中心主任，从事解困脱困工作 4 年。他积极深入一线，带领大家先后走访了 8000 多户困难职工，摸清了困难职工们的底子；组织动员全市工会干部每人联系一户职工，建立了“一帮一联”制度；协调民政等部门联合下发了关于低保、教育、医疗等救助文件，提升帮扶效能；组织全市工会举办家政、月嫂、驾驶技术等培训，在就业帮扶上狠下功夫。经过努力，全市 8116 户职工家庭实现解困脱困，人均月收入从 1200 多元增长到 2800 多元。

28- 甘肃省

张文，男，汉族，中共党员，甘肃省庆阳市总工会困难职工帮扶中心主任，从事解困脱困工作 5 年。2016 年以来，他紧盯“两不愁五保障”目标，深入困难职工家庭，广泛开展调研走访，坚持定性精准分类，开展定量菜单帮扶，精准识别困难职工 9668 户，量身定制“六项”举措，推行“一户一策”帮扶模式和上下互动、部门联动工作机制，提议建立正向比拼、逆向清零、“回头看”核查的工作推动体系。2020 年 6 月，964 户全国级城镇困难职工如期脱困，市县区城镇困难职工全部出列。

何付忠，男，汉族，中共党员，甘肃省天水市总工会党组成员、经费审查委员会主任，从事解困脱困工作 4 年。在推进解困脱困工作中，他思路清晰、措施得力，探索出“四个不建”的精准识别方法，总结出“四个不解脱”的精准解困脱困原则程序；组织实施了包括生活、医疗、助学、创业小额借款扶持、技能培训等多个帮扶品牌项目，指导推进帮扶（服务）中心实现规范化建设。

29- 青海省

阿怀琳，男，蒙古族，中共党员，青海省海北藏族自治州总工会常务副主席、一级调研员，从事解困脱困工作 10 年。他坚持长期走访、调研，用脚步丈量工作，用心倾听诉求，在厚厚的 4 本困难职工民情笔记本上，用 5 万字详细记录了2300户困难职工家庭状况。他立足做大做强“送温暖、困难帮扶、金秋助学、医疗救助”等帮扶工作品牌，实现工作流程规范化、公示方式多样化、资金发放磁卡化、慰问方式人性化“四个转变”，在全省率先建立困难职工州级档案，用实际行动践行共产党员的高尚境界和工会情怀。

毕小梅，女，土家族，群众，青海省海南藏族自治州总工会社会化工作者，从事困难职工帮扶工作5年。她想职工所想、急职工所急、解职工所难，运用“一进、二看、三算、四比、五查、六议”工作法，实地考察、个案剖析、入户调查回访，了解掌握困难职工基本情况、致困原因；组织困难职工参加“工会情·共筑幸福梦”活动，实现创业就业造血脱困；开展“1+1+N”结对帮扶，为困难职工落实住房、就业、大病救助等帮扶措施，用贴心细致的工作担负起“娘家人”的责任。

30- 宁夏回族自治区

张生林，男，汉族，中共党员，宁夏回族自治区石嘴山市职工服务中心主任，从事解困脱困工作5年。他积极争取将解困脱困工作纳入政府总体部署，每年与人社、民政部门联合印发技能培训、“送温暖”等文件，推进落实“四个一批”；认真做好困难职工生活救助、大病救助、助学等日常帮扶，针对疫情、市场波动等导致一些职工陷入困境的实际情况，有针对性地开展专项帮扶工作，消除致困因素；积极申请市财政投入帮扶资金，制定《工会经费投入帮扶解困办法》，建立了筹集帮扶资金的长效机制，全市困难职工解困脱困效果明显。

尹建华，男，汉族，中共党员，宁夏回族自治区中卫市困难职工帮扶中心主任，从事解困脱困工作6年。他他以赤诚的情怀和无言的行动，认真制定困难职工解困脱困“路线图”、时间表、绩效评估办法；按照“分级负责、动态管理”要求，一户一档案，精准识别；通过开展职工医疗互助活动、建立“困难职工帮扶专项基金”、发放疫情临时救助金、组织志愿者结对帮扶，举办困难职工农民工再就业技能培训等措施。全市困难职工由 2017 年的 16937 户减少至 2020 年的 346 户。

31- 新疆维吾尔自治区

王雪晴，女，汉族，中共党员，新疆维吾尔自治区昌吉回族自治州玛纳斯县总工会帮扶中心主任，从事解困脱困工作 5 年。她始终保持满腔的热情，心里时刻装着职工，“受职工之托，忠职工之事，解职工之难，暖职工之心”是她为自己定下的职业道德标准。为确保城镇困难职工认定“不漏一户、不落一人”，她不辞辛苦入户排查，为 327 户困难职工建档立卡。她做到精准识别，实施精准帮扶，对下岗失业困难职工“挂钩帮”，对因病致困的“健康帮”，对因学致困的“牵手帮”，有力地推动全县解困脱困工作快速发展。

周新革，男，汉族，中共党员，新疆维吾尔自治区伊犁哈萨克自治州奎屯市总工会职工服务中心主任，从事解困脱困工作 15 年。他在工会帮扶工作一线孜孜不倦奋斗 15 年，紧紧围绕脱贫攻坚大局，创新帮扶工作形式，丰富帮扶工作内容，使帮扶工作实现了在创新中求发展、在实践中促规范、在完善中见实效，形成了具有奎屯特色的困难职工帮扶体系，赢得社会各界的广泛赞誉。通过“四个一批”“七个行动计划”和特色解困脱困措施，困难职工由 1679 户减至 16 户，困难职工解困脱困工作取得明显成效。

32- 新疆生产建设兵团

温爱君，女，汉族，中共党员，新疆生产建设兵团第一师阿拉尔市总工会劳动经济和权益保障部（困难职工帮扶中心）副部长，从事困难职工解困脱困工作 7 年。她克服师市困难职工多、困难程度深、资源有限、人力不足等困难，坚持“找准病根再下药”，走遍了全师 13 个团镇 175 个连队，亲自走访 2985 户困难职工家庭，摸清了“病根”；坚持“富口袋”先“富脑袋”的思路，加强职工思想教育和技能培训；坚持“先富带动后富”，积极推行“项目 + 合作社 + 困难职工”“能人 + 困难户”等帮扶模式助力困难职工解困脱困，帮助 6691 户困难职工实现解困脱困。

33- 中华全国铁路总工会

陈国华，男，汉族，中共党员，中国铁路上海局集团有限公司（以下简称“上海局”）工会保障和女工工作部部长，从事帮扶工作 7 年。该同志重视调查走访，多层面听取意见建议，指导基层采取“输血”帮向“造血”帮、短期帮向长效帮转变等措施，有效缓解了职工困难。2015 年以来，他 2 次修订全局帮扶救助管理办法，首次确定对 4 种一类大病、11 种二类大病给予病种补助，使医疗费用补助年度最高可达 30 万元，深受职工欢迎。至 2020 年底，上海局在档困难职工全部实现脱困解困。

聂向军，男，汉族，中共党员，中国铁路西安局集团有限公司工会保障部和女工工作部指导员，从事困难职工帮扶工作 7 年。他积极探索困难职工帮扶救助渠道、方法，订制度、抓推进、重常态，为 2314 户困难职工实现解困脱困作出了积极贡献。他注重制度优化整合，对 62 个基层单位文件办法逐个把关审核，确保帮扶政策的统一性、连贯性和严谨性。他引入成本管理理念、创新帮扶手段方法、发挥干部包保作用、加大困难补助力度四项措施，使帮扶形式更加丰富。

34- 中国民航工会

周锐，男，汉族，中共党员，首都机场集团公司党群工作部工会工作业务经理，从事困难职工帮扶工作 5 年。他积极践行“人民航空为人民”的宗旨，广泛开展相关政策宣传，覆盖全国 50 多个机场及黑河、阿尔山等边陲机场中的城镇困难职工，指导下属基层单位结合实际制定困难职工帮扶救助细则，既做到关键时候“雪中送炭”，又确保帮扶救助依法合规，累计帮扶首都机场集团困难职工 808 人次。

35- 中国金融工会

周波，男，汉族，中共党员，中国建设银行工会副主席，从事困难职工帮扶工作 8 年。他从完善制度入手探索解决困难职工解困脱困问题，创新推出“同心 · 保险保障”“同心 · 互助众筹”“同心 · 健康管理”等措施，实现全行 35 万职工重大疾病保障不低于 50 万元、定期寿险保障不低于 50 万元的兜底性保障，有效解决了员工患重大疾病后“因病返困”的社会痛点问题。

36- 中国教科文卫体工会

陈红松，男，汉族，中共党员，北京大学人民医院党委副书记、工会主席。他一直将困难职工的冷暖放在心上，定期开展走访慰问，深入困难职工家中，及时了解困难需求，最大程度地帮助他们解决实际困难。他多次参与助力脱贫攻坚职工志愿服务活动，带领志愿服务医疗队奔赴条件艰苦的新疆北屯市，为当地的一线职工和居民义诊；积极协调安排，免费带培 15 名北屯医院骨干医生，努力为北屯市打造一支“不走的医疗队”，以健康扶贫助力困难职工脱困解困。

37- 中国海员建设工会

白军林，男，汉族，中共党员，宁夏回族自治区银川公共交通有限公司工会副主席，从事困难职工解困脱困工作 3 年。他善于与职工群众打交道，靠“婆婆嘴”春风化雨服务职工。2018 年 4 月，他正式成立“白军林”调解工作室。自开展困难职工解困脱困工作以来，他带头入户走访职工家庭，全面了解公司职工收入过低、单亲、家庭成员患重特大疾病、重度残疾以及子女上大学等原因造成生活困难的职工家庭情况，因户施策、多措并举，公司困难职工脱困解困工作成效明显，2019 年、2020 年，分别帮 10 户、24 户困难职工家庭解困脱困。

38- 中国能源化学地质工会

张金常，男，汉族，中共党员，中国平煤神马能源化工集团有限责任公司党委常委、工会主席，从事解困脱困工作 4 年。他多次主持召开专题座谈会，详细部署精准帮扶工作，做到了思想认识、建章立制、资金投入、精准识别、精准帮扶“五个到位”。他采取生活、医疗、助学、技能、精神、兜底等“六位一体”办法大力开展精准帮扶，帮助 875 户建档困难职工全部解困脱困，提前 1 年完成解困脱困工作任务目标，被誉为集团解困脱困工作的“推动者”和“实干家”。

39- 中国机械冶金建材工会

赵晓梅，女，汉族，中共党员，中国洛阳浮法玻璃集团（以下简称洛玻集团）有限责任公司工会主席，从事解困脱困工作 6 年。作为工会主席亲自抓帮扶工作，她适时组织各基层工会召开专题会，安排部署具体工作。自 2016 年以来，洛玻集团工会共实施了 5055 人次的救助帮扶；为公司 92 名身患重症、花费巨大的职工申请医疗救助 26.1 万元。在各级工会人员的共同努力下，洛玻集团通过提高职工收入等精准帮扶措施，帮助 2016 年在档的 589 名困难职工于 2020 年全部实现脱困解困。

40- 中国国防邮电工会

王佳军，男，汉族，中共党员，湖南省国防工业工会副主任，从事困难职工帮扶工作 4 年。他立足实际，认真谋划工作思路，加强顶层设计，明确中心定位、完善规章制度、健全工作体系。时任湖南省总工会困难职工帮扶中心主任推动实施湖南省总工会机关干部与困难职工“一对一”结对帮扶和委托第三方公益组织开展入户调查。在推动解决核工业特殊困难群体解困脱困工作中，作为专班成员之一的他，积极主动作为，推动各项政策落地见效，得到了全国总工会的充分肯定，并在全国对其工作经验进行推介。

41- 中国财贸轻纺烟草工会

蔡伟，男，汉族，中共党员，中国储备粮管理集团有限公司（以下简称“中储粮”）党群工作部群众工作处处长，从事困难职工解困脱困工作 10 年。他结合实际 3 次修订中储粮特困职工帮扶办法，健全帮扶机制，增强帮扶工作政策的科学性、实效性；通过集团公司专项拨款、分（子）公司利润留成计提、职工缴纳、自愿捐款等方式，广泛筹集帮扶资金 1200 余万元；组织召开 11 次帮扶资金管理委员会会议，审议通过 103 人次的帮扶申请，下拨帮扶资金 703 万元，解了困难职工的燃眉之急。

42- 中国农林水利气象工会

陈万霞，女，汉族，中共党员，四川省水利电力工会委员会干部，从事困难职工解困脱困工作 13 年。她熟悉困难职工帮扶政策，深入困难职工家庭走访摸底，对基层困难职工情况了然于心，分门别类建立困难职工档案近 2000 份，慰问困难职工近 2000 人次。她对困难职工怀有深厚感情，千方百计地为困难职工争取资源和资金，面对部分困难职工患大病、负担重，她主动作为，撰写捐款倡议，通过系统募捐和社会捐助为患大病困难职工筹集资金以解燃眉之急。

城市困难职工解困脱困工作中作出重要贡献的集体事迹材料

01- 北京市

北京市东城区总工会始终把做好城市困难职工解困脱困作为重点工作进行统筹谋划，多次召开党组会、主席专题会研究，成立领导小组，不断完善相关制度；以物质、情感、医疗、助学、就业等项目制帮扶为依托，坚持“输血”“造血”“止血”全方位帮扶，把职工所需和工会所能有机衔接，做到“一户一档案、一户一计划、一户一措施”，实现了帮扶工作全覆盖、不断线、个性化，使建档困难职工从 2010 年的 607 人减少到现在的 9 人。

北京市海淀区总工会在开展城市困难职工解困脱困工作中，始终积极争取同级党政支持，在充分调研的基础上形成专业、系统、科学的解困脱困思路，探索打造具有海淀品牌特色的“1 对 1”追踪式困难职工家庭就业帮扶工作模式，通过“1 对 1”职业技能培训、职业指导、岗位选择、就近寻岗、量体上岗、面试陪同、定期访问等方式，帮助有就业能力和就业意愿的困难职工家庭成员顺利就业，使困难职工家庭增强自身“造血”功能。

02- 天津市

天津市总工会权益保障部先后制定出台了《天津市工会（2016—2020 年）困难职工帮扶工作方案》等 10 余项政策制度，召开 3 次全市工会解困脱困工作推动会，推动市、区局集团、基层工会形成三级联动，通过实施就业帮扶、政策帮扶、节日帮扶、特殊帮扶、现场救助、心理帮扶、长效帮扶等举措，用心、用力、用情做好解困脱困工作；特别是 2018 年以来，先后制定出台了职工重病关爱和大病救助帮扶政策，慰问救助 7.11 万人次，其中有 1216 人享受了 5 万元的救助金，极大地纾解了职工困难。

天津市滨海新区总工会以习近平新时代中国特色社会主义思想为指导，切实履行党的工人工作部的政治责任，将困难职工解困脱困工作纳入区委、区政府民心工程，按照“精准识别、一户一档、动态管理、分级负责”的原则广泛开展就业帮扶、助学帮扶、医疗帮扶、生活帮扶活动，使全区 376 户建档困难职工家庭全部实现解困脱困，困难职工满意率达到 100%。其中，设立扶贫济困助学资金、开展“六送到家”暖心服务等创新举措深受各界好评并得到推广。

天津渤海轻工投资集团有限公司工会委员会将城市困难职工解困脱困工作列为“一号工程”，工会主席亲自挂帅，逐级压实责任，倒排工期，挂图作战，如期完成解困脱困任务；采取网格式管理、“一对一”结对等举措，做到全覆盖、不遗漏；通过落实节日慰问、夏送凉爽、金秋助学、冬送温暖、医疗救助、法律援助六大帮扶举措，及时把党和政府的温暖送到困难职工心坎上；5 年来，共发放帮扶资金 1273.58 万元，慰问困难职工 7472 人次。

03- 河北省

唐山市总工会推动党政领导将解困脱困工作列入市委、市政府的目标考核，争取市财政 840 万元资金用于帮扶困难职工；建立“1+ X”结对帮扶机制，实行常态化走访慰问帮扶；对 9679 户困难职工逐户核查认定、公示、建档，实现精准识别；创业项目扶持 98 人，落实社保政策帮扶 169 户，医疗保障救助 244 户；规范退出审批程序，实现精准退出。市县两级工会出台困难防困实施办法，229 户办难职工被纳入省级防困对象、151 户困难职工被纳入市级防困对象、26 户困难职工被纳入县级防困对象。2020 年圆满通过全国总工会、省总工会组织的第三方评估。

张家口市总工会权益保障部和法律工作部（信访处）主动作为，推动整合市委、市政府、市总工会、政府各部门、社会资源，形成合力，共同攻坚；牵头组成工作专班，召开推进会、调度会等13余次；积极落实“四个一批”帮扶政策，3年来，为困难职工发放各类救助共计1500多人次，发放救助金710多万元，发放“送温暖”资金100多万元。大数据信息支撑解困脱困工作极大地提升了公众认可度，解困脱困工作机制促进工会帮扶常态化更加科学规范。

04- 山西省

太原市总工会以职工需求为中心，把“精准”贯穿困难职工解困脱困工作全过程，并将解困脱困工作积极纳入当地脱贫攻坚大局，同步落实、同步推进，在全国首创推广依托特大型企业和工会建立“3110”长效帮扶机制的典型经验；开展“烟头革命”活动，捡拾烟头近5000万个，为389户困难职工家庭兑换补贴750万元；持续开展“爱心奶”工程，为在档困难职工家庭成员每人每天发放一盒牛奶；5年来，共累计帮扶困难职工56325人次，帮助17104户困难职工实现解困脱困。

晋中市总工会通过“双五包联”工作法，全力实现对在档困难职工解困脱困全覆盖，推动形成以家庭为主，党政、工会、社会各界共同关注，齐抓共管的工作态势，着力打造市、县、系统、乡镇（社区）、企事业五级工会联动，确保每一个困难职工都要有“党政干部、工会干部、劳动模范、爱心人士和志愿者”等来自5个方面的5名帮扶联系人结对帮扶，助推全市在档困难职工数从2017年的11631户下降到目前的40户。

临汾市总工会以“制度保障”为主线、以“五个强化”为抓手，坚持高位推动、靶向发力，积极将解困脱困工作纳入当地党政大局及对基层工会考核的重要内容，并将其列为全会重点工作和“一把手工程”狠抓落实，创建困难职工建档“四建四不建”工作法，定期开展“回头看”，推动实现精准识别、精准帮扶、精准救助、精准退档，持续通过“四送”与职工大病医疗互助活动等，确保2020年底前实现困难职工全部解困脱困，2020年之后长期巩固解困脱困成果。

05- 内蒙古自治区

巴彦淖尔市职工服务中心始终坚持“竭诚帮扶服务职工”的工作理念，紧紧围绕城镇困难职工解困脱困重点任务，以健全制度抓管理、完善组织抓基础、创新思维抓实效为手段，精准识别、精准对标、精准施助，扎实推进全市困难职工解困脱困工作。5年来，市职工服务中心始终将“精准”贯穿困难职工解困脱困全过程，成立专项行动组，开展拉网式入户核查，制定“点对点”帮扶计划表，精准施策、分类帮扶；截至2020年底，通过医疗救助困难职工581户、落实社保待遇305户、纳入大病保险和医疗互助213户、社会救助兜底497户；通过金秋助学资助2475户困难职工子女，圆满完成城镇困难职工解困脱困任务。

锡林浩特市总工会围绕脱贫攻坚大局，将城镇困难职工解困脱困工作作为第一要务，把“精准”贯穿困难职工解困脱困工作全过程，依托新媒体平台，加大困难职工解困脱困宣传力度，将“精准帮扶、高效救助”与“四季送”品牌活动相结合，2016年以来，共投入财政专项帮扶资金2095.7261万元，累计实现解困脱困10246户困难职工，投入“送温暖”资金1136.24532万元，慰问一线困难职工9513户；创建“点菜单”式培训，帮助1000余名困难职工提高就业创业能力；创造性地推出职工重大疾病医疗互助工作，已有88人获得理赔金共计815万元；积极组织职工参与医疗互助保障行动，为180余人申领互助金11余万元。

06- 辽宁省

锦州市总工会积极争取党政重视支持、社会力量参与，推动制定和完善相关政策制度。以困难职工需求为导向，明确目标、采取措施、精准发力；按照“一访、二看、三核、四评”的方法进行全面排查，把好精准识别关、对象公示关、审批建档关；实施就业、医疗、助学、保障等帮扶，构建“救助、维权、服务”三位一体的帮扶服务工作格局；通过重点督查、交叉检查、第三方评估等方式核查评估，提升帮扶工作精准度、实效性。

丹东市总工会将解困脱困工作摆在首要政治位置，积极汇聚党政、工群、社会和家庭力量，形成层层抓落实的帮扶工作格局；健全完善困难职工“入口关”到“出口关”的闭环管理制度，编写困难职工档案册、解困脱困流程经验工具书，指导基层规范开展工作；打造“结对帮”“造血帮”“牵手帮”“兜底帮”等帮扶品牌，精准施策。全市 4495 户困难职工实现解困脱困，在全省第三方成效评估中名列前茅。

沈阳市总工会权益保障部深入贯彻落实关于困难职工解困脱困工作相关要求，全面实施精准帮扶，大力推进解困脱困工作；建立信息比对长效机制，实施精准识别；积极推动符合低保条件的困难职工纳入政府救助体系；通过“服务保障大篷车”等多渠道支持下岗失业困难职工开展就业培训；推动困难职工纳入市职工医疗互助保障；密切关注新冠肺炎疫情影响，防止职工因疫情致困返困。目前，全市在档困难职工全部实现解困脱困，工作目标任务圆满完成。

07- 吉林省

长春市职工服务中心将精准帮扶困难职工作为工作重点，着力帮助城市困难职工解决他们最关心、最直接、最现实的利益问题；建立精准识别工作制度、核查工作机制、帮扶岗位工作责任制，厘清精准识别“一本账”；加强窗口服务、创新帮扶模式、打造亮点工程，把握精准施策“一条线”；纳入民生实事、制定保障方案、建立联动机制，下好协调联动“一盘棋”。

四平市总工会5年来累计投入资金3500余万元，帮助1300余家企业、2.8万余名职工解了上学、就业、生活困难等燃眉之急，切实把城市困难职工解困脱困工作落到实处；实施“双创”扶持计划，积极为小微企业和职工创业提供优质服务，共为197家小微企业、个人投放贴息贷款资金1.36亿元；建设户外劳动者服务站点，全面改善户外劳动者工作条件，为户外劳动者提供免费的爱心服务。

白山市总工会坚持“统筹协调、突出重点、分级负责、精准聚焦”的原则，积极将城市困难职工解困脱困工作纳入市委、市政府“十大工程”民生实事之中；建立全市困难职工解困脱困工作沟通协作联席会议机制；创新实践城市困难职工解困脱困“九个一”工作法；积极开展志愿服务结对帮扶活动；积极做好城市困难职工解困脱困工作成效第三方评估工作；擦亮品牌，做好困难职工解困脱困常态化亲情帮扶和就业培训等工作。

08- 黑龙江省

牡丹江市总工会围绕困难职工解困脱困工作，多次与市政府召开联席会议进行研究部署，出台解困脱困实施意见；根据基层所需，制定分级管理办法、“1+5X”帮扶工作方案等一系列文件，进一步规范解困脱困工作程序；以“双创”为牵动，创新“平台＋资金”“普惠＋特惠、线上＋线下”模式，创建工字号职工创业孵化基地7个，办理创业贷款贴息37家，服务困难职工2.6万余人次；5年来，累计发放资金4500万元，全面完成全市困难职工实现解困脱困目标任务。

大庆市总工会积极将解困脱困工作纳入党委政府议事日程，通过工会与政府联席会议，推动出台解困脱困实施意见，由市总工会统筹管理特殊困难群众救助平台，构建“4+N”联审联评模式，打造“3+2”综合关爱救助板块；充分发挥帮扶中心作用，建立深度困难重点帮、相对困难常态帮、意外致困及时帮的工作体系；大力推进“造血式”帮扶，创建“工会＋院校＋市场经营公司”的职工“培训—就业—创业”一体化就业服务模式；5 年来，累计发放资金 4800 余万元，帮助 1.5 万人次困难职工解困脱困，出色地完成了全市困难职工解困脱困目标任务。

09- 上海市

上海市宝山区总工会压实工作责任，构建“1+8”制度体系，明确工会帮扶的路径、方法、标准和措施；做实联动机制，形成政府救助、工会帮助、职工互助、社会捐助“四位一体”社会化联动帮扶格局；落实靶向发力，依托市总工会动态管理帮困数据库，开通“就业造血”职通车，架起抗疫解困连心桥，做到应帮尽帮、帮急帮需帮难；创新服务内容，聚焦特殊职工开展专项关爱、紧扣改革重点领域开展定向关爱，不断丰富“宝护你”帮困救助品牌内涵。

上海市总工会职工服务中心以制度保障为主线，先后制定十余个解困脱困指导性文件，以信息赋能为抓手，专门开发上海工会帮扶管理系统，打造帮扶线上全流程管理；对接政务服务“一网通办”，实现困难职工精准识别；以项目融合为驱动，整合中心服务职工的各项资源，开展“困难职工子女社会实践”等项目，落实“四个一批”措施实施精准帮扶；依托公募基金会开展“微心愿”等项目，实施分类分层梯度帮扶；依托会员服务卡，开展有特色的爱心活动，提升困难职工的获得感和满意度。

上海市崇明区总工会整合运用各方资源，建立完善梯度帮扶体系，多措并举推进困难职工解困脱困；通过区政府与工会联席会议，争取财政支持，补贴 1 万名非公企业职工体检、赠送 4 万名非公企业工会会员专享保障，筑牢困难职工抵御风险防线；依托区总工会蓝领学校，整合区内优质培训资源，为困难职工提供技能培训，提升困难职工就业技能；培育 6 家大学生社会实践基地、3 家创业基地，牵头开展校企合作，为困难职工子女提供实践、就业、创业平台，推动困难职工及其子女就业创业。

10- 江苏省

徐州市总工会将困难职工纳入市委、市政府全方位帮扶救助体系，纳入徐州市为民办实事项目，使困难职工享受就业、医疗、教育、住房保障等救助政策；制定困难职工《认定办法》和《救助办法》，帮扶救助管理实现精准化、规范化，制度化、常态化；通过开展临时救助和常态化“送温暖”，发放价格补贴，减免燃气、水电费等生活费，做实全市解困脱困工作；5 年来，医疗救助 11559 人次共计 1186 万元，减免医药费 405 万元，助学 2376 人次共计 579 万元，生活救助 2930 万元，帮助 9677 户建档立卡困难职工家庭实现解困脱困。

南京市鼓楼区总工会实施“四化联动”工程，帮助 781 户困难职工家庭实现脱困解困。一是帮扶解困规范化，准确识别困难职工，强化“一对一”帮扶机制，持续完善“同舟计划”和“温情救助”制度。二是帮扶解困精准化，分类施策，逐年提高对困难职工生活、子女助学补贴，助其成才。三是深化“一街数特，一居一品”品牌，集区、街、社区帮扶力量，形成多品牌解困“组合拳”。四是帮扶解困联动化，调动各方资源共同参与，形成解困脱困工作合力。

11- 浙江省

杭州市总工会保障工作部紧紧围绕国家脱贫攻坚大局，认真贯彻全国总工会和省总工会、市总工会部署，持续推动城市困难职工解困脱困工作深入开展，形成“领导重视、责任明确、主线贯穿、数字赋能、精准高效”的工作机制；坚持“输血”与“造血”相结合，统筹工会资源和社会力量，牵头以“社会各界送温暖，困难群众沐春风”为主题的“春风行动”；21 年来，为近 338 万户（次）困难职工群众提供 36.03 亿元救助，高质量完成 4675 户建档困难职工解困脱困目标。困难职工的获得感、幸福感、安全感显著提升。

宁波市奉化区总工会贯彻上级工会关于困难职工解困脱困工作要求，按照“分级负责、精准识别、一户一档、动态管理”原则，通过部门联动、建档联访、干部联帮，做实“完善帮扶机制、实施动态管理、推行精准帮扶、强化跟踪回访”4 项举措，针对不同层面、不同类别困难职工的解困脱困需求，完成“谁来帮、怎么帮、帮到位、持续帮”4 篇文章，逐步构建层次清晰、互为补充、各有侧重、保障适度的梯度帮扶体系，实现困难职工帮扶全覆盖。

台州市椒江区职工服务中心始终牢记“维护职工合法权益、竭诚服务职工群众”的工作宗旨，主动担当全区城市困难职工解困脱困重任，充分发挥职工服务中心贴近基层、贴近职工的优势，切实做到“政治站位有高度、全面排摸有精度、工作举措有力度、服务职工有温度”，打出了“解困脱困”系列“组合拳”，得到了各级领导的充分肯定和社会各界的一致好评，为助推椒江区全面建成小康社会贡献了工会的智慧和力量。

12- 安徽省

安徽省总工会权益保障部将解困脱困工作纳入省民生工程，探索形成一套行之有效的“1+4+N”帮扶体系，以“转岗分流、就业援助、金秋助学、梯度帮扶”为着力点，深入开展了“万名工会干部进万家”帮扶解困送温暖、关爱困难职工“五个一”行动、困难职工解困脱困攻坚、决战决胜年等特色活动。全省建档困难职工由 20.4 万户减少到 2020 年底的 8982 户，帮扶识别精准度达 99.96%，困难职工满意度为 99.56 分，社会公众满意度为 100 分，全面完成城市困难职工解困脱困目标任务。

合肥市总工会坚持以人为本，聚焦民生问题，推动困难职工解困脱困工作纳入全市扶贫攻坚大局来抓紧抓好，毫不含糊地认真落实习近平总书记关于工会要做好城市困难职工解困脱困工作的指示精神，深入推进困难职工解困脱困工作取得明显成效。2018 年以来，合肥市困难职工帮扶累计发放帮扶资金 3231.84 万元。其中，生活救助 4986 户，发放资金 2210.24 万元；医疗救助 685 户，发放资金 601.37 万元；累计助学救助 721 户，使用资金 420.23 万元，使全市困难职工全部实现解困脱困。

宿州市总工会用农村脱贫攻坚理念和方法来加强城市困难职工解困脱困工作，精准进出，增实效，暖人心；以表彰先进为导向，明确解困脱困工作突出的人员推报“五一劳动奖章”，极大提升了基层工会的解困脱困工作积极性；延伸“职工培训 +”工作链条，着力推进职工就业创业后半篇文章，打通服务“最后一米”，为解困脱困架起坚实的桥梁，为创业就业插上腾飞的翅膀。

13- 福建省

三明市总工会坚持把“精准”贯穿帮扶全过程，将困难职工解困脱困纳入政府城市困难家庭精准帮扶“347”工作机制范畴，创新全国总工会、地方、基层三级档案管理模式，建立工会干部结对帮扶机制，率先在全省推出医疗互助补助申报与医保同步结算等措施，推动困难职工生活、子女就学、医疗等帮扶服务提档升级；5 年来，帮助 4150 户在档城镇困难职工全部解困脱困，在决胜全面建成小康社会中作出了工会组织的应有贡献。

福州市总工会累计筹措帮扶资金约 5.7 亿元，受益职工达 70 多万人次，5100 户建档困难职工全面实现解困脱困；积极开展普惠服务，帮助 2336 名就业困难人员实现再就业，建立户外职工爱心服务点386个，惠及30多万户外劳动者，助力20多万农民工平安返乡；深化福州—定西扶贫协作，定向援助719.14万元，帮扶5213人次，消费扶贫1.5亿元；创新帮扶机制，实施四级梯度帮扶，率先开展常态化走访，推动帮扶资金纳入“福州惠民资金网”监管。

14- 江西省

南昌市总工会始终坚持以职工为中心，创新医疗互助保险保障一批、常态化送温暖兜底一批、心理疏导帮助一批、就业创业脱困一批、维稳维权服务一批等“五个一批”工作法，坚持“输血”“造血”并重，累计筹措2000余万资金，将困难职工人均帮扶金额提升至7550元，举办各类专场招聘会200余场，提供就业岗位6万余个，接待来访困难职工累计2万余人次，提供线上线下法律咨询4000余件，有效完成了建档困难职工的解困脱困任务。

永修县总工会通过吸纳社会资金先后设立了“五个基金”，即黄三河贫困教育基金、垒旺阳光助学基金、困难职工帮扶基金、华景教育基金、太阳温暖助学基金，每年稳定筹措社会资金近300万元，对困难职工子女完成学业提供全程资助。“五个基金”设立以来，共捐赠助学资金达1128万元，帮助3340名贫困学子完成了中小学或大学学业。

赣州市困难职工帮扶中心主动作为，守正创新，统筹多方资源汇成解困脱困合力；在全省率先开设困难职工家庭信息比对端口，与房产、税务、不动产、银行等10多个部门信息共享，精准识别困难职工；采取县级、科级、其他人员分别结对3户、2户、1户的“321”帮扶模式，实施“一人一策”解困脱困；与人社、民政、财政等8个部门联动，推动将困难职工纳入兜底保障，享受先诊疗后付费、报销90%的医疗服务；推行贴息贷款补交社保、帮助困难职工顺利退休，通过多措并举，实现困难职工解困脱困。

15- 山东省

山东省总工会权益保障部把城市困难职工解困脱困工作作为重大政治任务来抓，坚持精准化实施、高质量推进，健全制度机制、线上线下并行、精准施策帮扶、汇聚救助合力，累计筹集帮扶资金 6.6 亿余元，帮扶困难职工 17.7 万余户，提前 3 个月完成城市困难职工解困脱困任务；建成全国首个省级“精准帮扶工作平台”，首创困难职工联系人制度等做法多次被全国总工会在有关会议上推行，为解决城市贫困提供了“山东样本”。全国总工会书记处原第一书记、原副主席李玉赋予以批示肯定。

临沂市总工会勇于担当、积极作为，实现了制度化、精准化、社会化帮扶格局，全市工会筹集资金 3000 余万元，帮助 3000 多户在档困难职工实现解困脱困；制定工作细则，从制度层面对困难职工帮扶救助进行规范，建立层次比较清晰的送温暖和困难职工帮扶制度体系；针对困难职工致困原因，实施生活、医疗、助学、就业培训、法律援助等项目化帮扶；组织各级工会按照深度困难职工、相对困难职工、意外致困职工等类别，建立梯度困难职工档案，实施分层分类帮扶。

菏泽市总工会认真贯彻落实习近平总书记关于困难职工解困脱困工作重要指示精神和全国总工会、省总工会部署，创新实施职工创业精准扶贫“双百一万工程”、规范政府兜底工作等系列措施，累计发放救助资金 6108.65 万元，帮扶 31813 户困难职工实现解困脱困，脱困人数占全省的 17.97%，按时完成解困脱困任务；先后荣获“全省困难职工解困脱困工作先进单位”“全省工会促进再就业工作示范单位”等称号。“双百一万工程”被评为“山东省工会工作创新奖”“首届全国创业就业服务展示交流活动优秀项目奖”。

16- 河南省

河南省总工会权益保障部指导全省圆满完成解困脱困任务，建立县（区）

级以上帮扶中心 173 个，帮扶工作站（点）6300 多个；率先提出“双入户”“双公示”“双签字”的建档审核程序；推动省、市两级解困脱困工作全覆盖、无遗漏地纳入党政扶贫攻坚大局；开展“点亮微心愿”活动，共帮助 5059 名困难职工实现了微心愿；全省工会累计完成各类困难职工脱困 34.8 万户，第三方评估结果优异。

洛阳市总工会促成解困脱困工作列入“市重点解决的民生实事”；先后制定 10 余份相关制度文件，建立救助信息交换平台，按照“五难”分类导入相应模块，实现困难职工救助“一站化”服务；建立县（区）级以上帮扶中心 18 个，帮扶工作站（点）524 个，规模以上企业帮扶中心（工作站）147 个，社区（村）帮扶工作点 193 个，为开展帮扶工作提供了坚强的组织保障；共帮助 21521 户困难职工实现解困脱困，连续 3 年被上级工会评为先进单位。

17- 湖北省

黄石市总工会职工服务中心把困难职工解困脱困作为重大政治任务，精心谋划、精准推进，帮助全市 4415 户建档困难职工如期实现解困脱困；通过建立困难职工帮扶清单和联系人等制度，确保各项帮扶措施人员到位、责任到位、效果到位，同时注重发挥自身优势，有效实施技能培训、就业推介、小额贷款等帮扶项目，截至 2020 年底，共为困难职工发放帮扶资金和“送温暖”资金 3000 余万元；为困难职工提供就业岗位近 9000 个，让 1500 余人实现再就业；为 44 名困难职工办理工会创业担保贷款 875 万元；为 165 名职工争取武汉城市圈医疗互助赔付 337.6 万元。

枣阳市总工会在困难职工解困脱困工作中，坚持高标准推动，重点发力，精准施策，困难职工解困脱困取得显著成效；印发了《关于做好城镇困难职工解困脱困工作的实施意见》，建立联席会议制度，定期研究解决城市困难职工帮扶中的突出问题，市政府每年解决 30 万元配套帮扶资金；构建多部门帮扶无缝对接，为困难职工购买大病医疗互助金，免费提供创业就业培训、申请政府廉租房、提供创业小额担保贴息贷款等帮扶措施，搭建起多途径帮扶工作平台。

18- 湖南省

永州市总工会着眼全局构建帮扶格局，推动解困脱困纳入市委、市政府中心工作以及党委政府绩效考核重点内容和脱贫攻坚整体布局；以措施精准实现帮扶精准，创新制定“金秋助学”扩面、安居工程等六大举措；以责任落实推动帮扶落地，研究制定《永州市困难职工解困脱困作战图》，实现挂图作战、序化推进；以多方聚力形成帮扶合力，联合多方力量推出困难职工定向捐助和优惠政策 56 项，取得了突出成效，“双联”和困难职工帮扶工作获评全省先进。

郴州市总工会推动将解困脱困工作纳入全市重点工作绩效评估，建立健全由市委副书记挂帅的“双联”帮扶工作领导小组，形成了党政主导的大帮扶格局；创新开展困难职工用水用电和收视等生活服务优惠、药店购药 7.3 折、医疗互助二次报账、利用腾讯公益平台众筹帮扶资金、创办网上就业超市、建立职业技能培训县域合作机制、引领社会组织参与“X +1”结对等帮扶举措，城市困难职工解困脱困工作成效明显，市委、市政府在全省“双联”帮扶工作推进会上作典型发言。

常德市总工会在省总工会、市委的坚强领导下，借助“双联”工作平台，组织全市参联单位干部参与城市困难职工解困脱困工作，走访困难职工家庭，实行“一对一”结对帮扶，切实做到精准识别、精准帮扶、精准脱困；重点以“一户一产业工人”培养工程为抓手，努力实现“培训一人，就业一人，脱贫一户”。2019 年 6 月，常德“一户一产业工人”培养工程项目，被全国总工会推荐参加第二届全国创业就业服务展示交流活动，并获得优秀服务项目奖。

19- 广东省

广东省总工会职工服务部以更高的政治站位，及时制定出台多项文件措施，采取“四个一批”“十大行动计划”，落实“七个一”工作举措，构建以困难职工帮扶、“送温暖”走访慰问、互助保障和职工福利相互衔接，层次清晰，各有侧重的梯度帮扶格局，引导全省各级工会勇于实践探索，创造出一大批具有广东特色的经验做法；2016 年以来，累计筹集帮扶资金 5.8 亿元，帮扶困难职工 76.2 万人次，全省建档立卡的 16.4 万户困难职工已全部实现解困脱困。

茂名市总工会坚持高位推动，构建了党委领导、政府主导、工会主抓、部门协同的解困脱困工作体系，通过就业、医疗、助学、兜底、结对、助保贷款等 6 个方面实施分类帮扶，解决困难职工的现实困难，深入开展“职工有困难找工会”“主动探访、主动帮扶”“普惠 + 特惠”等服务活动，并建立防止脱贫人口返贫预警和工会长效帮扶机制，稳定脱困成果，使全市 1633 户在档困难职工全部按期实现解困脱困。

梅州市总工会面对梅州市作为革命老区、原中央苏区，困难职工人数较多的实际，用心、用情、用功做好城市困难职工解困脱困工作。特别是 2020 年被省总工会列为挂牌督战后，市总工会迎难而上，积极争取党政重视支持，实行全面精准识别、全面落实“四规范”，形成了党政重视，工会上下联动、齐抓共管的工作局面，打赢了城市困难职工解困脱困工作翻身仗。市困难职工由 2016 年的 3885 户降至 10 户，解困脱困目标任务圆满完成。

20- 广西壮族自治区

广西壮族自治区总工会权益保障部坚持高位推进、源头参与、创新驱动的工作思路，营造解困脱困大环境；率先建立帮扶管理平台，打造“互联网 + 困难帮扶”新模式，实现建档无纸化、自动比对、动态跟踪和技术监管

“四个转变”；开展百日攻坚，推动落实“六条保障线”和“两个全覆盖”，织牢解困脱困全链条保障网；开发自主申请程序、二维码、上线微心愿，打造指尖快捷服务；以“四驾马车”强力推动全区解困脱困工作目标如期实现。

百色市总工会将困难职工解困脱困工作融入脱贫攻坚大局，在精准建档、精准施策上不遗余力，采取从“一户一档一策”到以“21111”工作模式（1张督战表、1张工作进度安排表、1张困难职工分布图、1个月度工作协调会、1个结对帮扶人、1个帮扶爱心企业）推进解困脱困攻坚行动。据统计，2015年底至今，全市各级工会累计筹集帮扶资金3758.75万元，共惠及困难职工2.85万人次。全市建档立卡困难职工数由2018年初3078户下降到2021年初340户（其中新增530户），实现脱困3268户，解困脱困率达100%。

藤县总工会把“精准”贯穿困难职工解困脱困工作全过程，通过与县大数据中心平台对接，实现信息共享、数据互通，使困难职工识别及解困脱困工作更精准，成效更显著；在帮扶过程中，把解决困难职工家庭就业、生活、就学、就医、住房困难等问题作为重点，通过“送温暖”和生活、医疗、助学等帮扶，积极推动各项社会资源帮扶政策落实。经多方共同帮扶，在档困难职工数逐年下降，到2020年底降至26人。

21- 海南省

海南省总工会法律保障部推动以省两办名义下发解困脱困工作的实施意见，连续3年召开推进会，连续两年将解困脱困工作写入省政府工作报告，纳入政府督查工作范围；联合教育、民政等8个部门制定困难学生认定办法，落实难职工医疗保障政策，提高医疗报销比例至90%；拨付300万元向零就业家庭发放就业岗位补助，将816人次困难职工子女纳入学生资助政策体系范畴，解决154户困难职工住房问题，将3146人次纳入大病保险、医疗互助保障，将374人次纳入兜底保障。

海口市总工会推动以市委办、政府办名义印发工作方案，成立领导小组，制定任务分解表；通过深入调查，摸清底数，落实一户一档、结对帮扶、精准帮扶、持续帮扶，切实协调政府相关部门帮助困难职工解决就医、就业、就学、社保、住房等实际困难，共落实住房补贴 43 户、就业 53 人、低保 10 户、助学 12 人。2016 年至今，市总工会投入 2300 多万元，帮扶 1.9 万人次，困难职工从 3659 户下降到现在的 150 户。

儋州市总工会推动市委将城市困难职工解困脱困工作写入全会工作报告，以两办名义印发了实施方案，市人社局等 6 个职能部门出台子方案；帮助 81 名困难职工子女申请到教育补贴，将 52 户困难职工纳入职工医疗互助保障、女职工安康互助保障，帮助 1 户困难职工家庭成员申请到临时补助，将 4 户困难职工 10 人纳入低保，帮助 16 户困难职工解决住房，帮助 4 户困难职工补缴社会养老保险费，开发大学生见习工作岗位 6 个、公益岗 3 个。

22- 重庆市

重庆川东船舶重工有限责任公司工会委员会加强组织领导，成立公司帮扶工作领导小组，统筹协调困难职工解困脱困工作。完善帮扶管理制度，制定困难职工帮扶实施办法和帮扶工作流程，指导精准识别、规范建档、因户施策；履行"第一知情人""第一报告人"职责，深入困难职工家庭走访调查，掌握每户困难职工家庭基本情况、致困原因和帮扶需求等；落实基层工会帮扶责任，分步解决就医难、就学难、就业难等问题，建档困难职工由 227 户减少到深度困难职工 5 户、相对困难职工 1 户，脱困率达 97.36%。

重庆市总工会职工服务中心通过精准识别、精准施策和精准帮扶，使困难职工解困脱困工作取得明显成效；将困难职工解困脱困工作纳入市委对区县落实党建带工建责任考核指标体系，压实解困脱困责任；制定《重庆市基层工会临时救助办法》等制度文件，形成了有机结合、较为完善的帮扶制度体系；在国家级贫困区县开展“助学成才”社会实践支助活动，给予建档困难职工家庭在校大学生子女寒暑假带薪实习岗位，创新开展为困难职工家庭提供或者购买过渡性工作岗位，逐步形成“链条式”帮扶机制。

23- 四川省

四川省困难职工帮扶基金会是四川省总工会发起成立的全省性职工慈善平台。2016 年至 2020 年，基金会积极参与全省困难职工解困脱困工作，以帮职工最“难”的事、抓职工最“急”的事、做职工最“盼”的事为出发点，围绕大病救助、助学帮扶等方面着力打造了关“癌”行动、爱心助学等慈善品牌项目；5 年来，累计募集款物 1.71 亿余元；实施项目 1100 余个，投入资金 1.29 亿余元；覆盖帮扶职工 28 万余人次，较好地发挥了“拾遗补阙、救急济难”的重要作用。

广元市朝天区总工会为确保困难职工解困脱困工作目标的顺利完成，积极推动区委政府制定《困难职工解困脱困三年规划实施细则》《困难职工解困脱困认定标准和退出工作流程》，形成党政重视、工会负责、职能部门配合的工作格局；聚焦精准，创新举措，严把识别入口关，建立完善创业扶持、培训、指导“三位一体”的工作机制，健全脱困不脱结对、不脱监管的帮扶机制，严格执行回访制度，按照七个行动计划全力跟踪落实，解困脱困工作成效显著。

24- 贵州

六盘水市总工会牢固树立“标准意识、责任意识、服务意识”，把底数精准、原因精准、意愿精准、措施精准、绩效精准“五个精准”贯穿困难职工解困脱困工作全过程；积极争取政策资源和经费保障，通过政府工会联席会议，确定市财政按 1∶1 的比例配套中央财政专项帮扶资金，形成了“党政重视、工会主抓、精准聚焦、整合资源”的困难职工解困脱困工作格局。2016年以来，全市共解困脱困困难职工16818户，减少比例达97.2%。

遵义市总工会推动市委出台解困脱困意见，建立党委政府主导、工会牵头、部门协作的联动工作机制；在精准识别上，提出定依据、定原则、定方式、定纪律“四定”工作要求；在精准施策上，制定出“五个一批”工作措施，建立科学评价标准及识别标准体系、考评体系、政策保障体系和退出体系，形成常态工作机制。2016—2020年度，全市共筹集帮扶资金9500余万元，2020年6月30日已全部实现脱困解困，将解困的669户困难职工全部纳入常态化帮扶。

25- 云南省

祥云县总工会在“精”字上下功夫、在“准”字上谋实招，打造一个平台、强化两个保障、着力三个精准、建立四项机制、实施五类帮扶，运用五化攻坚、五制管理、十组作战模式，实现困难职工家庭“两不愁五保障”目标，2017年形成了“祥云样本”；5年来，持续与政府相关部门共同精准施策，共落实就业创业355人、助学救助131人、大病救助88人、社会保障1103人、住房保障28户、低保保障98户，帮扶困难职工2079人次，发放各类救助金289.23万元。

普洱市总工会将困难职工解困脱困工作纳入脱贫攻坚大局，同安排、同部署、同考核；成立市委主要领导任组长的解困脱困领导小组，构建“党委领导、政府主导、工会牵头、部门负责、社会参与”的工作格局；抽调249名政府相关部门精干力量组成工作专班，强力推进“回头看”“户户清”“季季访”“明白板”等专项行动，做实各项基础工作，将全市困难职工家庭从2016年的5296户减少到目前的34户，创造了困难职工解困脱困的“普洱模式”。

红河哈尼族彝族自治州总工会推动党政主要领导带头结对，全州 36 名厅级干部、62 名正处级干部，928 名科级以上干部，341 个部门参与结对，构建“部门一帮多、领导一对一”的结对帮扶格局，形成了“红河经验”；创新开展困难职工家庭子女就业前培训，提高就业竞争力，彻底斩断“贫困代际转移”；联合多部门召开解困脱困工作专题会，共同把好建档关、施策关、脱困关，高质量推进困难职工解困脱困工作。在档困难职工从 2017 年的 9918 户下降到目前的 530 户，帮扶工作成效明显。

26- 西藏自治区

中国石油天然气股份有限公司西藏销售分公司工会委员会每年开展 2 次“千人问卷”调查，3 次入户走访核查，更新完善困难职工档案，建立《解困脱困联系卡》，修订《帮扶细则》，制定《解困脱困方案》，建立 11 个帮扶站为职工“有困难找工会”提供便利，收集“同心互助金”，最高资助 1 户困难职工 50 余万元；投资 4.3 亿元建成西藏山南雅拉香布水厂，实现“百人就业、万人受益”，携手中石油驻藏单位齐发力提供就业岗位 1900 余个，实现解困有“方”、脱困有“路”的同时，做到“即扶上马，又送一程”。

日喀则市总工会积极打造珠峰惠工夜市困难职工就业创业平台，合力推出“惠工贷”困难职工就业创业专项贷款，建立联席会议和政策协调机制，切实将“补充医保”“教育三包”“社会救助”等政策资源惠及困难职工；2015 年以来，累计向 7485 户次困难职工发放各类救助金 1363.5 万余元，向 495 名困难职工子女发放助学金 398.39 万元，通过各项强有力的帮扶举措，帮助全市 956 户深度困难职工家庭实现脱困。

27- 陕西省

陕西省职工帮扶服务中心始终把城市困难职工解困脱困工作作为重中之

重，聚力攻坚，通过健全帮扶制度，出台系列困难职工档案管理、帮扶资金使用等文件；分类归档，制定解困脱困清单，做到“一户一计划、一户一措施”；组织受资助的大学生成立“志愿服务团”，参与工会志愿服务活动，形成“解困—育人—成才—回馈”的良性循环；联合开展“春风行动”等活动，为困难职工提供就业岗位；建立返困风险机制，不定期开展回访，确保解困脱困工作顺利完成。

西安市职工帮扶服务中心一直将困难职工解困脱困作为重大政治任务来抓，5年来共帮助22702名困难职工实现解困脱困，构建领导牵头，帮扶中心主导，相关部门参与的大帮扶工作格局；建立帮扶制度，动态管理困难职工档案；源头参与，实施精准帮扶，突出成效，促成全市环卫工工资增长机制的顺利实施；拓展特色帮扶项目，定期救助、特困救助、心理援助等活动齐发力；严格资金管理，规范有序使用资金，发挥帮扶最大效能。

西北工业集团有限公司主动对接国家战略，上下同心、尽锐出战，以有力的措施、精细的工作迈出解困脱困工作坚实步伐；制定详尽的困难职工解困脱困工作实施方案，通过“党组织书记责任制”的“一帮一”结对帮扶措施，使55名深度困难职工实现脱困；通过制定职工防困帮扶管理办法，建立“预警 + 干预 + 救助 + 评价”防返困帮扶救助长效机制，为推动国防全系统解困脱困工作的开展作出了表率。

28- 甘肃省

兰州市职工服务中心以推进阵地建设为基础，积极争取党政支持，构建多部门协同联动机制，建立和完善联系制度，采取“四个一批”等帮扶措施，在确保精准识别、信息比对、动态管理的前提下，通过生活救助、子女助学、医疗救助、就业培训、技能提升和人文关怀，提升困难职工内生动力；同时，注重运用新媒体加强宣传、交流与培训，畅通沟通渠道，将工作亮点推广成为常态化活动品牌，始终坚持“量”与“质”并重，如期完成解困脱困任务。

张掖市总工会按照全国总工会、省总工会工作部署，争取市委将城市困难职工解困脱困工作纳入全市脱贫攻坚大局并出台《三年计划》，先后构建了市、县、乡三级帮扶体系，推行“一进、二看、三算、四议、五评、六公示、七审核”的七步建档法，“不入户调查、不公示、不集体研究和工会主席不签字不建档”的四不建档以及“三级核查”等建档立卡程序；大力实施工会就业创业帮扶等项目，提前高质量完成解困脱困任务，取得了困难职工解困脱困工作的决定性胜利。

29- 青海省

海西蒙古族藏族自治州总工会打好解困脱困精准牌，坚持扶志与扶贫相结合，健全困难职工精准识别、精准分析、精准施策、力量整合、资金筹措和监管、工作督导六个方面八大长效帮扶机制，严格实行动态管理，深入实施“八个一批”有效措施，大力开展“三爱”“三送”“三助”活动。2017 年 7 月以来，全州建档的困难职工数量从 3809 户减少为目前的 146 户，3663 户实现脱困，城市困难职工解困脱困工作取得良好政治效果和社会效果。

中国水利水电第四工程局有限公司工会每年争取行政划拨工会经费 600 万元作为困难职工帮扶专项特困基金，向 230 人发放助学金 56.87 万元，为 20 余名困难职工子女异地就学备案；重大节日向 12391 人次发放慰问金 946 万元，为 475 户次困难职工遗属减免取暖费 25 万元；实施职工医疗互助保障计划，为 158 人次困难职工结报住院费 31 万元；将自创“广惠沃”电商平台 2% 的利润用于困难职工帮扶，对相对困难职工家庭按月人均 1000 元的标准进行兜底帮扶，提前 1 年完成解困脱困任务，得到职工群众广泛好评。

西宁市总工会全面严把“识别、施策、出档”三个关口，全省率先完成“一户一档”建档工作，扎实开展“助学阻断、医疗救助、生活帮扶、保障兜底”四个一批工程，精准实施“携手结对‘连心式’，创业就业‘造血式’，互助保障‘止血式’，走访慰问‘输血式’”四式帮扶措施，5年来共投入专项帮扶资金6603.62万元，开展帮扶救助2.7万户次，帮助17898户全国级困难职工全部实现脱困退档，全面完成城市困难职工解困脱困工作任务。

30- 宁夏回族自治区

宁夏回族自治区总工会权益保障部按照“发挥工会优势、统筹社会资源、志愿结对帮扶、助力解困脱困”的工作思路，大力推进困难职工解困脱困工作；积极打造建档立卡困难职工帮扶、工会班、金秋助学、结对帮扶、医疗互助、技能培训促就业、临时救助、常态化送温暖等八大帮扶品牌工作；制定出台《“工会班”管理办法（试行）》等多项制度文件，实现精准帮扶目标，困难职工解困脱困率达到97%，帮扶工作取得明显成效。

吴忠市总工会认真贯彻落实全国总工会城市困难职工解困脱困工作部署，建立以职业技能培训为基础、“四季送”帮扶品牌为依托、职工医疗互助为保障的精准帮扶体系，扎实落实“四个一批”帮扶措施，实施“五注重”系统工程，做到精准建档立卡、扶贫解困、就业服务、大病救助、社会助学、结对帮扶“六到位”，推动全市建档立卡困难职工由2015年底的20441户下降到目前的815户，困难职工解困脱困工作成效显著。

31- 新疆维吾尔自治区

新疆维吾尔自治区总工会权益保障部积极推动自治区党委办公厅印发解困脱困工作方案，建立完善党委领导、政府主导、工会主抓、部门协同、社会参与的城市困难职工解困脱困工作机制；以“精准”为目标，扎实做好城市困难职工解困脱困工作，《聚焦新时代党的治疆方略 扎实推进城市困难职工解困脱困工作——新疆工会城市困难职工解困脱困工作情况报告》得到全国人大常委会副委员长、中华全国总工会主席王东明同志和时任中华全国总工会党组书记、副主席、书记处第一书记李玉赋同志的批示。

新疆维吾尔自治区总工会阿克苏地区办事处高位推动城市困难职工解困脱困工作。地县工会坚持“源头解困、动态脱困、应急救助、常态帮扶”，探索实践“一卡清、两必讲、三必访、四必清、五必送、六个讲清楚”的“123456”阿克苏特色工作法。建档立卡困难职工从2016年的17388户减少到2021年的74户，累计脱困10716户、注销6598户，确保“小康路上一个民族都不能少”。解困脱困工作充分发挥工会凝聚人心、为民解忧的桥梁纽带作用，为推动少数民族地区社会稳定、长治久安、经济发展建功立业。

32- 新疆生产建设兵团

新疆生产建设兵团第八师总工会在解困脱困工作中将“及时、精准、合力”贯穿始终，优先保障、及时拨付解困脱困资金，坚持“钱”往基层走、“事”在基层办；以“更精一点”的动态管理，确保解困脱困底数准确，把好识别关、规范运作关、动态管理关和精准施策关；注重发挥合力，不断丰富帮扶手段、拓展帮扶内容、拓宽帮扶渠道，通过困难职工关爱互助活动，在非公企业成立互助基金委员会等形式，为困难职工提供更多的帮助和服务；5年来，帮助6900户困难职工实现解困脱困。

新疆生产建设兵团第六师总工会在困难职工解困脱困工作中坚持“四个聚焦”，即聚焦制度保障，在当地党委的重视和支持下，出台并实施了一系列解困脱困工作方案和办法；聚焦精准帮扶，持续开展千名工会干部大走访，做到家访全覆盖、救助全覆盖、过程全公开；聚焦资金严管，加强专项帮扶资金管理使用和监督，银行打卡发放率实现100%；聚焦创新载体，创新少数民族职工国语培训、“关爱维稳民兵专项行动”、重点人员贫困家庭子女助学等工作载体，使解困脱困工作社会效益和实际成果不断提升和巩固。2016年以来，全师 5477 户次困难职工家庭实现解困脱困。

33- 中华全国铁路总工会

中国铁路武汉局集团公司工会保障和女工工作部 5 年来共投入帮扶资金 2.2 亿元，帮助 2326 户在档困难职工实现解困脱困；通过“五真实”原则精准识别、分类建档；联合知名职业技能学校，为困难职工家属提供技能培训和就业服务；建立义务家教制度，组织 200 余名优秀大学生职工与困难职工子女结成助学对子；采取大病借款、医疗救助、特殊资助等分步医疗救助模式，把预防职工因病致困作为重点，变“病后救助”为“病前预防”，有效推进解困脱困工作顺利开展。

中华全国铁路总工会保障和女工工作部在开展困难职工解困脱困工作过程中，通过建立完善领导小组，研究制定重大政策，建立专项帮扶救助资金，深入调研走访，摸清困难职工家庭情况，实施干部包保联系困难职工家庭帮扶，探索“输血”与“造血”相结合、帮困与扶志、扶智、扶能力相结合的新路子等深入持续开展各项帮扶解困工作；5 年来，共支出帮扶资金 44.2 亿元，助困 99.1 万人次，助学 3.8 万人次，助医 121.6 万人次，以优异的成绩打赢了解困脱困攻坚战。

34- 中国民航工会

中国航空油料集团有限公司工会积极探索、推进、完善帮扶困难职工工作，确定了“三个一”的帮扶困难职工原则，即“不让一名职工家庭生活在贫困线以下，不让一名职工子女上不起学，不让一名职工看不起病”；开展帮扶困难职工基金工作，通过综合行政拨款、工会经费结余中拨付和职工个人自愿捐款等三方面力量，5 年共筹措资金近 800 万元，对 220 名困难职工进行了重点帮扶，对全系统困难职工 1450 人次进行一般帮扶。

中国南方航空股份有限公司工会坚持“职工利益无小事”原则，实施精准帮扶，提升职工幸福感，做优做强“8+N”关爱项目，从职工入职、生日、住院、结婚、生育、退休、去世、特殊困难8个方面规范开展慰问工作；健全本级《困难职工帮扶管理办法》，仅2020年建立本级困难职工档案1011户，慰问困难职工1128人；设立南航重大疾病爱心互助金、南航劳务工救助金两个精准帮扶项目，仅2020年就为54名患病女职工、12个劳务工困难家庭、302名患重大疾病职工和亲属申请及发放补助306.14万元，不让一个职工因病致贫。

35- 中国金融工会

中国农业银行股份有限公司荆州直属支行通过动态化监测、精准化施策和常态化巩固，全力推动“慰问、救助、帮扶”政策落实到位；以“爱心基金”计划、帮扶计划为重要抓手，通过员工“季季访”活动，对困难员工进行“建档立卡”并实施动态管理，按照“一户一策”原则，定期组织工会、人事等部门协商，有效整合政策资源，从薪金收入、岗位调整、医疗保险、人文关怀以及员工互助等多个维度，对困难员工制定精准定向帮扶方案；成功帮扶37名员工实现解困脱困，帮扶金额达30万元。

中国人民财产保险股份有限公司成都市分公司不断升级和强化困难帮扶体系，通过倡导员工“捐小钱，聚大爱”的形式建立“幸福帮扶基金”，对职工及亲属因重病、突发意外等导致生活极度困难的员工予以救助；建立因病致困员工库和结对帮扶联系人制度，掌握员工情况，通过员工关爱基金对因病因灾致困员工给予帮扶，累计帮扶9人次，支付关爱金近20万元，使职工解困脱困工作取得积极成效。

36- 中国科教文卫体工会

天津市中心妇产科医院医疗帮扶团队每年派出 30 余位专家组成医疗团队，赴宁夏固原泾源县开展健康医疗帮扶活动，每年为当地一线职工接诊、义诊、手术指导 400 余人次，会诊危重症病人 10 余例，减轻困难职工就医压力；多次为当地医院开展医疗管理、医疗纠纷防范培训，提升医院诊疗、管理能力；疫情防控期间搭建了远程会诊平台，及时会诊疑难杂症，加强业务指导，有效地提升了当地医院的诊疗水平，使职工在当地就能获得有效诊疗，为困难职工减轻了异地求医带来的经济负担，助力了当地困难职工脱困解困工作。

北京市教育工会充分发挥人才和智力密集优势，扎实开展困难职工解困脱困工作，设立首都教职工、民办学校教职工、医护人员 3 个爱心专项基金，累计帮扶大病职工、困难教职工 284 人次；运用综合帮扶手段，帮助 20 余名在档困难职工脱困；与青海省玉树市、河北省张家口市、内蒙古自治区教科文卫体工会共结帮扶对子，投入近 100 万元资金，帮助结对地区开展生活救助、医疗救助、大病救助、子女助学救助等项目，共同完成困难职工解困脱困目标任务。

37- 中国海员建设工会

北京建工集团有限责任公司工会建立集团困难职工帮扶长效机制，对因特殊情况导致生活困难的职工实行常态化帮扶；深化“一对一”结对帮扶工作，开展“慰问一线职工、帮扶困难职工、关爱劳动模范、情暖退休职工”系列帮扶活动，通过走访慰问、扶贫济困、权益维护、精神关怀、强化服务等形式，准确把握职工需求，实现精准帮扶；连续 4 年开展职工幸福指数问卷调查活动，促进帮扶工作取得实效，不断提升帮扶满意度和认可度。

中交第一航务工程局有限公司工会完善帮扶救助体系，先后制定出台

《困难职工预警》等一系列帮扶制度文件和操作指南，实现帮扶救助有章可循、帮扶政策“一图读懂”；实行三级（帮扶）联系员制度，对困难职工进行“双百帮扶”；聚焦重点特殊困难群体，特别是企业转型升级过程产生的困难船员，开展专项摸底调研，组织多场定向培训，通过“一对一”“点对点”的方式，推动困难船员再上岗、再就业，助力困难职工解困脱困。

38- 中国能源化学地质工会

潞安化工集团工会始终兜住民生底线、提升生活品质，让企业发展更有温度、职工幸福更有质感；重视“造血”帮扶，累计为241名弱势职工家庭子女安排就业；狠抓兜底保障工作，共为145户家庭发放108余万元帮扶金；推动困难职工免缴互助金，减轻家庭负担，每两年为困难职工家庭进行一次免费体检；帮助未纳入低保的困难职工参加城镇居民基本医疗保险，并支付参保费，使89户家庭如愿参保；协调社保中心，帮助44个困难职工家庭获得医疗费用补助，补助金额达149万余元。

山西焦煤集团有限责任公司工会对等不同类型困难职工家庭精准施策、分类帮扶，狠抓困难职工帮扶和日常慰问救助工作，依法维护职工的政治、经济、民主权益，使“一个总体目标、两项重点任务”达到预期效果，困难职工家庭生活水平明显提高；2020年共计走访慰问救助各类人员26868人次，发放慰问救助金1069.66万元，让职工实实在在感受到了企业的关怀和温暖；按照“出档不出关爱、脱档不脱政策”的原则，完善致困返困监测预警机制，扎牢了民生保障安全网。

39- 中国机械冶金建材工会

沈阳机床（集团）有限责任公司发挥工会组织优势，推动“送温暖”活动常态化，筹措建立多类型互助保障项目，实施精准帮扶救助及走访慰问

"送温暖"活动，2020 年共救助困难职工 125 人次，发放慰问金 5.05 万元，发放慰问品 41 份；开展职工医疗综合互助保障活动，为 2537 名职工办理 88 元互助保险，使 2020 年领取互助金人数达 146 人，领取互助金 23.7 万元，切实帮助困难职工解决了实际问题。

江西钨业控股集团有限公司全面落实城市困难职工解困脱困目标任务，严把识别关、施策关、出档关，在精准建档、精准帮扶上不遗余力，密切与民政部门协作开展城市困难职工家庭状况信息比对，开展"一对一"结对帮扶，对已脱困职工继续实行跟踪挂钩，防止他们脱困后返贫；重点开展"金秋助学"，2016 年以来筹集近百万元资金，救助 530 余人。解困脱困工作取得较好成效，困难职工由 2016 年的 753 户降至现在的 131 户。

40- 中国国防邮电工会

晋西工业集团有限责任公司工会委员会坚持分类施策、精准帮扶，通过实施"一二三"工作方法（构建一个党委领导、工会承办、行政支持、全员参与、一级抓一级、层层抓落实的责任体系；建立结对帮扶、动态管理两项机制；搭建生活救助、就业救助、医疗救助三个平台），投入帮扶资金 52 万余元，采取"一户一策"精准帮扶，始终做到"五注重三持续"，注重主体作用发挥、注重精准确定目标、注重细节跟踪到位、注重帮扶合力形成、注重常态长效保持。2020 年底，集团内所有建档困难职工全部脱困。

中国联合网络通信集团工会山西省委员会将解困脱困工作作为年度考核重要内容，实行一票否决制；建立困难员工数据库，对因病致困的员工进行动态管理，及时进行帮扶；积极争取中央财政、省财政帮扶资金 500 余万元，为困难员工解了难题，帮助他们摆脱了困难；开展互助共济，制定实施"山西联通水滴互助金制度"，对家庭遭受意外和重病导致的重大困难情况实施重点帮扶，5 年来帮扶员工 2500 余人次，累计脱困 630 人。

41- 中国财贸轻纺烟草工会

东方国际（集团）有限公司工会（上海市纺织工会）因历史原因，留有一批离岗、下岗、丧劳、协保等困难职工。2016 年以来，集团工会积极开展精准识别、精准施策、精准帮扶工作，对下岗困难职工，组织其进行职业技能培训；对考入高中和大学的困难职工子女，发放“助学成才”奖学金，还提供实习机会，实现“助一人成才，帮全家脱困”，帮助 743 名职工实现解困脱困；专门设立爱心基金，近 5 年捐款达 995 万元，帮扶救助困难职工 1.6 万余人次。

哈尔滨量具刃具集团有限责任公司工会委员会进基层、进车间、进班组，精准识别，为 80 余户困难职工建立档案；按照“一户一计划、一户一措施”的要求，区分不同情况分类帮扶，对有创业意愿的困难职工给予创业补贴；对困难职工子女给予 81 人次“金秋助学”款 30 余万；为困难职工缴纳大病保险，开展义务健康体检、女职工免费“两癌”筛查活动，做实健康保障；深入开展“送温暖”“送清凉”“送防疫物资”等活动，给困难职工送去温暖，助力困难职工解困脱困。

42- 中国农林水利气象工会

中农发山丹马场有限责任公司通过民政救助、金秋助学，医疗救助、费用减免、劳务帮扶等方式，因户施策，实施精准帮扶；2016 年以来，为困难职工争取低保金、失业保险稳岗补贴、冬春生活救助资金等民生保障资金 20 余项，涉及资金 7911.55 万元，不足部分由企业自筹资金补贴；改善职工居住环境，通过争取国家政策支持，帮助 312 户长期在场区平房居住的孤寡老人及特困职工解决了住房困难问题；积极开展受灾职工救助工作，制定受灾职工帮扶救助措施，持续开展“两节”送温暖活动。

内蒙古根河林业局有限公司实施“十帮”措施，圆满完成困难职工解困脱困任务；实行公司中层以上管理人员与困难职工结成帮扶对子机制，实行“点对点、面对面”帮扶；开展贷款扶持重点帮，为215名困难职工发放家庭经济无息贷款541.5万元；整合资源合力帮，通过政府惠民政策为困难职工争取救助资金1700余万元；完善帮扶网络和联动救助机制，建立困难职工“警戒线”制度，设立“爱心救助”基金，5年发放爱心救助基金156.75万元。

城市困难职工解困脱困工作成效第三方评估情况

2020 年 9 月至 12 月，全国总工会通过公开招标，委托中国农业大学等 6 家第三方机构依据全国总工会制定的评估总体规程和 95 项评估指标，对全国 31 个省、自治区、直辖市和新疆生产建设兵团总工会、438 个地市级总工会（含北京、天津、上海、重庆 4 直辖市区县总工会，新疆兵团 14 个师总工会）和 2709 个区县级总工会城市困难职工解困脱困工作成效资料评审；并组织 1025 人实地赴 31 个省、自治区、直辖市和新疆生产建设兵团、119 个地市、603 个区县，共召开 1834 场座谈会，对 33416 户困难职工入户访谈和社会心理调查。

一、各级工会城市困难职工解困脱困工作实施情况

（一）城市困难职工解困脱困工作制度建设情况。

32 个省级总工会均依据《中华全国总工会关于进一步做好困难职工解困脱困工作的实施意见》（总工发〔2016〕7 号），制定了城市困难职工解困脱困工作实施细则；438 个地市级总工会、2708 个县区级总工会制定了城市困难职工解困脱困工作实施细则。

32 个省级总工会均依据全国总工会制定的中央财政专项帮扶资金管理办

法制定帮扶资金管理办法，435 个地市级总工会、2699 个县区级总工会结合当地实际，制定帮扶资金管理办法。

32 个省级总工会均依据《中华全国总工会关于印发 < 困难职工档案管理办法 > 的通知》（总工办发〔2016〕36 号）和《中华全国总工会办公厅关于印发 < 困难职工帮扶工作有关问题的说明 > 的通知》（厅字〔2017〕18 号），制定了困难职工档案管理办法；438 个地市级总工会、2649 个县区级总工会制定了困难职工档案管理办法。

31 个省、自治区、直辖市和新疆生产建设兵团工会和民政部门均依据《中华全国总工会民政部关于加强工会组织与民政部门困难职工家庭数据比对和信息共享工作的通知》（总工发〔2017〕19 号），建立困难职工帮扶和社会救助政策衔接机制，实施困难职工数据比对、信息共享。5 年精准识别、动态管理困难职工家庭 1031.5527 万户（次）。

32 个省级总工会均依据《中华全国总工会关于印发 < 工会送温暖资金使用管理办法（试行）> 的通知》（总工发〔2018〕39 号）制定了送温暖资金管理办法，438 个地市级总工会、2680 个县区级总工会制定了送温暖资金管理办法。

（二）城市困难职工解困脱困工作责任落实情况。

32 个省级总工会、438 个地级市总工会、2677 个县区总工会领导班子均重视城市困难职工解困脱困工作，多次部署研究工作。

32 个省级总工会、438 个地市级总工会均制定城市困难职工解困脱困计划及具体措施，且落实完成情况较好。

32 个省级总工会、435 个地市级总工会均加强责任落实情况监督；32 个省级总工会、433 个地市级总工会将解困脱困工作纳入对下级工会的工作考核。

405 个地市级总工会、2523 个县区级总工会均按照上级工会要求，细化工作举措，责任落实到单位、到人。

（三）精准识别、精准施策、分级建档情况。

32个省级总工会、434个地市级总工会、2675个县区级总工会均制定了精准识别及退出标准和程序。

32个省级总工会、434个地市级总工会、2631个县区级总工会均按照上级工会要求，落实了“四个一批”具体举措。

31个省、自治区、直辖市和新疆生产建设兵团城市困难职工精准帮扶、因困施策精准率均超过90%。全国平均精准率为97.80%。

32个省级总工会、437个地级市总工会、2643个县区总工会按照全国总工会“分层建档、分类帮扶”，建立完善分级建档。

（四）城市困难职工解困脱困工作机制建立情况。

31个省、自治区、直辖市和新疆生产建设兵团困难职工结对帮扶覆盖率平均值为91.35%。其中，20个省（区、市）困难职工结对帮扶覆盖率超过95%。

31个省、自治区、直辖市和新疆生产建设兵团困难职工走访率平均值为94.58%。其中，18个省（区、市）对困难职工走访率超过95%。

32个省级总工会、428个地市级总工会、2649个县区级总工会均建立了困难职工档案动态管理机制。435个地市级总工会、2696个县区级总工会采取与政府部门数据对比手段。

（五）帮扶资源、方法、工具情况。

32个省级总工会、421个地市级总工会、2335个县区级总工会积极引入社会资源参与城市困难职工解困脱困。

437个地市、2653个县区工会困难职工帮扶中心在城市困难职工解困脱困工作中积极发挥作用。

32个省级总工会、427个地市级总工会、2548个县区级总工会工作经费充足、人员保障到位。

32 个省级总工会、427 个地级市总工会、2638 个县区总工会每年召开困难职工帮扶专题会议、培训班。

（六）帮扶资金管理监督情况。

31 个省级总工会、436 个地市级总工会、2641 个县区级总工会均制定了完善的资金发放标准。

32 个省级总工会、436 个地市级总工会均执行了帮扶资金预算，中央财政专项帮扶资金无结余。

32 个省级总工会、418 个地市级总工会、2550 个县区级总工会均建立了较为完善的帮扶资金内控管理机制。

32 个省级总工会、430 个地市级总工会、2565 个县区级总工会均按照全国总工会要求，将帮扶资金使用情况录入到全国工会帮扶工作管理系统。

二、各级工会城市困难职工解困脱困工作成效情况

（一）城市困难职工解困脱困目标任务完成情况。

2016 年以来，共有 566.49 万户（次）困难职工家庭实现脱困。截至 2020 年底，2015 年底工会建档的 549.87 万户困难职工家庭，全部实现解困脱困，其中，480.58 万户实现根本脱困，涉及家庭人口 1300.61 万人；5.34 万户重病、残疾等无法根本脱困的深度困难职工家庭纳入常态化帮扶保障，刚脱困还不稳定的相对困难职工和需继续帮扶的意外致困户 15.25 万户，另外，在精准识别中，48.74 万户因死亡、劳动关系退出等因素退出档案。

经第三方评估，31 个省、自治区、直辖市总工会和新疆生产建设兵团总工会均已完成了城市困难职工解困脱困工作任务，工作均达到“合格”标准。

（二）精准帮扶实施效益情况。

本次评估抽样的 28434 个困难职工调查显示，31 个省、自治区、直辖市

和新疆生产建设兵团 96.36% 的被调查职工认为通过工会帮扶提升了自己生活水平；89.29% 的被调查职工认为通过工会帮扶提升了自我发展能力。

31 个省、自治区、直辖市和新疆生产建设兵团困难职工错评率、漏评率、错退率和漏退率依次平均为 0.56%、1.05%、0.78% 和 1.50%。

（三）困难职工满意度。

31 个省、自治区、直辖市和新疆生产建设兵团建档困难职工对帮扶工作满意度平均为 99.04%，全部在 95% 以上。

困难职工社会心理调查显示，31 个省、自治区、直辖市和新疆生产建设兵团困难职工对党和社会制度的信心平均得分为 9.81（满分为 10 分）；对政府和政策的信心平均得分为 9.67；对生活信心的平均得分为 8.1；对社会公平的感知平均得分为 9.61；对自身价值的认同平均得分为 9.39。

（四）社会认可度。

27 个省、自治区、直辖市和新疆生产建设兵团党政领导多次在工会城市困难职工解困脱困工作汇报上做出批示。

据对普通职工抽样调查分析，31 个省、自治区、直辖市和新疆生产建设兵团社会公众对帮扶工作满意度平均为 95.35%。

（五）社会资源整合度。

28 个省、自治区、直辖市和新疆生产建设兵团党委政府专门出台了城市困难职工解困脱困政策制度；411 个地市党委政府、2501 个县区党委政府出台了城市困难职工解困脱困工作政策制度。

32 个省级总工会、425 个地市级工会、2538 个县区级工会均定期向党委政府汇报城市困难职工解困脱困工作。29 个省级总工会、373 个地市级工会、2172 个县区级工会提出的解决城市困难职工困难的有关主张和建议被党政采纳。

32 个省级总工会、419 个地市级工会、2475 个县区级工会均与政府建立城市困难职工解困脱困协调机制。

30个省级总工会、396个地市级工会、2181个县区级工会均联系引导社会组织参与解困脱困工作。

32个省级总工会、423个地市级工会、2465个县区级工会均发挥企业等社会资源作用，积极参与到困难职工解困脱困中。

三、困难职工常态化帮扶长效机制建设情况

（一）工会困难职工帮扶与社会救助政策体系衔接。

31个省、自治区、直辖市总工会均按照全国总工会和民政部要求，建立了社会救助联系会议制度。

30个省、自治区、直辖市总工会参与分层分类社会救助综合改革和制度建设。

（二）职工生活状态动态监测机制。

23个省、自治区、直辖市和新疆生产建设兵团建立了困难职工主动发现、及时申报机制。

21个省、自治区、直辖市和新疆生产建设兵团工会逐渐形成低收入职工调查摸底机制。

20个省、自治区、直辖市和新疆生产建设兵团工会形成了较为完善的困难职工经济状况发生重大变化申报机制。

（三）困难职工常态化帮扶机制。

31个省、自治区、直辖市和新疆生产建设兵团工会建立了较为完善的梯度帮扶机制。

31个省、自治区、直辖市和新疆生产建设兵团工会建立了常态化送温暖机制。

30个省（区、市）工会建立了重大疾病、事故、意外专项帮扶制度。

（四）预防廉政风险机制。

30 个省、自治区、直辖市和新疆生产建设兵团工会建立了困难职工认定公示制度。

31 个省、自治区、直辖市和新疆生产建设兵团工会经常接受财政、审计、纪检等监察部门监督。

18 个省（区、市）工会出台有关文件，要求激励担当作为，鼓励改革创新，建立容错纠错机制。

城市困难职工解困脱困工作纪事

（2015 年 12 月—2021 年 5 月）

2015 年（规划阶段）：明确方向，研究目标任务

2015 年 11 月，中央扶贫开发工作会议吹响脱贫攻坚冲锋号。在学习贯彻中央扶贫开发工作会议精神时，李建国主席指示要求，小康社会是全体人民的小康，工会要在脱贫攻坚战中发挥重要作用，特别是要解决好困难职工的问题，确保全体职工 2020 年进入全面小康社会。

12 月 14 日，全国总工会印发《关于 2016 年元旦春节期间向困难职工送温暖的通知》（总工办发〔2015〕34 号），要求全面、细致掌握困难职工的实际情况，做到底数清、情况明，及时更新困难职工档案，一户一策制定帮扶计划，对症下药，精准帮扶。

12 月，全国总工会权益保障部和国务院扶贫办、民政部、人社部等联系沟通，详细了解国家扶贫、社会救助政策，组织开展工会干部集中调研，形成做好困难职工解困脱困工作建议报告。

12 月，全国总工会党组带领权益保障部起草形成城市困难职工解困脱困工作建议报告。

截至 2015 年 12 月，工会建档立卡困难职工家庭 549.87 万户。

2016 年（组织阶段）：统一思想，制定方案措施

2016 年 1 月 11 日，全国总工会党组就紧紧围绕国家脱贫攻坚大局，加大困难职工解困脱困的帮扶和保障力度向中央书记处汇报，得到中央书记处充分肯定和批准。

2016 年中共中央政治局常委会工作要点提出“加大城市困难职工解困脱困的帮扶和保障力度”。

1 月 16 日至 18 日，全国总工会十六届四次执委会议对城市困难职工解困脱困动员部署，提出“将城市困难职工帮扶解困融入国家脱贫攻坚大局，更加精准、更加有效地加强和做好帮扶工作”。

3 月 5 日，李建国同志在参加全国人大会议山东代表团审议时指出，要加大城市困难职工解困脱困的帮扶和保障力度。既要帮他们解困，解决眼前困难，做到无基本生活之忧；又要助他们脱困，走上致富之路，同步进入全面小康。在这方面，各级工会组织应当积极作为。

3 月 29 日，全国总工会权益保障部召开部分省市座谈会，对城市困难职工解困脱困工作中已采取的措施、经验、存在问题和下一步工作思路进行交流研讨。

4 月 12 日，全国总工会召开全国工会系统做好困难职工解困脱困工作电视电话会议，提出“将困难职工解困脱困融入国家脱贫攻坚大局，把精准贯穿全过程，整合资源，分类帮扶，通过‘四个一批’措施，切实提升解困脱困效益”。

5 月 20 日，全国总工会制定印发《关于进一步做好困难职工解困脱困工作的实施意见》（总工发〔2016〕7 号），明确了解困脱困的总体目标、五类困难职工群体、四个一批脱困路径和七个具体工作计划。

6 月 6 日，全国总工会权益保障部下发《关于做好困难职工解困脱困建档立卡工作的通知》，要求在 2016 年 10 月 31 日前全面完成建档立卡工作，摸

清帮扶需求，明确帮扶主体，落实帮扶措施，实施动态管理，进行考核问效。

6 月 30 日，全国总工会印发《关于开展 2016 年困难职工家庭高校毕业生阳光就业行动和金秋助学活动的通知》(总工办发 [2016]15 号)，明确在全国范围内开展困难职工家庭高校毕业生阳光就业行动和金秋助学活动要求。

7 月 28 日，全国总工会印发《关于下拨 2016 年度中央财政专项帮扶资金的通知》(总工发 [2016]11 号)，下拨中央财政专项帮扶资金 15 亿元，用于困难职工解困脱困。

7 月 28 日，全国总工会印发《关于开展困难职工帮扶工作职工满意度调查的通知》(厅字 [2016]10 号)，开展对困难职工帮扶工作职工满意度调查。

10 月，全国总工会权益保障部呈报《关于创新东北等老工业基地、资源枯竭工矿区困难职工专项帮扶形式的意见建议》《基于互联网 + 服务职工体系建设的创新实践》《关于创新工会送温暖工作的报告》。

11 月，全国总工会权益保障部呈报《关于开展困难职工帮扶工作职工满意度调查有关情况的报告》。

12 月 5 日，全国总工会印发《困难职工档案管理办法》(总工办发〔2016〕36 号)，进一步规范困难职工档案管理，全面、真实、及时掌握困难职工的生活状况，切实发挥档案在困难职工精准帮扶、解困脱困中的基础性作用。

12 月 5 日至 10 日，全国总工会举办全国工会帮扶工作培训班，培训困难职工解困脱困、档案管理、资金使用和权益保障业务理论。

12 月 21 日，全国总工会下发《关于 2017 年元旦春节期间开展两节送温暖活动的通知》(总工办发〔2016〕39 号)，要求把困难职工解困脱困作为送温暖活动主要任务，在普遍走访慰问的基础上，对困难职工重点群体开展分类帮扶，引导社会公益资源参与困难职工解困脱困。

12 月 21 日，全国总工会权益保障部向全国总工会书记处呈报《关于困难职工解困脱困工作的阶段性报告》。

截至 2016 年 12 月，工会建档立卡困难职工家庭 345.58 万户。

2017 年（全面推进阶段）：明确标准流程，完善智能工具

2 月 14 日，全国总工会党组向中共中央报送《关于 2017 年元旦春节期间全国工会开展送温暖活动情况的报告》，汇报了全国各级工会在坚持送温暖活动“常态化、经常化、日常化”的基础上，突出做好困难职工解困脱困工作的相关做法。

3 月 3 日，全国总工会权益保障部在湖北省武汉市组织省市工会帮扶干部集中调研，围绕困难职工解困脱困标准和流程、建档立卡、帮扶资金使用管理、帮扶软件升级优化研讨，形成相关研究成果。

3 月 20 日，全国总工会权益保障部组织 7 家社会专业机构和中国劳动关系学院、北京市温暖基金会、上海市浦东新区公惠服务中心 3 家工会系统单位，研讨困难职工解困脱困指标体系、困难职工需求对接社会资源等课题，研究优化工会帮扶资源，放大解困脱困社会效应。

4 月 26 日，全国总工会权益保障部在江苏常熟市召开省市帮扶工作研讨会，论证工会帮扶管理系统升级方案、中央财政专项帮扶资金项目化和解困脱困流程等内容。

6 月 6 日，全国总工会权益保障部赴广东省调研困难职工解困脱困工作，总结广东省中山市总工会“工会 + 社工 + 义工”三工联动方式，为困难职工提供专业化服务；与碧桂园集团进行对接，在 7 省份将困难职工子女纳入碧桂园职业学院免费职业教育和就业范围。

6 月 12 日，全国总工会权益保障部完成新版工会帮扶管理系统升级上线，提升困难职工档案管理、专项资金管理使用智能化功能。

7 月至 9 月，全国总工会权益保障部配合财政部预算评审，利用契机，规

范帮扶资金使用。

7月1日，出版《工会帮扶工作小帮手》，为各级工会帮扶工作干部提供困难职工解困脱困工作流程工具包。

7月13日，全国总工会印发《困难职工帮扶工作有关问题的说明》（厅字〔2017〕18号），从10个方面明确困难职工建档立卡、困难标准衡量、解困脱困标准、家庭状况核查、资金使用、信息化管理等标准和流程。

7月，出版《教育资助法律政策汇编》，为各级工会干部提供金秋助学政策和标准流程工具包。

7月31日，全国总工会权益保障部向全国总工会书记处呈报《关于困难职工解困脱困工作的阶段性报告》。

8月，全国总工会权益保障部与清研智库、中国社工联、尚德公益等专业机构签订困难职工解困脱困指标评估体系模型、社会资源帮扶困难职工解困脱困、购买社会组织服务困难职工解困脱困运行模式设计等委托课题，利用专业机构研究困难职工解困脱困工作指标和流程优化。

9月4日，全国总工会举办全国工会帮扶工作培训班，解读《困难职工帮扶工作有关问题的说明》、工会帮扶软件管理、帮扶资金使用等内容。

9月21日至23日，全国总工会在云南省大理州召开全国工会开展困难职工解困脱困研讨会，推广"祥云样本"，进一步推进全国工会困难职工解困脱困工作。大理州祥云县作了现场经验报告；8家社会专业机构介绍运用社会资源开展社会公益活动做法。"祥云样本"的推广，有效地示范带动了城市困难职工解困脱困工作。

11月1日至3日，全国总工会权益保障部在山东省青岛市召开省市权益保障部长参加的帮扶中心发展方向集中调研，研讨工会帮扶中心发展方向、管理体系、功能定位、运行模式以及存在问题，形成有关报告呈报全国总工会书记处。

11 月 3 日，全国总工会和民政部共同下发《关于加强工会组织与民政部门困难职工家庭数据比对和信息共享工作的通知》（总工发〔2017〕19 号），建立困难职工帮扶和社会救助政策衔接机制，实施困难职工数据比对、信息共享，全国 31 个省（区、市）和新疆生产建设兵团全部建立与民政部门数据比对、信息共享机制。

12 月，社会资源帮扶困难职工解困脱困研究、购买社会组织服务困难职工解困脱困运行模式设计研究、全国总工会困难职工解困脱困指标评估体系模型研究等委托课题结项，有关研究成果转化成困难职工帮扶流程和指标体系。

12 月 13 日，全国总工会权益保障部下发《关于精准、规范做好困难职工帮扶的通知》（工保字〔2017〕23 号），要求切实做好困难职工的信息比对和精准识别，规范建档立卡工作。

12 月 18 日，全国总工会下发《关于 2018 年元旦春节期间组织开展送温暖活动的通知》（总工办发〔2017〕33 号），突出督查困难职工解困脱困工作落实情况，加强困难职工家庭状况数据比对和信息共享，搭建社会资源和困难职工需求精准对接平台等工作。

12 月，出版《困难职工解困脱困制度保障指导手册》，汇编中央及部委政策文件、全国总工会困难职工解困脱困工作文件及典型经验案例。

12 月 27 日，全国总工会书记处听取全国总工会权益保障部《关于 2017 年全国工会开展困难职工解困脱困工作的汇报》。

截至 2018 年 1 月，工会建档立卡困难职工家庭 247.24 万户。

2018 年（提升阶段）：强化责任，提升解困脱困效益

2018 年，王东明同志在各省、各产业工会调研座谈时多次提出：要扎实推进困难职工解困脱困工作，构建帮扶救助长效机制，更好地服务党和国家

脱贫攻坚大局。

1 月 15 日，向全国社会救助部际联席会议办公室报告总结全国工会困难职工解困脱困工作开展情况，并提出着力解决社会救助“碎片化”“断崖式”和“福利捆绑”等问题、积极推动社会救助改革、加大对困难职工社会救助覆盖面等建议。

1 月，全国总工会权益保障部委托中国职工服务中心对全国 31 个省（区、市）及新疆生产建设兵团困难职工帮扶情况开展电话抽查。

3 月 9 日，全国政协总工会界 63 名委员联名向大会提交《加大城市困难职工帮扶解困力度，推动困难职工同步迈入小康社会》的提案，建议将城市困难职工解困脱困工作纳入国家扶贫攻坚战略通盘考虑。此项政协提案被全国政协评为 70 年来 100 个有影响力的重要提案。

3 月 30 日，全国总工会党组向中共中央报送了《关于 2018 年元旦春节期间全国工会开展送温暖活动情况的报告》，汇报各级工会做好困难职工解困脱困，广泛开展进万家门、访万家情、结万家亲的送温暖活动情况。

4 月，研究中央财政专项帮扶资金使用管理模式改革，进一步明确中央财政专项帮扶资金重点保障对象、分配原则、使用流程及监管措施。

4 月，制定《关于进一步落实困难职工解困脱困责任制的方案》，进一步健全完善分层负责、联系协同、任务分解、结对帮扶的解困脱困工作责任制，一级抓一级、层层抓落实，实现帮扶责任人与困难职工家庭结对全覆盖。

4 月下旬至 5 月上旬，全国总工会权益保障部派员随同中央纪委驻全国总工会机关纪检组赴宁夏、江苏等地，先后到 6 个市 8 个县区随机入户 26 户困难职工，调研困难职工帮扶资金使用情况。

6 月 28 日，全国总工会召开全国工会进一步落实城市困难职工解困脱困责任制电视电话会议。会议要求各级工会明确目标任务，狠抓责任落实；建立健全联系人制度，做困难职工的第一知情人、第一报告人、第一帮助人；

坚持精准帮扶，做到精准识别、精准施策、精准发力。

7 月 20 日，全国总工会下发《中华全国总工会办公厅关于开展城市困难职工解困脱困工作落实情况督查的通知》，要求各省于 7 月下旬至 8 月上旬对本地区城市困难职工解困脱困工作落实情况开展自查自纠。8 月至 10 月，由全国总工会领导带队，权益保障部、财务部、经审办等部门组成督查组，共对 15 个省 31 个地市、35 个区县工会调研督查城市困难职工解困脱困工作落实情况。同时，全国总工会开展全国重点省份解困脱困落实情况约谈，督导责任落实。2018 年全国工会走访摸排困难职工家庭 115.86 万户。

7 月 22 日至 24 日，全国总工会在浙江杭州召开帮扶资金流程优化研讨会，就 2018 年中央财政专项帮扶资金改革及相关工作进行部署和培训。

7 月 31 日，全国总工会下发《关于 2018 年中央财政专项帮扶资金管理使用有关事项的通知》（总工办发〔2018〕21 号），启动中央财政专项帮扶资金使用模式改革，全面实施预算绩效管理，精准施策到户、项目到人。

10 月 22 日至 26 日，全国总工会在广西南宁举办全国工会帮扶工作流程优化培训班，培训困难职工解困脱困流程和帮扶资金管理。

10 月 29 日，习近平总书记在同全国总工会新一届领导班子成员集体谈话时强调：服务职工是做好党的职工群众工作的重要手段。这方面，工会做了很多雪中送炭、纾难解困的工作，像送温暖、职工之家、帮扶中心等品牌在社会上都很有影响。服务职工工作的重点是困难职工，现在城市困难职工还不少，我们提出全面建成小康一个都不能少，也包括城市困难职工。要做好城市困难职工解困脱困工作，及时做好因各种原因返贫致困职工的帮扶救助，为广大职工提供具有工会特点的普惠性、常态性、精准性服务。

12 月，城市贫困职工特征和脱贫战略研究课题结项，相关成果作为建议与民政部沟通，推动社会救助综合改革。

12 月 20 日，全国总工会下发《关于 2019 年元旦春节期间组织开展送温暖活动的通知》(总工办发〔2018〕32号),要求精准施策帮助城市困难职工解困脱困,完善重病、残疾等深度困难职工家庭的常态化帮扶机制,提升帮扶资金集中保障效益。

12月21日,全国总工会印发《工会送温暖资金使用管理办法(试行)》(总工发〔2018〕39号),进一步明确送温暖资金使用、管理、监督事项,拓展送温暖对象范围,加强送温暖工作与解困脱困工作有效衔接。

截至2019年1月,工会建档立卡困难职工家庭35.96万户。

2019年(统筹阶段):纳入大局,扩展社会资源

1月,中共中央政治局常委会工作要点提出“加大城市贫困群众的脱贫解困力度”。

1月,全国总工会和民政部共同开展“城市贫困人口兜底保障”调研,推动解决符合条件的困难职工政府救助兜底问题,提出社会救助改革综合方案,全国总工会提出分层分类梯度帮扶工作建议。

3月,十三届全国人大二次会议上,国务院总理李克强同志在2019年《政府工作报告》中指出要“加大城镇困难职工脱困力度”。

3月22日,王东明同志在全国工会学习贯彻习近平总书记关于工人阶级和工会工作的重要论述理论研讨会上的讲话中提出:今年的政府工作报告中明确指出,要加大城镇困难职工脱困力度。各级工会要以城镇困难职工解困脱困为重点做好帮扶工作,坚持摸清底数、分类指导、精准施策,整合资源、争取支持、群策群力,确保城镇困难职工和广大职工群众同步迈入小康社会。

6月,全国总工会下发《中华全国总工会办公厅关于2019年度中央财政专项帮扶资金分配使用有关事项的通知》(厅字〔2019〕15号),继续巩固2018年中央财政专项帮扶资金使用模式改革成果,聚焦重点人群,项目精准到户,对工会建档困难职工做到全面覆盖。

7 月 30 日，全国总工会在北京召开城市困难职工解困脱困工作座谈会。王东明同志要求各级工会要坚决落实“一个总体目标”，即确保到 2020 年，现有建档困难职工全部实现解困脱困，同步迈入小康社会；切实抓好“两项重点任务”，即确保到 2020 年，所有能够脱困的困难职工家庭人均收入连续 6 个月超过当地低保标准，全部实现脱困；因重病、残疾等因素无法脱困的，通过推动纳入政府兜底保障和工会常态化帮扶，家庭生活水平达到当地低保标准，全部实现解困。

9 月 18 日至 21 日，全国总工会权益保障部在重庆举办工会常态化送温暖工作研讨会。12 家社会组织机构介绍社会资源项目化社会化方式解决职工需求思路和做法，32 个省（市、区）工会就新时代职工需求变化对工会服务职工工作的影响、工会送温暖常态化和服务职工体系构建路径、困难职工帮扶理念创新思路进行研讨。

10 月 17 日，民政部《社会救助综合改革方案》征求意见稿采纳了全国总工会关于“解决低保福利捆绑和断崖效应，解决支出型贫困问题”建议，并吸收了全国总工会关于工会梯度帮扶的做法，建立健全分层分类的梯度社会救助体系，将低收入家庭、支出型贫困等困难职工家庭纳入救助帮扶范围。

10 月 24 日，全国总工会印发《城市困难职工解困脱困工作成效第三方评估实施方案》（厅字〔2019〕26 号），启动城市困难职工解困脱困第三方评估工作。

11 月 15 日，全国总工会十七届五次主席会议听取城市困难职工解困脱困工作专题汇报，王东明同志提出进一步明确时间表、路线图，分解任务、倒排工期，采取精准帮扶措施，分类做好城市困难职工解困脱困工作，确保到 2020 年困难职工与全国人民一道迈入小康社会。对于各级工会推进城市困难职工解困脱困工作进展情况的报告中提出的问题，要采取有效措施，认真推动解决，同时要积极建立健全预防相对困难职工家庭返贫返困的长效机制。

12 月，工会帮扶工作和资金管理流程优化研究、城镇困难职工精准帮扶第三方评估体系研究、中国职工工作生活质量评价与服务体系研究等课题结项，有关研究成果转化为制度和指标体系。

12 月 16 日，全国总工会下发《关于 2020 年元旦春节期间组织开展送温暖活动的通知》（工发电〔2019〕11 号），要求重点关注困难地区、困难行业、困难企业和困难职工群体，做好供给侧结构性改革过程中企业职工、功勋工人、工亡遗属等特殊困难群体的帮扶救助工作。加大对因重病、残疾等无法脱困的困难职工家庭托底帮扶，足额保障家庭基本生活，帮助大病致贫职工解决看病难、看病贵问题，缓解医药费用压力，对刚刚脱困的职工家庭，要开展回头看、再走访，防止返贫返困。

截至 2019 年 11 月，工会建档立卡困难职工家庭 20.74 万户。

2020 年（绩效阶段）：评估验收，健全长效机制

1 月 14 日，全国总工会前往湖南走访慰问核工业老工人及遗孀遗属，形成对策建议报告，1 月 22 日以《全国总工会信息》报中央，王沪宁同志当日批示至湖南省委落实，跟踪落实湖南省委出台有关政策，有关问题得到彻底解决。

1 月 22 日，全国总工会下发《关于做好关心坚守防疫抗病岗位一线医务人员工作的通知》（工发电〔2020〕2 号），立即发动各级工会开展为医务人员送温暖活动，援助湖北打赢疫情防控阻击战。

2 月 1 日，全国总工会权益保障部与北京市温暖基金会启动“温暖武汉”项目，募集款物 4197 万余元，为武汉、北京等地抗击新冠肺炎疫情的一线职工提供援助和慰问。

2 月 2 日，全国总工会下发《关于充分发挥工会组织作用团结动员广大职工坚决打赢新型冠状病毒感染肺炎疫情防控阻击战的通知》（工发电〔2020〕

3 号），做好对坚守疫情防控一线职工的关心关爱工作，及时开展形式多样的慰问和服务。

3 月，全国总工会对疫情期间城市低收入职工的生活、医疗、子女教育等短期影响和失业风险加大、收入持续下降、家庭支出增加等造成低收入职工致困返困的长期影响进行摸排调查和深入分析，报告以《全总信息》形式呈报中央，并被中央政策研究室全文转载报中央政治局。

3 月 18 日，全国总工会权益保障部联合国家卫健委疾控中心，以国务院联防联控机制名义出台《关于印发新冠肺炎疫情心理疏导工作方案的通知》，明确工会利用线上线下心理服务资源，加强对医务工作者在内的防疫一线职工、机关企事业单位职工心理疏导和心理干预。

3 月 24 日，全国总工会下发《关于拨付 2020 年中央财政专项帮扶资金保障疫情期间困难职工基本生活有关事项的通知》，下拨 2.546 亿元中央财政专项帮扶资金，按照每户 2000 元标准，为全国 13 万户深度困难职工发放疫情期间临时生活补贴。同时部署困难职工解困脱困工作，要求各级工会配合政府防范职工返困返贫发生，将因疫情影响和因病的低收入职工纳入政府救助范围。

3 月，中共中央办公厅、国务院办公厅印发《关于改革完善社会救助制度的意见》（中办发〔2020〕18 号），吸纳了工会关于建立健全分层分类的梯度帮扶制度建议。

4 月 1 日，全国总工会权益保障部制定《关于疫情期间做好城市困难职工解困脱困工作成效第三方评估指引》，指引各地按照疫情防控风险等级分级分类做好困难职工解困脱困和第三方评估工作。4 月至 6 月，全国总工会权益保障部实施第三方评估每周调度制度，督促指导各地开展第三方评估工作，帮助协调各地评估中的困难和问题解决。

4 月，王沪宁同志作出重要批示，要求对疫情中患病、病亡的职工及家庭，要有专项举措帮助渡过难关。王东明同志多次作出重要批示，要求做好受疫情影响的职工帮扶慰问，深入推进城市困难职工解困脱困工作。

4 月 10 日，王东明在全国总工会十七届三次执委会议上讲话要求，要认真分析疫情给城镇困难职工家庭带来的新问题，有针对性地采取帮扶措施，提高帮扶精准性。加大对医务人员的关爱和对困难职工群体的帮扶，关心患病职工、因公殉职人员家属及去世职工家属等。加大工作力度，帮助在档困难职工尽快解困脱困，推动构建帮扶救助长效机制，确保现有建档困难职工与广大职工群众一道迈入小康社会。

4 月至 5 月，全国总工会下拨 3780 万元常态化送温暖资金，用于支持湖北等地区各级工会开展对受疫情影响低收入职工、感染新冠肺炎以及染病病亡职工家庭送温暖。下发《关于下拨 2020 年工会常态化送温暖资金有关事项的通知》，要求各地工会建立健全困难职工致贫返困监测机制、工会常态化帮扶机制；对感染新冠肺炎职工家庭给予帮扶救助。

4 月 30 日，全国总工会党组专题听取当前城市困难职工解困脱困工作进展情况。

6 月 16 日至 18 日，分 6 个片区召开 32 个省级工会城市困难职工解困脱困工作成效第三方评估工作视频调度会，听取第三方评估进展情况、存在困难，对有关问题交流和指导。

6 月，全国总工会全面开展“城市困难职工解困脱困集中攻坚”行动。健全完善预防职工返困致贫的监测预警体系，通过摸清底数、分解计划、户策对接、精准帮扶，切实发挥“结对帮扶”作用，帮助困难职工摆脱疫情影响，实现解困脱困。建立城市困难职工解困脱困调度制度，要求各省分解任务，倒排时间，按月上报进度。同时，加强对刚脱困一年内的困难职工，因病因灾因学等低收入职工家庭生活监测，符合建档的条件应纳尽纳，对生活有暂时困难的应帮尽帮。

6 月 28 日，全国总工会下发《关于在做好“六稳”工作落实“六保”任务中充分发挥工会组织作用的意见》，提出开展“解困脱困集中攻坚”行动和“提升职工生活质量”行动。

6 月 28 日，全国总工会印发《中央财政专项帮扶资金管理办法》（总工办发〔2020〕13 号），拓展和完善中央财政专项帮扶资金使用管理方式，对深度困难、相对困难、意外致困等不同困难类型的建档立卡困难职工家庭实施分层建档、分类施策、精准帮扶，健全层次清晰、各有侧重、有机衔接的常态化梯度帮扶长效机制。

7 月 30 日，王东明同志在全国总工会十七届七次主席团会议上的讲话，要求开展好“解困脱困集中攻坚”行动，全面实行第三方评估，建立健全工会预防相对困难职工返贫常态化帮扶工作机制。

7 月 31 日，王东明同志在全国总工会权益保障部呈报《关于 2020 年上半年城市困难职工解困脱困工作有关情况的报告》上作出批示，充分肯定城市困难职工解困脱困工作成效，提出要开展好解困脱困集中攻坚行动、做好第三方评估工作、健全预防相对困难职工家庭返贫致困的长效机制。

7 月 31 日，各省（区、市）工会城市困难职工解困脱困工作成效第三方评估工作顺利完成。31 个省（自治区、直辖市）和新疆生产建设兵团共委托 74 个第三方机构，派出 5500 余名评估调查人员，走访调查 27.99 万户困难职工家庭，对 3059 个基本评估单元（覆盖所有县市区）进行评估。

7 月 31 日，全国总工会书记处会通过《关于全总委托第三方开展城市困难职工解困脱困工作成效再评估工作的请示》，同意全国总工会分 6 个片区委托第三方专业机构对全国城市困难职工解困脱困工作评估。10 月，6 家评估机构 1025 人深入 31 个省、自治区、直辖市和新疆生产建设兵团的 119 个地级市（区、州、盟、师）、603 个县（区、市、旗、特区）实地评估，对 33416 户职工家庭访谈和社会心理测试；召开 1834 场困难职工、普通职工和工会干部座谈会。依据95项解困脱困评估指标对31个省、自治区、直辖市和新疆生产建设兵团的省级总工会、438个地市级总工会、2709个县（区）级总工会解困脱困工作落实情况予以评估。

8月18日，全国总工会下拨5.54亿元中央财政专项帮扶资金。重点支持深度困难职工家庭解困脱困，对年内脱困的深度困难职工家庭给予一定时间渐退期。同时，对开展“解困脱困集中攻坚”行动、建立健全工会系统多层次常态化梯度帮扶长效机制，预防相对困难职工家庭返贫返困等工作提出具体要求。

11月24日，习近平总书记在全国劳动模范和先进工作者表彰大会上讲话强调：要建立健全困难群众帮扶工作机制，把党和政府的关怀送到困难群众心坎上，让他们感受到社会主义大家庭的温暖。

11月25日，王东明同志在学习贯彻习近平总书记在全国劳动模范和先进工作者表彰大会上的重要讲话精神座谈会上要求：要聚焦提高职工生活品质，持续深化“提升职工生活质量”行动。要构建以精准帮扶、普惠性服务为重点的工会服务职工体系，健全完善常态化送温暖机制和困难职工帮扶长效机制，在帮助困难职工解困脱困基础上，努力迈向共同富裕。

11月，全国总工会升级完成工会帮扶工作管理系统，为建立健全深度困难、相对困难和意外致困不同类型的困难职工家庭精准帮扶提供技术工具。

12月，服务职工功能一体化研究、职工心理状况和工会服务体系建设研究、中央财政专项帮扶资金绩效评价指标体系研究等委托课题结项，三项课题转化为制度方案和有关应用指标体系。

12月8日，全国总工会下拨1.2亿元中央财政专项帮扶资金，切实保障在档深度困难职工基本生活，预防相对困难、意外致困等困难家庭致困返贫。提出，坚持“脱困不脱政策”，对今年年内脱困的深度困难职工家庭给予一定时间渐退期，脱困后仍符合相对困难、意外致困标准的应建立相应类型档案继续帮扶，应帮尽帮。建立健全对本年内脱困的、脱困不稳定的、低收入职工家庭以及因疫情或其他原因收入骤减或支出骤增职工家庭致困返贫监测预警机制和帮扶机制。

12 月 8 日，全国总工会下发《关于 2021 年元旦春节期间组织开展送温暖活动的通知》(厅字〔2020〕38 号)，要求持续做好城市困难职工常态化帮扶工作，巩固拓展城市困难职工解困脱困工作成果，在常态化帮扶基础上加大对困难职工家庭子女教育、就医看病等帮扶力度，对受疫情、自然灾害等影响的重病、残疾、零就业深度困难职工家庭可适当增发临时生活补贴。对深度困难、相对困难、意外致困等不同类型困难职工家庭精准施策、分类帮扶，健全致困返贫监测预警机制和帮扶机制。

12 月，全国总工会完成第三方机构对城市困难职工解困脱困工作成效再评估。

截至 2020 年 12 月，工会建档立卡困难职工家庭 5.34 万户（常态化帮扶兜底保障实现解困）。

2021 年（总结阶段）：巩固拓展，提升职工生活品质

3 月 22 日，向全国总工会党组、书记处报送《关于城市困难职工解困脱困工作总结报告》，并报送《城市困难职工解困脱困工作第三方评估报告》。

3 月 30 日，陈刚同志主持召开会议，专题听取城市困难职工解困脱困工作汇报。

4 月 9 日，全国总工会党组向党中央报送《中共中华全国总工会党组关于城市困难职工解困脱困工作情况的报告》，全面总结汇报了工会在党中央的坚强领导下，城市解困脱困工作所取得的良好成效、主要做法及下一步工作安排。

4 月 25 日，向陈刚书记作《关于城市困难职工解困脱困工作和送温暖长

效机制建设有关情况的汇报》，进一步汇报了城市困难职工解困脱困工作主要做法与成效及下一步工作设想。

5 月 31 日，全国总工会在北京召开城市困难职工解困脱困工作总结表彰会。全国人大常委会副委员长、中华全国总工会主席王东明出席会议并讲话。王东明同志指出，经过 5 年来的奋斗，城市困难职工解困脱困工作目标如期实现，困难职工生活水平明显提高、发展能力不断增强、精神风貌得到改变，党同职工群众的血肉联系更加紧密，为全面建成小康社会、推动共同富裕作出了积极贡献。王东明同志要求，要认真学习贯彻习近平总书记重要讲话精神，大力弘扬脱贫攻坚精神，在如期实现城市困难职工解困脱困工作目标的基础上，继续保持主要帮扶政策总体稳定，健全防止返困动态监测机制，构建多层次常态化帮扶新格局，持续提升职工生活品质，不断巩固拓展城市困难职工解困脱困成果，实现巩固解困脱困成果与提升职工生活品质有效衔接，让职工群众有更多获得感幸福感安全感。会上，240 个集体和个人受到通报表扬；20 个集体和 31 名个人分别被授予全国五一劳动奖状、奖章。

后　记

城市困难职工解困脱困工作是党中央交给工会组织的一项重要政治任务。在以习近平同志为核心的党中央坚强领导下，全总和各级工会紧紧围绕全面小康社会目标和脱贫攻坚大局，经过 5 年的艰苦奋斗和不懈努力，圆满完成了 549.87 万户城市困难职工家庭如期解困脱困的目标任务。

工作实践中，在各级党委、政府的重视和社会各界的支持下，各级工会干部心怀职工，融入大局，坚决把“以人民为中心”的理念落实到工会工作之中。各级工会坚持系统观念，全国“一盘棋”攻坚克难，形成了一套上下联动、内外协作、左右互动的服务职工协作模式；完备工作标准，规范业务流程，健全规章制度，形成了一套制度规范、机制健全、资源整合、责任落实、绩效评估、长效机制的全周期闭环工作流程；聚焦各类资源，搭建了工会、政府、企业及社会组织与职工间供需精准对接的枢纽平台，与社会各方建立了良好的合作关系，为工会帮扶服务职工营造了良好的外部环境。更重要的是，在攻坚克难中，锻炼出一大批敢担当、勇创新、善作为、真实干的工会干部。

完成城市困难职工解困脱困目标任务不是终点，而是更好服务广大职工的新起点。我们把城市困难职工解困脱困工作中凝聚的实践结晶、宝贵财富，汇集成《温暖之路——全国城市困难职工解困脱困先进事迹汇编》，既是全面总结城市困难职工解困脱困工作成效的成果体现，更是深入贯彻王东明同志在城市困难职工解困脱困工作总结表彰会上的讲话精神，巩固拓展城市困难职工解困脱困成果、持续提升职工生活品质、促进职工共同富裕的重要“史鉴”，旨在通过一个个鲜活的案例展示城市困难职工解困脱困工作的发展轨迹和奋斗之路，激励广大工会干部以更加昂扬的姿态，在新征程中奋力担当，展现新作为，建功新时代。

城市困难职工解困脱困工作是工会多年来致力于服务大局、改善民生、促进职工共同富裕的一个缩影。本书的出版仅仅是对工会帮扶工作的阶段性总结，相信通过不断总结和积极创新，未来之路必将越走越宽，必将在共同富裕远景目标中发挥重要作用。

在此，编委会要特别感谢为该书编写出版作出了贡献的单位和人员，特别是各地工会给予了大力支持，在此表示衷心的感谢！